ROME
UN CABINET DE CURIOSITÉS

CONTENTES ÉTRANGES ET FAITS SURPRENANTS DU PLUS GRAND EMPIRE AU MONDE

J. C. McKEOWN

Traduit de l'Anglais par Paul-Jean Franceschini

ÉDITIONS
Bibliomane

Titre original :
A Cabinet of Roman Curiosities, Strange Tales and Surprising Facts from the World's Greatest Empire
J. C. McKeown.

Oxford University Press, Inc.
198 Madison Avenue, New York, New York 10016
ISBN original : 978-0-19-539375-0

Alma éditeur et Éditions Bibliomane
9, rue Casimir Delavigne, 75006 Paris
ISBN : 978-2-36743-000-3
www.editionsbibliomane.com

Toute ressemblance avec des personnes, des événements et des institutions véritables – révolus et souvent presque entièrement oubliés – devrait être évaluée par le lecteur au cas par cas. Les erreurs ne sont, pour la plupart, pas imputables à l'auteur. Comme le disait judicieusement Pline l'Ancien, *nec tamen ego in plerisque eorum dostringam fidem meam potiusque ad auctores relegabo* : « Je ne donne généralement aucune garantie sur la véracité de ce que j'avance, préférant laisser cette responsabilité aux auteurs que je cite ». [HISTOIRE NATURELLE, 7.8.]

Pour Mark et Matthew, Stevie et Annie.

PRÉFACE

LES ROMAINS *nous ont légué plus d'informations sur leur compte que toute autre société occidentale, et cela vaut jusqu'à des périodes beaucoup plus proches de nous. La plupart des ouvrages consacrés à la Rome antique évaluent et filtrent ce matériau dans l'intention de présenter, dans la mesure où le permet un éloignement de deux millénaires, un tableau précis et cohérent de la vie et de la pensée de l'époque. Cette tâche exige une perspicacité et une subtilité hors du commun, car nous n'avons souvent qu'une vision opaque et partielle du vaste contexte dans lequel il nous faut juger ce qui en a survécu.*

Le livre que voici n'a pas cette ambition. Il s'agit pour l'essentiel d'un recueil d'observations sur la Rome antique, le plus souvent directement tirées de textes latins et grecs, qui m'ont frappé par leur caractère intéressant, curieux ou simplement amusant, impressions personnelles que j'espère faire partager au lecteur. N'étant pas un spécialiste d'histoire ancienne, je me suis rarement risqué à exprimer une opinion sur la validité, les intentions ou l'importance des opinions émises par les auteurs grecs ou latins que je cite. Certes, à titre personnel, j'ai peine à croire qu'un poisson long de six pouces ait pu immobiliser le navire amiral d'Antoine à la bataille navale d'Actium, que la ville de Milan fut fondée parce qu'on avait aperçu sur son futur site un cochon à la toison laineuse, que le phénix reparaît tous les cinq cents ans, que poser les lèvres sur le naseau d'une mule arrête net éternuements et hoquet, qu'une sauce au poisson soigne avec succès les morsures de crocodile, ou encore qu'il ait vécu un empereur haut de huit pieds six pouces. Je mets grandement en doute le fait que les chèvres respirent par les oreilles et qu'il existe, en mer Baltique, une île dont les habitants ont les oreilles si énormes qu'ils s'en couvrent et n'ont que faire d'autres vêtements. Je ne porte pas sur moi, à titre d'amulettes, un museau et des oreilles de souris pour me garder de la fièvre, et j'avoue ne pas très bien savoir comment on parvient à attacher des boucles d'oreilles à une anguille.

Certes, dans ce livre, tout n'atteint pas ces sommets de bizarrerie. Il n'est pas sans intérêt d'y apprendre qu'un gladiateur pouvait gagner en un combat victorieux autant qu'un professeur en une année ; cela nous pousse à comparer chez nous les revenus du coach de l'équipe de foot à ceux d'un professeur de l'un de nos collèges. Dans la phase de nomination d'un dictateur et son adjoint pour répondre à une urgence nationale, le piaulement d'une musaraigne signifiait qu'il fallait leur retirer ce pouvoir ; quelques lecteurs ne manqueront pas d'être frappés par la différence avec la façon dont on procède de nos jours à la nomination des officiers généraux. Cléopâtre, pour gagner un pari contre Antoine, a fait dissoudre et a bu une perle de grand prix ; on mesurera mieux sa magnificence si on l'oppose au piteux emploi moderne de services à dessert ou à cocktail en plaqué or avec diamants mesurés au plus juste. Après avoir assassiné son cadet, avec lequel il partageait jusque-là le pouvoir, un empereur romain fit détruire tous ses portraits et effacer son nom des archives ; n'est-ce pas déjà le Big Brother *d'Orwell s'efforçant de contrôler la pensée ? Mais le présent livre ne cherche que rarement à établir ce genre de parallèles.*

Le matériau employé ici est réparti en chapitres selon le thème abordé, les personnages ou la période historique, mais cet ordre n'est ni toujours observé ni vraiment important. Au fil des pages, on n'a pas cherché à défendre une thèse, et il est presque possible de lire chaque texte isolément. Ce faisant, je n'ai fait que reprendre un usage classique. Comme le dit Aulu-Gelle dans la préface de ses Nuits attiques, *mélange de faits, d'anecdotes et de débats sur des sujets d'une charmante et imprévisible variété, « j'ai présenté mon matériau à la façon dont je l'ai recueilli, au hasard de mes lectures d'auteurs grecs ou latins et de tout ce que je venais à entendre et qui me semblait digne d'être signalé, de tout ce qu'il me prenait fantaisie de noter sans me soucier d'un système ou d'une mise en ordre ».*

Nous sommes informés de ce que fut la Rome antique par des vestiges matériels : bâtiments, monnaies, ustensiles de cuisine et autres objets de la vie quotidienne, mais aussi - et de façon beaucoup plus révélatrice - par des textes écrits. Le latin et le grec sont les seules langues anciennes de l'Europe dont nous ayons une intelligence presque parfaite. Elles bénéficient du fait qu'a survécu un grand nombre de textes, de la poésie à l'histoire, des traités de droit, de médecine, de sciences et de technique aux inscriptions et graffitis. Bien que la période classique de la littérature grecque se soit close avant que la plupart des Grecs aient seulement entendu parler de Rome, et bien que les Romains n'aient jamais pu se mesurer aux Grecs en matière de production littéraire, la plupart des textes grecs qui nous sont parvenus furent écrits après la conquête romaine. Nombre d'entre eux nous fournissent plus d'indications sur la vie dans le monde romain que sur celle qu'on menait dans une cité-État de la Grèce. On ne s'étonnera donc pas de trouver copieusement cités dans notre livre tant de Grecs, qu'ils soient historiens comme Polybe, Plutarque et Dion Cassius, géographes comme Strabon ou médecins comme Galien.

Nous possédons souvent plusieurs versions d'une même histoire. Dans ce cas, je cite la source la plus connue, la plus cohérente ou, tout simplement, le passage dans lequel il m'est arrivé de puiser. Souvent, afin de ne pas tout embrouiller et d'éviter que le lecteur me prête des ambitions académiques, je ne cite pas de source du tout. Lorsque je reproduis un passage venant d'une autorité ancienne, je l'indique en usant de l'italique ou des guillemets. Il ne faut pas, toutefois, considérer que ces citations sont des traductions littérales ; j'écarte souvent les détails étrangers au sujet et il m'arrive d'ajouter des indications destinées à éclairer le contexte.

Le présent livre fut tout d'abord un recueil au fil de la plume de courts passages d'auteurs anciens. Je le destinais à accompagner les exercices en ligne de mon cours d'initiation au latin Classical latin *(Hackett Publishing Company, 2010). L'apprentissage du vocabulaire et des formes verbales est indispensable à l'acquisition d'une langue, mais c'est souvent une ennuyeuse besogne. Pour récompenser mes élèves d'avoir fait l'exercice, une nouvelle citation apparaissait sur l'écran à chaque ouverture du dossier. C'est là un sain principe et il peut se réclamer d'un bon précédent classique : le grand Lucrèce, philosophe et poète disciple d'Épicure, nous dit qu'il va tenter de rendre les difficiles leçons de son maître plus accessibles en les revêtant de l'éclat enchanteur de la poésie, à la façon dont les médecins rusent avec les enfants en enduisant de miel le bord d'une coupe pour leur faire boire une potion amère* (De la nature des choses, I, *933-950). Hélas, mes étudiants m'ont avoué que, dès que mes exercices étaient mis en ligne, ils se hâtaient d'aller cliquer sur les citations. J'espère qu'en leur rendant lesdites citations accessibles dans le présent livre, je leur éviterai cette tentation.*

Horace, poète philosophe, lui aussi disciple d'Épicure, quoique de moindre stature que Lucrèce, assure que s'il est vrai que les Romains ont conquis la Grèce, en matière culturelle les Grecs ont fait la conquête de leurs rustiques vainqueurs et transmis leurs arts au fruste Latium (Graecia capta ferum victorem cepit, et artes/ intulit agresti Latio [ÉPÎTRES, 2.1.156 SQ.]). *Pourtant les Romains possédaient au moins une tradition littéraire presque inconnue des Grecs : l'habitude de dédier ses livres à ses fils et, quoique plus rarement, à ses filles. Caton, Cicéron, Tite Live, Sénèque le Rhéteur, Quintilien, Apulée et même saint Augustin ont respecté cette antique et noble coutume, et presque tous ont exprimé le vœu — marqué d'un sens pratique bien romain — que ceux à qui ils dédiaient leurs ouvrages y trouveraient matière à améliorer leur existence. Je souhaite me montrer quelque peu original en ne dédiant pas seulement le présent ouvrage à mes deux fils, Mark et Matthew, mais aussi à mes belles-filles Stevie et Annie, en osant espérer — ce n'est guère un espoir romain — que ce livre les distraira.*

Les poètes ne manquent jamais de suggérer leur propre grandeur en reconnaissant avec humilité qu'ils tiennent leur inspiration d'Apollon, dieu de la poésie, et des Muses. Par une exception notable, Ovide, au début du manuel du parfait séducteur qu'est son Art d'aimer, *déclare que son poème ne doit rien aux dieux et se fonde sur son expérience personnelle en matière amoureuse. Par ailleurs, il est rare que les écrivains romains remercient en citant le nom des amis dont les avis et critiques leur ont permis d'améliorer leur ouvrage. Cela mérite d'être remarqué, car la* recitatio *était une importante institution de la vie intellectuelle romaine : le fait de donner lecture de leurs publications à un groupe d'amis offrait aux auteurs une occasion de les voir soumises à un examen critique avant parution.*

Dans la société romaine, bien des traits n'étaient guère louables, et cet apparent manque d'égards était loin d'être son principal défaut, mais il n'y aurait pas, de nos jours, un seul auteur pour l'imiter.

Je suis, pour ma part, bien incapable de me réclamer d'Apollon ou d'une des Muses mais, sans avoir fait recitatio *de ce livre, j'ai grand plaisir à reconnaître ma considérable dette à l'endroit de nombreux amis pour leurs observations et critiques. Linda Alston, William Aylward, Jeffrey Beneker, Sabine Gross, Danielle Kleijwegt, Arthur McKeown, Richard Miles, Silvia Montiglio, David Potter, Alison Siddall, Richard Talbert, Andrew Wallace-Hadrill et Sophie Zermuehlen me sont grandement venus en aide par leurs avis et opinions.*

Je sais gré tout particulièrement à Debra Hershkowitz, non seulement pour ses nombreuses suggestions marquées au sceau de la patience et de l'humour, qui m'ont permis d'améliorer la présentation de mon matériau, mais aussi, et peut-être davantage, pour m'avoir convaincu que de nombreux passages d'auteurs anciens que je trouvais fascinants ne susciteraient probablement pas la même réaction chez d'autres ; j'ai donc éliminé à regret beaucoup de citations et admis, bien malgré moi, ce que dit Ovide dans l'épigramme qu'il place en tête de la deuxième édition, considérablement abrégée, de ses Amours *: « S'il n'est pas plus plaisant de lire cette version de mon livre, du moins tout ce que j'en ai retranché l'aura-t-il rendu moins ennuyeux. »*

Je dois une gratitude toute spéciale à mon épouse, Jo, qui ne s'est pas bornée à m'assister au-delà du raisonnable dans la préparation de l'ouvrage, mais a dû entendre mes spéculations, aussi interminables qu'indéterminées, sur le nombre de soldats pouvant affronter des ours dans un tunnel, sur ce que pensèrent les membres d'une famille de la haute société lorsque leur pièce de monnaie sacrée de cuivre refusa de se nourrir d'or et d'argent, ou encore sur la façon dont les Romains pouvaient donner leurs rendez-vous alors que dans toute la ville, il n'existait qu'un seul cadran solaire, au demeurant monté de travers.

Enfin, j'ai grand plaisir à reconnaître que j'ai bénéficié, chez Oxford University Press, dans la préparation de cet opusculum *plutôt bizarre, de l'aide infaillible et rassurante de Stefan Vranka, Deirdre Brady et Christine Dahlin.*

J.C. McKEOWN

SOMMAIRE

CHRONOLOGIE

-753
Légende de Rémus et Romulus. Fondation de Rome

-509
Chute de Tarquin l'Ancien, dernier roi étrusque

-500

-450
Les tables de la loi romaine sont gravées (premier ensemble *écrit*, base du droit romain)

-390
Sac de Rome par les Gaulois menés par Brennus

-264 À -241
Première Guerre punique contre Carthage

-254
Plaute

-218 À -201
Deuxième Guerre punique

-149 À -146
Troisième Guerre punique. Carthage détruite

-106
Cicéron

-87
Salluste

-70 À -19
Virgile

-60
Premier triumvirat (César, Crassus, Pompée)

-58 À -51
Jules César conquiert la Gaule

-48
Jules César défait Pompée en Grèce

-44
Jules César assassiné (Ides de Mars)

-31
Octave vainc Antoine et Cléopâtre à la bataille d'Actium

-30
Antoine et Cléopâtre se suicident. L'Égypte est province romaine

-27
Octave devient empereur sous le nom d'Auguste

33
Jésus crucifié

70
Titus prend et détruit Jérusalem

70 À 80
Construction du Colisée

79
Destruction de Pompéi (éruption du Vésuve)

212
Édit de Caracalla (droit de cité à toutes les provinces romaines)

313
Édit de Milan (Constantin).
Tolérance religieuse

395
Mort de Théodose Ier.
Scission entre l'empire romain d'Orient, qui échoie à Arcadius, fils aîné de l'empereur, et celui d'Occident, qui est dirigé par son fils cadet Honorius

476
Chute de Romulus Augustule.
Prise de Rome par Odoacre, roi des Hérules.
Chute de l'empire romain d'Occident

1453
Prise de Byzance par les Ottomans.
Fin de l'empire romain d'Orient

0

59
Tite-Live

56
Tacite

LITTÉRATURE
LES GRANDS AUTEURS

CHAPITRE I

LA FAMILLE

MATER DICITUR QUOD EXINDE EFFICIATUR ALIQUID. MATER ENIM QUASI MATERIA

« LA MÈRE PORTE LE NOM DE *MATER* PARCE QUE QUELQUE CHOSE EST CRÉÉ À PARTIR D'ELLE. CAR *MATER* EST PRESQUE IDENTIQUE À *MATERIA.* »

[SAINT ISIDORE DE SÉVILLE, ÉTYMOLOGIES, 9.5.6.]

ROMULUS ASSURAIT *que sa ville devait être vaste et très peuplée pour permettre à ses habitants d'y élever tous leurs enfants mâles et leurs filles aînées. Il interdisait de mettre à mort un enfant avant qu'il ait atteint trois ans, à l'exception de ceux qui présentaient une infirmité ou difformité. Dans ce cas, il était loisible de l'exposer, mais les parents devaient, au préalable, avoir montré l'enfant à cinq de leurs voisins et obtenu leur accord.* [DENYS D'HALICARNASSE, ANTIQUITÉS ROMAINES, 2.15.1.]

On faisait un mérite à Numa Pompilius, deuxième roi de Rome, d'avoir amendé la loi qui permettait aux pères de vendre leurs enfants comme esclaves. *Il en exempta les fils mariés, dès lors que les parents de la fiancée et du promis avaient approuvé leur union, car il estimait inconvenant qu'une femme croyant avoir épousé un homme libre s'aperçût qu'elle vivait auprès d'un esclave.* [PLUTARQUE, VIE DE NUMA, 17.]

Un mariage peut être célébré en l'absence des deux contractants, c'est là un usage courant. [JUSTINIEN, DIGESTE, 23.1.4.] Suit la condition restrictive : *Dès lors que les absents ont connaissance du mariage ou lui donnent leur agrément par la suite.* [23.1.5]

Les conditions tenant à l'âge ne sont pas aussi strictes pour se fiancer que pour se marier. On peut le faire très jeune, à la seule condition que les deux parties comprennent ce dont il s'agit et n'aient donc pas moins de sept ans. [JUSTINIEN, DIGESTE, 23.1.14.]

JOUET EN FORME DE CAVALIER.

Le mariage est l'union d'un homme et d'une femme pour la durée de leur vie conformément aux lois divines et humaines. [JUSTINIEN, DIGESTE, 23.2.1.] *Il est bien connu que, durant au moins cinq siècles après la fondation de Rome, nulle poursuite ou action quelle qu'elle fût n'a été exercée à propos de dots car le divorce n'existait pas.* [AULU-GELLE, NUITS ATTIQUES, 4.3.1.] Les lois relatives au divorce n'en tiennent pas moins une place considérable dans la législation romaine.

TUAS RES TIBI HABETO

UN HOMME OBTENAIT AISÉMENT LE DIVORCE S'IL CONSENTAIT À RENDRE LA DOT DE SON ÉPOUSE. IL LUI SUFFISAIT DE PRONONCER L'ANTIQUE FORMULE : « REPRENDS CE QUI T'APPARTIENT ».

Si un homme verse régulièrement de l'argent à l'épouse d'un autre sans en faire pour autant sa maîtresse, toutes les femmes mariées le tiennent pour un pauvre hère adonné à une honteuse pratique et bon pour des amours serviles... Aucun homme ne se marie aujourd'hui sans enlever la femme d'un autre... Quelle femme rougirait de divorcer, alors que toutes ne se marient que pour aiguiser le désir de leurs amants ? Celle qui pratique la retenue en matière sexuelle passe pour un laideron. Quelle femme est assez disgraciée, assez infortunée pour n'avoir qu'une paire d'amants ? Toute femme qui ne sait pas qu'être mariée signifie avoir un seul amant est une sotte ou une originale. [SÉNÈQUE, DES BIENFAITS, 1.9, 3.16.]

En sa qualité de censeur chargé de défendre la morale traditionnelle, Caton l'Ancien (234-149 avant J.-C.) chassa du Sénat un sénateur coupable d'avoir embrassé son épouse en plein jour devant leur fille. Il assura que lui-même n'avait jamais embrassé sa femme, à l'exception d'un jour où retentit un grondement de tonnerre. Il ajouta que, depuis lors, il prenait plaisir à entendre le tonnerre gronder. [PLUTARQUE, VIE DE CATON D'UTIQUE, 17.]

Caton l'Ancien loua un jeune homme qu'il voyait sortir d'un bordel, estimant que cela impliquait qu'il laissait en paix les femmes mariées. Mais lorsqu'il revit le jeune homme dans les mêmes circonstances, il lui dit : « Mon garçon, j'ai apprécié que tu rendes visite à ce lieu de temps à autre, non que tu t'y installes à demeure ! » [COMMENTATEURS ANTIQUES DES SATIRES D'HORACE, 1.2.31.]

En visite chez Cornelia, mère des Gracques, qui était la plus belle femme de Rome, une amie exhibait ses bijoux. Elle la laissa parler jusqu'au moment où ses enfants rentrèrent de l'école et, les lui montrant, elle lui dit : « Voici mes bijoux ». [VALÈRE MAXIME, FAITS ET DITS MÉMORABLES, 4.4.]

Ne voyez-vous pas la façon différente dont les pères et les mères traitent leurs enfants ? Les pères leur ordonnent de se réveiller tôt pour aller à leur besogne, jour de fête ou pas. Ils ne tolèrent pas l'oisiveté et exigent d'eux de la sueur et parfois des larmes. Les mères, à l'opposé, les prennent sur leurs genoux pour les cajoler et font tout pour les garder dans leur ombre, à l'abri de la peine, des pleurs et des travaux pénibles. [SÉNÈQUE, DE LA PROVIDENCE, 2.]

MAGNIFIQUE LOUVE ÉTRUSQUE DATANT DU Vᴱ SIÈCLE AVANT J.-C. EXPOSÉE AU CAPITOLE. ROMULUS ET REMUS FURENT AJOUTÉS ENVIRON DEUX MILLE ANS PLUS TARD. UNE RÉPLIQUE DE CE GROUPE FUT DONNÉE À LA VILLE DE ROME EN GÉORGIE PAR MUSSOLINI EN 1929 ET ELLE SE DRESSE DEVANT L'HÔTEL DE VILLE. PENDANT DE NOMBREUSES ANNÉES, AUX GRANDES DATES DE LA VIE PUBLIQUE, ON DRAPAIT LA LOUVE ET ON LANGEAIT LES JUMEAUX.

Les meilleurs frondeurs sont originaires des Baléares, îles où les mères ne permettaient pas à leurs jeunes fils de toucher à un aliment avant d'avoir atteint d'un jet de fronde le plat où il était servi. [VÉGÈCE, TRAITÉ DE L'ART MILITAIRE, 1.16.] Selon Diodore de Sicile, on associait le nom des Baléares au verbe grec *ballein* (« lancer »). [BIBLIOTHÈQUE HISTORIQUE, 5.17.]

Si, dans la prime enfance, il nous arrivait de nous cogner à une pierre pour avoir bayé aux corneilles, notre nounou ne donnait-elle pas une tape à la vilaine pierre au lieu de nous gronder ? Pourtant, quelle faute la pierre avait-elle commise ? Aurait-elle dû s'écarter de notre chemin au motif de notre enfantine sottise ? [ÉPICTÈTE, ENTRETIENS, 2.19.4.]

Les enfants de la classe aisée sont d'ordinaire confiés à des nourrices qui les allaitent. Dans le livre II de son *Traité des maladies des femmes*, Soranus d'Éphèse (IIᵉ siècle après J.-C.) fait les recommandations que voici :

- *Une nourrice doit avoir entre vingt et quarante ans et avoir mis au monde deux ou trois enfants.*
- *Elle doit savoir se contrôler, être avenante, d'humeur égale, grecque et de bonnes mœurs.*
- *Elle ne doit pas être superstitieuse.*

Elle ne doit pas tolérer de couches souillées.

Elle ne doit pas boire, car le vin altère aussi bien son corps que son esprit et peut provoquer une somnolence qui lui ferait négliger ou laisser tomber le nourrisson. En outre, en passant dans son lait, les caractéristiques du vin pourraient rendre l'enfant lent et somnolent, parfois même apoplectique, comme c'est le cas des porcelets tétant une truie qui a mangé des plantes aux vertus narcotiques.

UNE CROTTE DE CHÈVRE DANS LEURS COUCHES APAISE LES BÉBÉS HYPERACTIFS, PRINCIPALEMENT LES FILLES.
[PLINE, HISTOIRE NATURELLE, 28.259.]

Sénèque le Rhéteur évoque une loi à la fois simple et ingénieuse qui garantissait un équitable partage de l'héritage : *laissez l'aîné couper en deux le patrimoine et le cadet choisir sa moitié.* [CONTROVERSES, 6.3.]

On raconte que, lorsque les rares survivants du massacre de Cannes de 216 après J.-C. se traînèrent jusqu'à Rome, à la porte principale de la ville, une mère mourut dans les bras de son fils rentré sain et sauf de la bataille. Une autre, à qui l'on avait dit par erreur que son fils était mort, était restée chez elle dans l'affliction et elle mourut de joie lorsqu'elle le vit revenir. [TITE-LIVE, HISTOIRE ROMAINE, 22.7.]

Dans les familles aristocratiques, on conservait les masques mortuaires des ancêtres et on les exposait dans l'atrium. Ils étaient exhibés dans les funérailles. En 78 avant J.-C., le cortège funèbre de Sylla était, rapporte-t-on, accompagné de six mille de ces masques. Celui de Claudius Marcellus, en 23 avant J.-C., n'en comptait pas moins de six cents. [SERVIUS, COMMENTAIRE DE *L'ÉNÉIDE* DE VIRGILE, 6.862.]

HIC IACET CORPUS PUERI NOMINANDI
« CI-GÎT LE CORPS D'UN ENFANT DONT LE NOM SERA AJOUTÉ ». [L'ANNÉE ÉPIGRAPHIQUE, 1931, N.112.] DISTRAIT, LE TAILLEUR DE PIERRE A COPIÉ SUR LE TOMBEAU LA FORMULE AU LIEU D'INDIQUER DE QUEL ENFANT IL S'AGISSAIT.

Une idée reçue voulait que les belles-mères fussent cruelles (mais pas les beaux-pères) :

❈ *On ne doit pas tolérer que des parents traitent leurs enfants dans leur testament de façon inéquitable. Les instances et les cajoleries d'une belle-mère amènent en effet les hommes à porter un jugement sévère sur les enfants de leur sang.* [JUSTINIEN, DIGESTE, 5.2.4.]

❈ *Si vous épousez un homme ayant des enfants d'un lit précédent, tous vos bons procédés à leur endroit ne seront d'aucun effet ; toutes les comédies, tous les numéros de mimes, tous les lieux communs d'orateurs vous feront passer pour une féroce marâtre.* [SAINT JÉRÔME, LETTRES, 54.15.]

❈ *Un jeune homme déshérité par son père se mit à étudier la médecine. Quand son père tomba malade et fut abandonné des médecins, il le soigna et son père l'admit à nouveau au sein de la famille. Par la suite, sa belle-mère tomba malade et, là encore, les médecins désespèrent de la sauver. Le père demanda alors à son fils de soigner sa marâtre et, sur son refus, il le déshérita à nouveau.* [SÉNÈQUE, CONTROVERSES, 4.6.]

❋

En argot de caserne, un camp militaire qu'un terrain inégal plaçait en position désavantageuse était appelé *noverca* (« belle-mère »).

L'UNE DES CENTAINES DE TABLETTES DE BOIS CARBONISÉES EXTRAITES DU SITE DU FORT ROMAIN DE VINDOLANDA PRÈS DE CHESTERHOLM AU SUD DU MUR D'HADRIEN. IL S'AGIT D'UNE **INVITATION** À UNE FÊTE DONNÉE À L'OCCASION D'UNE NAISSANCE PORTANT LE POST-SCRIPTUM : *J'ESPÈRE TE VOIR, Ô MA SŒUR. ADIEU, Ô MA CHÈRE ÂME, JE TE SALUE ET TE SOUHAITE DE FLEURIR.* PREMIERS À AVOIR ÉTÉ IDENTIFIÉS AVEC CERTITUDE, CES MOTS LATINS FURENT TRACÉS PAR UNE FEMME. [TABLETTES DE VINDOLANDA, 291.]

POUR EN SAVOIR PLUS SUR CES TABLETTES, RENDEZ-VOUS SUR LE SITE : VINDOLANDA.CSAD.OX.AC.UK (EN ANGLAIS).

SCÈNES DE LA VIE ENFANTINE SUR LE SARCOPHAGE D'UN ENFANT.

ON DISAIT DE MARC AURÈLE QU'APRÈS LA MORT DE SON ÉPOUSE, FAUSTINE, QUI ÉTAIT PLUS JEUNE QUE LUI, IL AVAIT REFUSÉ DE SE REMARIER « POUR NE PAS INFLIGER UNE MARÂTRE À TANT D'ENFANTS » – IL EN AVAIT EU DOUZE ET PEUT-ÊTRE MÊME QUINZE. [**HISTOIRE AUGUSTE**, VIE DE MARC AURÈLE, 29.]

❋

PATER... NAM TUM ESSE CONCEPTUM, PATET, INDE CUM EXIT QUOD ORITUR

« LE PÈRE (*PATER*) PORTE CE NOM CAR LA NAISSANCE DE L'ENFANT REND ÉVIDENT (*PATET*) QU'IL L'A CONÇU. »

[**VARRON**, LA LANGUE LATINE, 5.65.]

CHAPITRE II

LES FEMMES

UTINAM LEX ESSET EADEM QUAE UXORI EST VIRO !

« AH, SI SEULEMENT LA LOI ÉTAIT LA MÊME POUR LES FEMMES ET POUR LEURS MARIS ! »

[**PLAUTE**, LE MARCHAND, 823.]

NOS ANCÊTRES *voulaient qu'au motif de leur manque de discernement, toutes les femmes fussent placées sous tutelle.* [CICÉRON, PRO MURENA, 27.] La prétendue infériorité féminine n'est pas un préjugé propre à Rome. Il était encore plus profondément ancré, si la chose est possible, chez les Grecs. Ainsi, pour Aristote, *la femme est une espèce d'homme imparfait,* et encore : *c'est par son incapacité que le féminin est féminin.* [GÉNÉRATION DES ANIMAUX, 728A ET 737A.]

Tite-Live rapporte qu'environ cent soixante-dix femmes des premières familles furent, en une seule année (331 avant J.-C.), convaincues d'avoir empoisonné leurs maris. [HISTOIRE ROMAINE, 8.18.] D'autres sources citent des chiffres encore plus élevés.

Un sénateur fit pénétrer son fils au Sénat après lui avoir fait promettre qu'il ne dirait rien des sujets débattus. Le soir venu, sa mère les lui demanda et, pour mettre un terme à ses tendres instances, il prétendit qu'on avait cherché à déterminer si chaque homme devrait avoir deux épouses ou, plutôt, chaque femme avoir deux maris. Elle promit de ne le répéter à personne mais, le lendemain, le Sénat fut entouré d'un flot de suppliantes en larmes demandant le droit pour la femme d'avoir deux maris. Les sénateurs crurent que leurs épouses avaient perdu l'esprit. [AULU-GELLE, NUITS ATTIQUES, 1.23.] Près de trois siècles plus tôt, Polybe avait qualifié cette anecdote, déjà bien connue, de sornette telle qu'on en entend chez le coiffeur. [HISTOIRES, 3.20.]

Plutarque raconte une histoire du même genre à propos d'un sénateur *dont la femme était, sous tous les autres aspects, dotée de bon sens, mais n'en était pas moins femme...* Elle demanda à son époux de quel sujet le Sénat avait délibéré. Pour couper court à l'interrogatoire, il lui assura qu'on avait cherché à déterminer si avoir vu voleter autour de l'édifice une alouette casquée d'or et porteuse d'une lance était un signe faste ou néfaste. En partant pour le Forum, il lui enjoignit de tenir sa langue, mais il n'y était pas encore arrivé qu'un passant l'aborda et lui demanda s'il avait entendu parler d'une alouette casquée d'or et portant une lance. [SUR LE BAVARDAGE, 2.]

Aemilia Tertia, épouse de Scipion l'Africain et mère de cette Cornélie qui devait donner le jour aux frères Gracques, futurs grands réformateurs, était une femme d'une grande bonté et d'un naturel très accommodant. Sachant que son mari était attiré par l'une de leurs esclaves, elle fit mine de l'ignorer, car à ses yeux, une femme ne pouvait pas accuser un grand capitaine comme l'Africain d'être incapable de contrôler ses désirs. La vengeance était si éloignée de son esprit qu'après la mort de Scipion, elle donna la liberté à l'esclave en question et lui fit épouser l'un de ses affranchis. [VALÈRE MAXIME, FAITS ET DITS MÉMORABLES, 6.7.]

Si nous pouvions, citoyens, vivre sans épouses, cette cause de désordre nous serait épargnée en tous domaines. Mais la nature ayant fait en sorte que nous ne puissions ni vivre à notre aise avec elles ni nous tirer d'affaire sans elles, il nous faut prendre en compte l'avantage à long terme plutôt que l'agrément du moment. (Metellus Numidicus, censeur en 102 avant J.-C., tenta selon Aulu-Gelle [NUITS ATTIQUES, 1.6] de mener une politique nataliste en incitant les hommes à se marier.)

Fulvie, épouse de Marc Antoine, ne savait ni filer ni tenir sa maison, activités féminines traditionnelles. Et, entendant bien gouverner qui gouvernait et commander qui commandait, elle jugeait indigne d'elle de prendre barre sur un homme ordinaire. Cléopâtre lui fut redevable quand Marc Antoine fut à bout de forces, de lui avoir appris la soumission à la femme et elle le fit à son tour lui obéir comme à ses débuts. [PLUTARQUE, VIE D'ANTOINE, 10.] Un Égyptien n'aurait sans doute pas trouvé cette situation ridicule : *en Égypte, la reine jouit de plus de pouvoir et d'honneurs que le roi et, chez les particuliers, l'épouse domine l'époux. En effet, aux termes du contrat de mariage, il s'engage à lui obéir en tout.* [DIODORE DE SICILE, BIBLIOTHÈQUE HISTORIQUE, I.27.]

❋

Fulvie perça la langue de Cicéron de l'une de ses épingles à cheveux pour tirer vengeance des propos qu'il avait tenus sur Marc Antoine. Elle avait eu, auparavant, de bonnes raisons de le détester car il s'était opposé à son premier époux, Clodius, l'agitateur qui poussait la canaille à la révolte. Le rude naturel de Fulvie a été résumé par Velleius Paterculus dans la formule « Elle n'était femme qu'au physique ». [HISTOIRE ROMAINE, 2.74.] Pomponia, veuve du frère de Cicéron qui trouva comme lui la mort dans les proscriptions, n'était sans doute pas d'une nature plus douce. Lorsque Antoine lui envoya l'affranchi qui avait trahi Cicéron, elle l'obligea à découper des lambeaux de sa propre chair, à les faire cuire et à les manger. [PLUTARQUE, VIE DE CICÉRON, 49.]

FLACON DE PARFUM EN FORME DE SOURIS.

NOS ANCÊTRES VOULAIENT QU'AU MOTIF DE LEUR MANQUE DE DISCERNEMENT, TOUTES LES FEMMES FUSSENT PLACÉES SOUS TUTELLE.

[**CICÉRON**, PRO MURENA, 27.]

Lorsque Quintus Lucretius Vespillo fut porté sur la liste de proscription par les triumvirs, Turia son épouse le cacha dans une petite pièce de leur demeure entre toit et plafond. Une esclave était la seule à le savoir. Turia parvint ainsi à le soustraire à une mort imminente, non sans prendre un grand risque. Tandis que les autres proscrits éprouvaient les plus grandes difficultés à s'échapper et, dans un environnement étranger et hostile, faisaient face à de terribles tortures tant physiques que morales, Lucretius, dans sa chambrette, était sain et sauf et dans les bras de sa femme. [VALÈRE MAXIME, FAITS ET DITS MÉMORABLES, 6.7.2.]

La *lex Julia* sur l'adultère (18 avant J.-C.) stipulait qu'une femme prise en flagrant délit pouvait être mise à mort par son père, dès lors que son amant était lui-même tué. L'époux ne disposait pas du même pouvoir. Aucune loi n'a jamais puni à Rome l'adultère commis par le mari.

L'usage propre aux Germains de se couper la chevelure et de la remettre au vainqueur en signe de soumission semble être à l'origine de la mode des perruques blondes, qui fit fureur à Rome après la victoire sur la tribu des Sicambres, au temps d'Auguste. [OVIDE, LES AMOURS, 1.14-45 SQQ.] Ovide évoque l'embarras général quand, dans sa hâte, une fille à laquelle il rendait une visite inopinée se coiffa à l'envers de sa chevelure postiche. [L'ART D'AIMER, 3.246.] On raconte que l'épouse de Marc Aurèle, Faustine, possédait une collection de plusieurs centaines de perruques. Le *Digeste* de Justinien mentionne, parmi diverses taxes somptuaires frappant les eunuques, les lions ou les léopards, celle sur les perruques importées d'Inde. [39.4.16.7.]

Pour lutter contre la chute des cheveux, Galien mentionne diverses mixtures tirées d'un livre sur les cosmétiques attribué à Cléopâtre. L'une d'elles est à base de têtes de souris réduites en poudre ; une autre, faite des déjections du même animal, doit être appliquée sur la zone chauve. [GALIEN, SUR LA COMPOSITION DES MÉDICAMENTS SELON LES LIEUX, 12.403.] Sur ce même sujet, Ovide a écrit un poème curieusement dépourvu du moindre humour et dont n'ont survécu que les cent premiers vers. (*Medicamina faciei feminae*, « Soins du visage féminin ».)

On a découvert à Londres, en 2004, un pot de crème pour le visage dont le contenu était intact : il s'agissait d'un mélange de graisse animale, d'étain et d'amidon.

En l'an 20 de notre ère, le Sénat débattit d'une proposition visant à interdire aux gouverneurs des provinces d'y emmener leurs femmes. On fit valoir qu'elles étaient trop faibles pour supporter les fatigues du voyage et que, si on leur en donnait l'occasion, elles se montreraient cruelles, ambitieuses et avides de pouvoir. On ajouta que les femmes de gouverneurs étaient responsables de nombreuses accusations d'extorsion portées contre ceux-ci, que leurs exigences étaient déraisonnables et arbitraires, et qu'elles prenaient barre non seulement sur leur foyer, mais aussi sur la justice et jusque sur l'armée. La proposition fut repoussée, mais ce fut pour des raisons peu flatteuses. Le Sénat décida, en effet, qu'étant faibles par nature, les femmes ne devaient pas être laissées par leur époux exposées aux tentations et objets de la convoitise d'autres hommes. Quand ils étaient présents, les maris devaient lutter pour en préserver leur couple. Que croyaient-ils donc qu'il se passerait s'ils venaient à s'absenter pour plusieurs années ? [TACITE, ANNALES, 3.33-34.]

Au théâtre, on imposait aux femmes de prendre place dans les dernières rangées, mais cette ségrégation n'existait ni au cirque ni dans l'amphithéâtre.

Une femme demanda instamment à son mari de se suicider lorsqu'elle découvrit que, depuis longtemps, il souffrait d'ulcères purulents à l'aine, et que le mal était incurable. Pour lui faciliter les choses, elle se lia à lui et, par une fenêtre, se jeta dans un lac. [PLINE LE JEUNE, LETTRES, 6.24.]

L'obligation faite aux femmes majeures d'avoir un tuteur semble n'avoir presque aucun fondement valable et emportant la conviction. L'opinion commune, selon laquelle la faiblesse de leur esprit les exposerait à être abusées, n'est plausible qu'en apparence et ne correspond en rien à la réalité. Certaines femmes majeures mènent leurs affaires en personne et, souvent, le tuteur se borne à donner une autorisation de pure forme. [GAÏUS, INSTITUTES, 1.190.]

Nous pouvons parfois refuser une assertion tout en faisant mine de l'accepter. Ainsi, l'épouse de Dolabella, Fabia, prétendait avoir trente ans. « C'est sûrement vrai, observa Cicéron, puisque cela fait vingt ans que je l'entends le dire. » [QUINTILIEN, DE L'INSTITUTION ORATOIRE, 6.3.73.]

✵

QUAND UNE ESPAGNOLE VA METTRE UN ENFANT AU MONDE, **SON ÉPOUX PREND LE LIT ET** ELLE LUI DISPENSE DES SOINS. [STRABON, GÉOGRAPHIE, 3.4.17.]

LES VESTALES

Les vestales étaient des vierges ayant pour fonction d'entretenir le temple de Vesta et de célébrer les rites de cette déesse. Elles veillaient à ce que la flamme sacrée, qui passait pour être venue de Troie, ne s'éteignît jamais. Elles jouissaient de privilèges considérables qui n'étaient pas accordés à d'autres ordres féminins à Rome. Vivant dans le luxe aux frais du Trésor public, elles étaient affranchies de l'autorité paternelle ; gardiennes des traités et des testaments, elles avaient le droit de tester ; elles pouvaient gérer des affaires en leur nom propre et, devant les tribunaux, leur témoignage avait force de preuve sans qu'elles eussent à prêter serment ; elles pouvaient se déplacer dans Rome en chars à roues et les plus éminents magistrats leur cédaient la priorité. Enfin, un criminel les rencontrant par hasard sur le chemin de l'exécution n'était pas mis à mort.

✵

Être convaincue d'inconduite sexuelle était, pour une vestale, un événement rare mais considérable. De tels cas sont rapportés particulièrement en temps de guerre. Le châtiment faisait partie du cérémonial de purification de la cité. La personne de la coupable étant sacrosainte, elle ne pouvait pas être exécutée. Elle était donc enfermée dans une chambre souterraine avec un lit, une lampe, quelques vivres et un peu d'eau, pour y attendre la mort. Les hommes complices du crime étaient publiquement fouettés à mort.

✵

Pline rapporte sans la commenter l'histoire bien connue de la vestale Tuccia qui, accusée d'inconduite, prouva son innocence en transportant dans un tamis de l'eau du Tibre jusqu'au temple de Vesta. Il se montre

SCULPTÉE DANS L'IVOIRE ET PORTANT UN COLLIER D'OR, CETTE POUPÉE FUT DÉCOUVERTE À TIVOLI DANS LA TOMBE DE LA COSSINIA QUI OCCUPA LA CHARGE DE VESTALE DURANT SOIXANTE-SIX ANNÉES.

toutefois sceptique à l'endroit du pouvoir prêté aux vestales de figer sur place, par l'effet d'une prière, les esclaves fugitifs à la seule condition qu'ils n'aient pas encore quitté la Ville. [HISTOIRE NATURELLE, 28.12-13.]

De façon plutôt paradoxale, Auguste accorda aux vestales les privilèges réservés aux mères de trois enfants.

À l'opposé, mais de façon tout aussi paradoxale, Caligula fit de ses trois sœurs, toutes trois mariées, des vestales honoraires.

Héliogabale, qui régna de 218 à 222 de notre ère, souleva un énorme scandale en épousant la vestale Aquilia Severa, puis en la répudiant avant de l'épouser à nouveau, sacrilège qui conduisit à son assassinat. [DION CASSIUS, HISTOIRE ROMAINE, 79.9.]

Les vestales avaient droit à des places d'honneur dans tous les spectacles. Il n'est pas très aisé de concilier leur attitude, réservée jusqu'à l'austérité, avec le fanatisme et la frénésie dont faisaient preuve les spectateurs des courses de chevaux et des combats de gladiateurs. Prudence, poète chrétien de la fin du IVe siècle, relève ce paradoxe dans sa description de la façon dont une vestale assise au premier rang réagit à un combat de gladiateurs : *elle bondit sur son siège quand les coups portent et chaque fois que le vainqueur plonge son glaive dans la nuque de son adversaire. La vierge modeste le salue alors d'un « mon amour ! » et, en tournant le pouce, lui ordonne d'ouvrir la poitrine de l'homme étendu à terre de peur qu'un reste de vie ne se cache en son sein, tandis que, chancelant, le gladiateur enfonce plus profondément son glaive.* [CONTRE SYMMAQUE, 2.1096-1101.]

ANTIQUUM POETAM AUDIVI SCRIPSISSE IN TRAGOEDIA, MULIERES DUAS PEIORES ESSE QUAM UNAM: RES ITA EST

« J'AI ENTENDU DIRE QU'UN POÈTE DES TEMPS ANCIENS ÉCRIVIT DANS UNE TRAGÉDIE QUE DEUX FEMMES SONT PIRES QU'UNE SEULE. RIEN N'EST PLUS VRAI. »

[PLAUTE, CURCULIO, 591.]

CHAPITRE III

LES NOMS

NISI NOMEN SCIERIS, COGNITIO RERUM PERIT

« IL NE CONNAÎT PAS LES CHOSES CELUI QUI IGNORE LEURS NOMS ».

[SAINT ISIDORE DE SÉVILLE, ÉTYMOLOGIES, 2.7.1.]

UN CITOYEN ROMAIN possède trois noms : *praenomen, nomen* et *cognomen* : soit un nom personnel, par exemple Marcus, qui précède (*prae*) le patronyme familial (*Tullius*), enfin le nom qui accompagne (*cum-cog*) celui de la famille, en spécifie la branche ou signale une particularité de l'individu (*Cicero*). La famille et les amis proches usaient du prénom en public, mais pouvaient aussi employer le nom, le *cognomen*, ou encore les deux ensemble. De façon plus cérémonieuse, on pouvait y ajouter le nom du père ou de la tribu, soit *Marcus Tullius Marci filius Cornelia tribu Cicero* (« Marcus Tullius Cicero, fils de Marcus, de la tribu de Cornelia »).

À la fin de la République, seuls onze prénoms étaient d'un usage courant, mais on en connaît près d'une quarantaine d'autres qui furent utilisés plus tôt. Les prénoms romains peuvent nous sembler d'un emploi bien limité, mais un Romain trouverait nos initiales trop imprécises. Sans plus d'indications, il serait bien en peine de savoir qui est M(*arilyn*). Monroe, M(*ickey*). Mouse, M(*ary*). Poppins ou M(*arcel*).

Proust, tandis que M. Tullius Cicero ne comporte aucune ambiguïté, M. ne pouvant signifier que Marcus.

✷

Les prénoms romains ne correspondent guère aux nôtres. Si tel eût été le cas, Auguste n'aurait probablement pas choisi de se prénommer *Imperator* (« commandant en chef »).

✷

Rien n'illustre de façon plus éclatante que les prénoms le statut subalterne des femmes :

✧ Généralement, on ne les connaissait que par la forme fémininisée de leur nom de famille. Donc, les filles de *Caius Julius Caesar* et de *Marcus Tullius Cicero* étaient appelées l'une *Julia* et l'autre *Tullia.*

✧ Même les femmes des plus illustres familles étaient dépourvues de prénoms ; pour distinguer des sœurs entre elles ou des nièces de leurs tantes, on avait recours à *Maior, Minor, Tertia, Quarta,* etc.

✧ À la fin de la période républicaine, on désignait fréquemment les femmes en joignant à la forme féminine de leur nom de famille le *praenomen* mis au génitif, cas de l'appartenance. Ainsi *Tullia Ciceronis* (« la Tullia de Cicéron »). Dans la Grèce moderne, une femme qui n'est pas mariée a encore pour nom son patronyme au génitif, et c'est aussi le cas dans de nombreux pays de culture slave.

✧ En règle générale, les Romaines ne changeaient pas de nom en se mariant. Beaucoup de celles qui figurent sur des inscriptions ont celui de leur époux, mais c'est vraisemblablement parce que tous deux ont été esclaves du même foyer, ou parce que, affranchis, ils ont pris le nom de leur ancien maître.

✷

Les usages modernes ne sont pas directement applicables aux noms romains. Ainsi, à Rome, les personnalités connues étaient moins nombreuses à se voir désigner par leurs nom et prénom. Certains grands personnages ne le sont que par le seul *nomen* : *Titus Lucretius Carus, Caius Suetonius Tranquillus, Publius Vergilius Maro, Quintus Horatius Flaccus* ou encore *Marcus Tullius Cicero.* D'autres sont connus par leur seul *cognomen, Lucius Sergius Catilina* étant alors réduit au seul *Catilina, Caius Valerius Catullus* à *Catullus* (Catulle), *Lucretius* (Lucrèce), *Suetonius* (Suétone) et *Vergilus* (Virgile). Des formes curieuses comme *Gaipor, Lucipor, Marcipor* (*Gaii puer,*

Lucii puer, Marci puer) littéralement « le jeune esclave de... » montrent que, dans les premiers temps, les esclaves n'avaient guère d'identité personnelle. Le nom de leur maître pouvait y être joint – par exemple *Felix Antonii* (*servus*) « Félix, l'esclave d'Antoine ». Il existait une vaste gamme de noms serviles, la plupart d'entre eux étant grecs. Si un esclave venait à être affranchi, il prenait le prénom et le nom de son ancien maître et gardait comme prénom celui qu'il portait précédemment.

✵

À Rome, on ne se sert presque jamais des prénoms, sinon pour distinguer des frères (les Gracques Tiberius et Caius) ou un père de son fils. C'est le cas des Pompée, *Sextus Pompeius* étant le fils de *Gneius Pompeius Magnus* – mais il a encore brouillé les pistes en prenant le nom de *Magnus Pompeius Magni filius*. Pour ce qui est de Marc Antoine, il semble que le *Mark Antony* anglo-saxon soit dû à Shakespeare.

✵

Le choix entre les diverses combinaisons de *nomina*, *praenomina* et *cognomina* semble arbitraire, mais il obéit dans certains cas individuels à des règles très strictes. Ainsi, le dramaturge Térence (*Publius Terentius Afer*) n'est jamais appelé *Terentius*, *Afer* ou *Terentius Afer*, tandis que l'illustre grammairien Varron (*Varro*) n'est jamais nommé *Terentius*, bien qu'il soit à l'occasion *Terentius Varro*. *Naso* est d'un emploi vieilli pour désigner Ovide (*Publius Ovidius Naso*), et il en va de même de *Maro* pour Virgile (*Publius Virgilius Maro*). Pour désigner Cicéron, la mode en terre anglo-saxonne a longtemps préféré « *Tully* », alors qu'on n'y a jamais abrégé Salluste (*Caius Sallustius Crispus*) en « *Crispy* ». En revanche, Caton (*Marcius Porcius Cato*) a toujours été *Cato*.

✵

Le nombre de *cognomina* que pouvait porter un individu n'était pas limité, mais nul n'approcha du record établi par *Quintus Pompeius Senecio Roscius Murena Coelius Sextus Iulius Frontinus Silius Decianus Caius Iulius Eurycles Herculanus Lucius Vibullius Pius Augustanus Alpinus Bellicius Sollers Iulius Aper Ducenius Proculus Rutilianus Rufinus Silius Valens Valerius Niger Claudius Fuscus Saxa Amyntianus Sosius Priscus*. Les trente-six noms de ce consul de l'an 169 après J.-C. nous sont connus par une inscription trouvée à Tivoli, à l'est de Rome. [CORPUS DES INSCRIPTIONS LATINES, 14-3609.] Ses trois *Iulius* et ses deux *Silius* ont dû grandement l'aider à savoir qui il était exactement !

QUELQUES NOMS TABOUS

✥ *Marcus Manlius Capitolinus* sauva le Capitole des Gaulois, au début du IVe siècle avant J.-C., lorsqu'il fut averti de leur approche par le cacardement des oies sacrées de Junon. Condamné pour avoir aspiré à la couronne, il fut, par la suite, précipité de la roche Tarpéienne, proche du Capitole. Sa famille décida de ne plus jamais employer son prénom. [TITE-LIVE, HISTOIRE ROMAINE, 6.20.]

✥ Il en alla de même pour la gens Claudia. Elle cessa d'utiliser le prénom de *Lucius* après que deux membres de la famille le portant eurent subi des condamnations de droit commun, l'un pour brigandage et l'autre pour meurtre. [SUÉTONE, VIE DE TIBÈRE, 1.]

✥ Le Sénat prit un décret portant qu'après Marc Antoine, aucun *Antonius* ne devait désormais être prénommé aussi Marc [PLUTARQUE, VIE DE CICÉRON, 49], et que *Marcus Scribonius Libo Drusus* ayant été convaincu de tentative d'assassinat sur Tibère, nul *Scribonius* ne porterait plus le nom de *Drusus*. [TACITE, ANNALES, 2.32.]

✥ Les numéros des légions perdues lors du désastre de la forêt de Teutobourg, en 9 après J.-C., soit les XVIIe, XVIIIe et XIXe, ne furent jamais utilisés par la suite pour d'autres légions.

✥ En l'an 20 de notre ère, Gnaeus Calpurnius Piso fut condamné pour le meurtre de Germanicus, petit-fils de Livia, l'épouse d'Auguste, du côté paternel et de Marc Antoine par sa mère, et père de Caligula. Son nom fut rayé des archives consulaires, et on exigea pour lui permettre d'hériter de la moitié de ses biens, que son fils Gnaeus changeât de prénom.

✵

On avait licence, à Rome, d'abandonner des enfants non désirés. Les noms Proiectus et Proiecticus signifient « jetés » (à la voirie), tandis que Stercorius précise « sur un tas de fumier ». Un certain Flavius Stercorius fut administrateur militaire de la région danubienne en 369 après J.-C. [CHOIX D'INSCRIPTIONS LATINES, 770.]

✵

Rome, outre son nom officiel de cité-État – *Roma* – possédait aussi celui *d'Amor*, ce palindrome étant employé seulement dans les rituels sacrés. Sous la République, le tribun de la plèbe *Valerius Soranus* fut mis à mort, sans doute par crucifixion, peine réservée aux esclaves et aux étrangers, pour avoir divulgué ce second nom secret. [SERVIUS, COMMENTAIRE DE *L'ÉNÉIDE* DE VIRGILE, 1.277 et JEAN LE LYDIEN, DES MOIS, 4.73.]

À en croire Varron, Rome a d'abord porté le nom de *Septimontium* (« Sept collines ») soit l'Aventin, le Célien, le Capitole, l'Esquilin, le Palatin, le Quirinal et le Viminal, mais cette liste n'était pas admise dans la période classique, en grande partie parce qu'on demandait d'y adjoindre les deux collines situées sur l'autre rive du Tibre, Vatican et Janicule, et le Pincium (actuel Pincio) au nord. Les lieux dont, à Rome, le nom commence par *Monte* — Montecitorio, Montevecchio, Montecenci et, bien entendu, Monte Testaccio (voir p. 188) — désignent des monticules créés de main d'homme à partir de gravats venant de bâtiments en ruine ou de tas d'ordures.

Dans l'Antiquité, on expliquait de différentes façons l'origine du mot *Palatium* désignant la colline du Palatin. Elle tenait ce nom, disait-on, de Pallas, grand-père d'Évandre qui, venant de Troie, aurait vécu en ce lieu au temps d'Énée. D'autres y voyaient un rappel des origines pastorales du peuple romain, par le biais des mots *balatus* (« bêlement ») ou *pasco* (« mener paître »).

Alors qu'Auguste peinait à écarter le soupçon d'aspirer à la couronne, le fait que notre « palais » nous vienne de *palatium*, nom de la résidence relativement modeste qu'il se fit bâtir sur cette colline, ne manque pas de sel. Il en va de même de notre « prince » qui dérive du titre de *princeps* (« premier »), adopté par Auguste pour rappeler le *princeps senatus* (« chef du Sénat ») de la tradition républicaine.

L'une des étymologies attribuées par les Anciens à Vaticanus était *vates* (« prêtre »), curieuse coïncidence si l'on songe à la fonction moderne du lieu.

Byzance fut fondée, aux environs de l'an 660 avant J.-C., par des colons venus de la cité grecque de Mégare gouvernée par un certain Byzas. En 196 de notre ère, Septime Sévère la rebaptisa *Augusta Antonina*, en l'honneur de son fils *Marcus Aurelius Antoninus* (Caracalla). En 330,

PLUSIEURS LÉZARDS ET GRENOUILLES SE PROMÈNENT SUR LE FEUILLAGE DE LA FRISE QUI ORNE LA PARTIE BASSE DES CÔTÉS DE L'AUTEL DE LA PAIX D'AUGUSTE (*ARA PACIS*).

Constantin y établit sa capitale sous le nom de *Roma Nova* (« nouvelle Rome ») qui allait devenir Constantinople. Le nom moderne d'Istanbul est une déformation de l'expression grecque *eis ten polin* (« dans la ville »). On en trouve trace dès le XIIIe siècle, mais il ne fut officialisé qu'en 1930.

❋

Caracalla, qui régna de 211 à 217, *se nomma lui-même* Germanicus *après sa victoire sur les Germains, mais il poussa la sottise jusqu'à déclarer que, s'il avait conquis la Lucanie* (régions du sud-ouest de l'Italie) *il aurait revendiqué le titre de* Lucanicus (qui signifie, certes, « Lucanien », mais aussi « saucisse »). [HISTOIRE AUGUSTE, VIE DE CARACALLA, 5.]

❋

La ville sicilienne de Ségeste aurait été fondée par Énée. Il la confia à un certain Egestus, qui la nomma Egesta. On fit précéder ce nom de la lettre s pour éviter qu'il fût de mauvais augure (le mot latin *egestas* signifie, en effet, « pauvreté »). *Des modifications du même ordre furent apportées aux noms de Maleventum* (« qui tourne mal ») *et Epidamnus* (« perte » ou « damnation »), *transformés respectivement en Beneventum* (« à l'issue favorable ») *et Dyrrachium* (d'après Dyrrachius, fils de Neptune et fondateur de la cité). [FESTUS, DE LA SIGNIFICATION DES NOMS, P. 458.]
La ville ombrienne de Narnia – actuelle Narni – portait jadis le nom de Nequinum, dont la connotation est « sans valeur » (*nequam*).

UNE PAIRE DE LÉVRIERS.

Si les Italiens avaient conservé cet usage, ils eussent dû rebaptiser le principal aéroport de Milan, Milano Malpensa, qui évoque une « mauvaise pensée ».

Les Romains nommèrent les cinq planètes qu'ils connaissaient *Mercurius, Venus, Mars, Iuppiter* et *Saturnus*. Les noms grecs correspondants ne sont pas aussi différents l'un de l'autre : *Stilbon* – « la brillante », *Phosphoros* – « qui apporte la lumière », *Pyroeis* – « l'ardente », *Phaeton* – « l'étincelante » et *Phaenon* – « la resplendissante ».

On prenait parfois le mot désignant le ciel, *caelum*, pour un dérivé du verbe *caelare*, « graver ». En effet, toutes les étoiles passaient pour être fixées à la voûte céleste, à égale distance de la terre.

Les Romains et les Grecs croyaient Saturne tout proche de l'extrémité de l'univers. Uranus, du grec ouranos, « ciel », la plus proche des planètes invisibles à l'œil nu, n'était pas connue des Anciens. Quand William Herschel la découvrit en 1781, il voulut l'appeler *George* en l'honneur du roi d'Angleterre George III.

❋

Publius Vergilius Maro a été le plus grand des poètes de Rome mais on utilise, en anglais comme en français et en d'autres langues, les formes incorrectes *Vergil* et *Virgile*, la première étant attestée originellement au Ve siècle. Quant à *Maro*, c'est l'anagramme de *Roma* et *d'Amor* mais ni Virgile ni un autre auteur ancien ne semble l'avoir remarqué.

❋

Le premier membre de la famille de Cicéron à porter ce nom avait, paraît-il, au bout du nez une petite bosse fendue comme un pois chiche (en latin cicer). À son entrée dans la vie publique, ses amis le pressèrent de changer ce nom qui prêtait plutôt à rire. Il aurait répliqué qu'il ferait de son mieux pour le rendre plus illustre que le premier des noms portés à Rome. Quand il dédiait aux dieux une pièce d'argent, il enjoignait au graveur d'y inscrire Marcus Tullius et de compléter son nom par l'image d'un pois chiche. [PLUTARQUE, VIE DE CICÉRON, 1.]

❋

Les Grecs pouvaient porter des noms qui nous semblent étranges. Ainsi, les temples situés dans le portique d'Octavie à Rome furent bâtis par les Spartiates *Sauras* (« lézard ») et *Batrachos* (« grenouille »). Se voyant interdire d'inscrire ces noms sur l'édifice, ils firent sculpter sur les spirales des colonnes les images d'un lézard et d'une grenouille. [PLINE, HISTOIRE NATURELLE, 36.42.]

❋

L'un des nombreux tombeaux qui jalonnent la voie Appienne est celui de Publius Decimius *Philomusus*, ce dernier nom signifiant « ami des Muses » mais pouvant aussi être lu « amant des souris ». Ce dernier sens est plaisamment suggéré par une gravure de deux souris rongeant un gâteau.

◆

Le mot latin *musculus* a deux sens, « souriceau » et « muscle », cette extension tenant à la comparaison des muscles jouant sous la peau comme de petites souris. De la même plaisante façon, saint Isidore de

Séville (560-636) dit que le *lacertus*, « partie supérieure du bras », tient son nom des *lacertae* (« lézards », « petits animaux qui se cachent sous terre »). [ÉTYMOLOGIES, 2.1.117.]

✷

En 62 avant J.-C., Publius Clodius Pulcher fit scandale en s'habillant en femme pour participer à la fête de la Bonne Déesse (*Bona Dea*) afin, dit-on, d'y poursuivre une intrigue amoureuse avec l'épouse de César. Né dans l'aristocratique famille des Claudii et voulant faire carrière comme politicien populiste, il orthographia son nom de façon moins distinguée et entra par adoption dans une famille plébéienne dont le père était plus jeune que lui. [SUÉTONE, VIE DE TIBÈRE, 2.]

✷

Un grand personnage était, d'ordinaire, accompagné d'un esclave *nomenclator* chargé de lui rappeler les noms des personnes qu'il rencontrait.

❖ *Auguste se plaignait du manque de mémoire de son* nomenclator *et, un jour où l'esclave devait se rendre au Forum, il lui dit : « Prends donc cette lettre d'introduction puisque, là-bas, tu ne connais personne ! »* [MACROBE, SATURNALES, 2.4.15.]

❖ Sénèque parle de *nomenclatores* séniles que leur confusion mentale obligeait à inventer des noms aux gens que rencontraient leurs maîtres. [LETTRES, 27.5.]

❖ Le roi de Perse Cyrus était capable de se souvenir du nom de chacun de ses soldats. Un membre de la famille des Scipion faisait de même pour tous les citoyens romains. Cinéas, ambassadeur du roi Pyrrhus, parvint, dès le lendemain de son arrivée à Rome, à retenir les noms de tous les sénateurs et chevaliers. [PLINE, HISTOIRE NATURELLE, 7.88.]

❖ *Hadrien corrigeait souvent ses* nomenclatores, *car il lui suffisait d'avoir entendu une seule fois un nom, fût-ce parmi de nombreux autres, pour s'en souvenir.* [HISTOIRE AUGUSTE, VIE D'HADRIEN, 20.]

✷

Un centurion primipile provoqua la colère de Caius en l'appelant Caligula (« bottillon militaire »). *Né dans les camps et élevé au milieu des soldats, c'était le surnom que ceux-ci lui avaient donné, et ils n'en connaissaient pas d'autre, mais dès qu'il commença à se chausser en adulte, il eut honte de ce « bottillon » et le tint pour une insulte.* [SÉNÈQUE, DE LA CONSTANCE DU SAGE, 18.]

✷

Premier empereur à ne pas appartenir à la dynastie julio-claudienne, Galba prit pour *cognomen Caesar*. Cette pratique, perpétuée par le Saint-Empire romain germanique, est à l'origine de l'allemand *kaiser* et du russe *tsar. dans les* textes modernes, le mot « César », employé sans autre précision, désigne Jules César.

✷

Pour qu'un chien puisse entendre, vite et clairement, qu'on l'appelle, le nom qu'on lui donne ne doit être ni trop long ni monosyllabique. Ce sera, par exemple, un nom grec comme Skylak (« chiot ») *ou* Lakon (« Spartiate »), *un nom latin comme* Ferox (« féroce ») *ou* Celer (« rapide »), *et, pour une chienne, des noms grecs tels que* Spoudé (« hâte »), Alké (« vigueur »), Romé (« force »). *Ou encore, pour les noms latins,* Lupa (« louve »), Cerva (« biche »), Tigris (« tigresse »). [COLUMELLE, DE L'AGRICULTURE, 7.12.13.] Columelle subit ici l'influence de Xénophon qui donne une liste de quarante-sept noms de chiens, tous bisyllabiques. [DE LA CHASSE, 5.7.]

QUE CONTIENT UN NOM?

De nombreuses plantes portent un nom dont le rapport à l'Antiquité n'est pas sans intérêt. Exemples :

- Alysse : vient du grec *alysa* (littéralement « non folie »). *Boire une décoction d'alysse empêche celui qui a été mordu par un chien enragé de contracter le mal.* [PLINE, HISTOIRE NATURELLE, 24.95.]
- Delphinium : du grec *delphis* (« dauphin »). *Les fleurs ou les graines ont la forme d'un dauphin.* [PSEUDO-DIOSCORIDE, DES HERBES FEMELLES, 57.]
- Gentiane : vient de *Gentius*, dernier roi des Illyriens de 180 à 168 avant J.-C., qui en découvrit les vertus curatives. [PLINE, HISTOIRE NATURELLE, 25.71.]
- Geranium : vient du grec *geranos* (« grue ») en raison de la ressemblance de la fleur avec un bec de grue. Le nom de pelargonium, du grec *pelargos* (« cigogne ») était donné par les Anciens à une variété de géranium différente de celle que nous connaissons.
- Glaïeul : du latin *gladiolus*, « petit glaive », *est ainsi nommé pour la forme de ses feuilles.* [PALLADIUS, DE L'AGRICULTURE, 1.37.]

❖ Jacinthe : la fleur passait pour née du sang du jeune Spartiate Hiacynthe, aimé d'Apollon qui le tua par accident d'un lancer de disque. [OVIDE, MÉTAMORPHOSES, 10.209 SQQ.]

❖ Iris : cette fleur porte le nom d'Iris, déesse de l'arc-en-ciel dont elle possède les diverses couleurs. [PLINE, HISTOIRE NATURELLE, 21.41.]

❖ Lis : les lis qu'on cultivait dans l'Antiquité n'étaient pas tous de la variété blanche. Saint Isidore de Séville associe leur nom au latin *lac* (« lait »). *Les lis* lilia *sont d'une couleur lactée* (lactei)*, comme si leur vrai nom était* liclia. [ÉTYMOLOGIES, 17.18.]

❖ Lupins : ils ne sont pas associés aux loups (*lupi*) *mais par leur amertume* (en grec *lupe*, « peine ») *ils attristent le visage de quiconque y goûte,* assure saint Isidore de Séville. [ÉTYMOLOGIES, 17.4.]

❖ Narcisse : pour le punir d'avoir dédaigné l'amour de la nymphe Écho, Narcisse fut condamné à s'éprendre de son propre reflet. Au printemps, il le contempla si longtemps que, selon l'un des plus brillants récits des *Métamorphoses* d'Ovide [3.407 SQQ.], il prit racine et fut transformé en fleur. Pline, plus prosaïque, suppose que la fleur tire son nom de l'engourdissement (*narce*, en grec) qu'elle provoque chez qui en absorbe. [HISTOIRE NATURELLE, 21.128.]

❖ Capucine : la saveur puissante du *nasturtium* (désignaton anglaise de cette fleur) nous fait « tordre le nez » – en latin, *nasum torquere.* [VARRON, FRAGMENTS DE GRAMMAIRE ROMAINE, 224.95.]

❖ Onopordon fausse-acanthe : le nom de la fleur de chardon, ou chardons aux ânes, emblème de l'Écosse, vient d'*anos* (« âne ») et *perdomai* (« lâcher un vent »). *On dit que les ânes qui en mangent se mettent à faire force pets.* [PLINE, HISTOIRE NATURELLE, 27.110.]

❖ Orchidée : vient du grec *orchis* (« testicule »). *L'orchidée possède une racine double ressemblant à cet organe masculin.* [PLINE, HISTOIRE NATURELLE, 26.95.] Le mot désignait aussi dans l'Antiquité une variété d'olive ayant cette forme.

❖ Renoncule : vient du latin *ranunculus*, « petite grenouille ». Pour une raison qui n'est pas évidente, c'est le nom d'une vaste famille de fleurs à laquelle appartiennent boutons-d'or et chélidoines.

❖ Rhododendron : vient du grec *rhodon*, « rose » et *dendron*, « arbre ». *Comme en témoigne clairement son nom, le* rhododendron *nous vient des Grecs.* [PLINE, HISTOIRE NATURELLE, 16.79.]

❖ Rose : les variétés de roses cultivées dans l'Antiquité étaient presque toutes rouges. Saint Isidore de Séville, qui écrivait à la fin du VIe siècle, pouvait encore assurer que *le vin rosé est nommé ainsi parce que les roses sont rouges* [ÉTYMOLOGIES, 20.3] en liant, non sans fantaisie, « rosé » au latin *rubere*, « rougir ».

❖ Romarin : vient de *ros marinus* (« rosée marine ») du nom des plantes affectionnant les régions côtières. Or la première partie du mot a été, à tort, rapportée à la rose et la seconde à la Vierge Marie.

❖ Saxifrage : vient de *saxum*, « le roc », et *frango*, « je brise ». *Il possède le merveilleux pouvoir de fendre et briser les calculs biliaires et, plus particulièrement, les noirs. Je préfère cette étymologie à celle qui le fait pousser au milieu des rochers.* [PLINE, HISTOIRE NATURELLE, 22.64.]

❖ Violette : de *vi olet*, « cela a une forte odeur ». *La violette doit son nom à son puissant parfum.* [SAINT ISIDORE DE SÉVILLE, ÉTYMOLOGIES, 17.19.]

NOMEN ATQUE OMEN

« LE NOM EST PORTEUR DE SENS. »

[PLAUTE, LE PERSE, 625.]

CHAPITRE IV

L'ÉDUCATION

CAEDI DISCENTES, QUAMVIS ID RECEPTUM SIT, MINIME VELIM

« ON A COUTUME DE FOUETTER LES ÉCOLIERS, MAIS JE DÉSAPPROUVE CET USAGE. »

[QUINTILIEN, DE L'INSTITUTION ORATOIRE, 1.3.14.]

À ROME, l'étude de la grammaire passait pour avoir commencé au milieu du IIe siècle avant J.-C., avec l'arrivée de Cratès de Mallos, ambassadeur du roi de Pergame (Turquie occidentale actuelle). S'étant cassé une jambe en tombant dans le grand égout (*Cloaca Maxima*) près du Palatin, il dut ouvrir une école pour gagner sa vie.

L'éminent professeur d'éloquence du siècle d'Auguste que fut Portius Latro devait à des études menées sans répit d'avoir une santé fragile. Ses étudiants buvaient une mixture à base de cumin pour acquérir son teint pâle et montrer ainsi l'attachement qu'ils lui portaient. [PLINE, HISTOIRE NATURELLE, 20.160.] Ovide admirait tout particulièrement ce rhéteur [SÉNÈQUE, CONTROVERSES 2.2.8], et l'on est tenté de supposer que l'illustre auteur des *Métamorphoses* fut l'un de ces élèves en adoration.

Le poète Horace eut pour maître Lucius Orbilus Pupillus (ce *cognomen*, qui signifie « étudiant », sied tout particulièrement à un enseignant

ON PAIERA 500 DENIERS (*DENARII*) AUX COMBATTANTS PAR LÉOPARD TUÉ. C'ÉTAIT LÀ UNE PRIME GÉNÉREUSE CAR L'ÉDIT SUR LES PRIX DE DIOCLÉTIEN DE 301 APRÈS J.-C., QUI N'EST PAS POSTÉRIEUR DE BEAUCOUP À CETTE MOSAÏQUE, PORTE LE SALAIRE JOURNALIER D'UN OUVRIER AGRICOLE À 25 DENIERS.

de renom). *Il publia un ouvrage sous le titre* De la sottise *pour se plaindre des torts que font aux maîtres l'avarice et la négligence des parents d'élèves. Outre les critiques qu'il multipliait en toute occasion, il exerça sa méchanceté sur ses écoliers. Horace le qualifie de « père fouettard »* (flagosus), *et Domitius Marsius* (poète mineur) *parle de « ceux qu'Orbilus a frappés à coups de canne ou de sangle ».* [SUÉTONE, DES GRAMMAIRIENS ET DES RHÉTEURS, 9.]

❖

Quintilien jugeait nécessaire d'argumenter longuement contre l'usage largement répandu de fouetter les élèves. [DE L'INSTITUTION ORATOIRE, 1.3.] Plutarque croit bon de signaler que Sarpedon, maître de Caton d'Utique, jugeait plus efficace de raisonner avec ses élèves que de les rosser. [VIE DE CATON LE JEUNE, 1.] Il arriva à Orbilius de témoigner en justice contre un plaideur défendu par le père du futur empereur Galba qui, étant bossu, tenta de lui faire perdre contenance en lui demandant sa profession. Orbilius répliqua : « Je suis masseur de bossus en plein jour. » [MACROBE, SATURNALES, 2.6.4.] Le verbe *fricare* qu'il employa avait vraisemblablement, outre le sens de « masser » celui de « rosser ».

À la fin du IIe siècle après J.-C., un décret sénatorial accorda une prime de cinq cents sesterces au gladiateur victorieux s'il était de condition libre, et de quatre cents s'il s'agissait d'un esclave. [CHOIX D'INSCRIPTIONS LATINES, 5163.29 SQQ.] La somme correspondait au gain annuel d'un maître d'école. [JUVÉNAL, SATIRES, 7.242.] Le décret ayant pour objectif de limiter le coût des combats de gladiateurs, on peut inférer de ces chiffres qu'en général les primes étaient encore plus élevées.

UNUM ET UNUM DUO ; DUO ET DUO QUATTUOR (« UN ET UN FONT DEUX, DEUX ET DEUX FONT QUATRE ») CETTE RITOURNELLE M'ÉCORCHAIT LES OREILLES, ÉCRIT SAINT AUGUSTIN [CONFESSIONS, 1.13.22] DANS L'UN DES FRÉQUENTS PASSAGES OÙ IL ÉVOQUE LES JOURS PÉNIBLES DE SA SCOLARITÉ.

La formation d'un jeune garçon devrait commencer par l'étude du grec puisque, de toute façon, il maîtrisera le latin, qui est la langue de presque tout le monde. Une autre raison tient à ce que les études latines sont filles des études grecques. Toutefois, l'écolier ne devrait pas s'attarder trop sur le seul grec, car cela pourrait altérer par la suite la syntaxe et la prononciation de son latin. [QUINTILIEN, DE L'INSTITUTION ORATOIRE, 1.1.12.]

Un graffiti de Pompéi aligne de gauche à droite puis de droite à gauche les lettres *AXBVCT*. [CORPUS DES INSCRIPTIONS LATINES, 4.9272.] *U, W, Y* et *Z* étaient inconnus de l'alphabet latin. Cela porte à croire que l'on exigeait de l'étudiant une agilité considérable dans l'étude de l'alphabet.

Quintilien recommande de donner pour jouets aux très jeunes enfants des lettres d'ivoire afin de leur permettre d'apprendre l'alphabet. *Dès que l'enfant reconnaît la forme des lettres, on a coutume de les graver avec soin sur une planche pour que la plume puisse suivre le sillon ; cela empêchera les erreurs qu'un enfant commettrait sur une tablette de cire.* [DE L'INSTITUTION ORATOIRE, 1.1.26.]

LE JEUNE GARÇON QU'ON VOIT ICI ARRIVER À L'ÉCOLE Y APPORTE SES TABLETTES POUR ÉCRIRE (ET NON LE PANIER DU GOÛTER !).

L'Ostrogoth Théodoric le Grand, qui gouverna l'Italie de 493 à 526, était presque illettré et si peu doué pour l'étude que, dans les dix premières années de son règne, il ne put approuver les documents qu'on lui soumettait qu'en y appliquant un pochoir de bois portant le mot *legi* (« j'ai lu »). [ANONYME DE VALOIS, 79.] On racontait que l'empereur de Byzance, Justin, faisait de même avec le mot *fiat* (« qu'il en soit ainsi »). [PROCOPE, HISTOIRE SECRÈTE, 6.]

✻

Les tablettes de cire sont plus commodes d'emploi, car on peut aisément effacer... tandis que sur le parchemin, la nécessité de tremper souvent la plume dans l'encre ralentit la main et interrompt le cours des idées. [QUINTILIEN, DE L'INSTITUTION ORATOIRE, 10.3.31.]

OCCIDIT MISEROS CRAMBE REPETITA MAGISTROS

« LE CHOU RÉCHAUFFÉ EST LA MORT DES PAUVRES MAÎTRES D'ÉCOLE » (L'ENNUYEUX RABÂCHAGE D'UNE ÉDUCATION ROUTINIÈRE).

[JUVÉNAL, SATIRES, 7.154.]

CHAPITRE V

L'ARMÉE

BELLUM, HOC EST MINIME BELLUM

« NON, LA GUERRE N'EST PAS DU TOUT JOLIE! »

[**DONATUS**, GRAMMAIRE, 4.402.4.]

PARANGON SEMI-LÉGENDAIRE de la bravoure romaine, Lucius Siccius Dentatus livra cent vingt batailles au Ve siècle avant J.-C. Quarante-cinq fois blessé de face, il ne le fut jamais dans le dos, et il fut décoré non à la mesure d'un soldat mais comme toute une légion. [**VALÈRE MAXIME**, FAITS ET DITS MÉMORABLES, 3.2.24.]

Peuple de paysans, les Romains des premiers temps faisaient la guerre en été, entre semis et récoltes, l'hiver gênant les mouvements de troupes. La première prolongation des opérations à l'hiver survint lors du siège de la cité étrusque de Véies, au début du IVe siècle avant J.-C., et cette innovation donna lieu à d'âpres débats :

Si une guerre ne s'achève pas avec l'été, nos soldats doivent apprendre à attendre l'hiver et non, comme le font les oiseaux, à se chercher de toutes parts un abri dès qu'arrive l'automne. Le plaisir de la chasse conduit les hommes à braver le gel et la neige par monts et par vaux. Ne conviendrait-il pas de montrer pour les exigences de guerre la même endurance que celle que requièrent l'exercice physique et le divertissement ? [TITE-LIVE, HISTOIRE ROMAINE, 5.6.]

Pyrrhus roi d'Épire (319-272 avant J.-C.) remporta deux victoires sur les Romains, en 280 et 279, mais elles lui coûtèrent très cher. Lorsqu'il vit les corps des soldats romains tués qui, tous frappés de face, avaient encore sur le visage une expression farouche, on raconte qu'il leva les yeux au ciel et qu'il dit que, s'il avait eu la chance de disposer de tels hommes, il eût conquis la terre entière. [EUTROPE, ABRÉGÉ, 2.11.] Depuis cette époque, l'expression « victoire à la Pyrrhus » désigne un succès trop chèrement payé.

Un tremblement de terre secoua la région du lac Trasimène au moment même où les Romains y affrontaient les Carthaginois, en 217 avant J.-C. En dépit de sa forte magnitude, ni les Romains ni les Carthaginois ne s'en aperçurent. [PLINE, HISTOIRE NATURELLE, 2.200.]

L'arrière-grand-père de Lucius Sergius Catilina, auteur d'une tentative de coup d'État en 63 avant J.-C., avait été un héros de la seconde guerre punique. Fait prisonnier deux fois par Hannibal, il parvint à s'évader à chaque fois, bien qu'il fût resté enchaîné vingt mois durant. Un bras droit artificiel en fer lui permit de continuer la lutte et, à deux reprises, son cheval fut tué sous lui. [PLINE, HISTOIRE NATURELLE, 7.104-105.]

Quand Scipion estimait qu'un nombre suffisant de ses soldats avait pénétré dans la ville assiégée, il lançait, selon l'usage romain, la plupart d'entre eux contre les citadins avec ordre de massacrer sans pitié tous ceux qu'ils rencontreraient et de ne pas piller avant qu'il en donne le signal. Je pense qu'il était motivé par le désir d'inspirer la terreur. C'est la raison pour laquelle, quand les Romains prenaient une ville, on n'y voyait pas seulement des corps humains massacrés, mais aussi des chiens éventrés et démembrés. [POLYBE, HISTOIRES, 10.15, à propos de la destruction en Espagne de la Nouvelle Carthage en 209 avant J.-C.]

Habitués à combattre les Grecs et les Illyriens, les Macédoniens ne connaissaient que les blessures infligées par des flèches et des javelots et, plus rarement, par des lances. À la vue des corps disloqués par le glaive à l'espagnole des Romains, des bras tranchés à hauteur d'épaule, des têtes séparées du cou et du tronc, des entrailles à l'air libre et autres affreuses blessures, ils comprirent en tremblant à quelles armes et à quels soldats ils devraient faire face. [TITE-LIVE, HISTOIRE ROMAINE, 31.34, à propos de l'emploi du *gladius*, court glaive espagnol en forme de poignard, contre Philippe V dans la Deuxième Guerre macédonienne de 200 à 196 avant J.-C.]

POUR PRENDRE TYANA (SUD DE LA TURQUIE CENTRALE EN 272), AURÉLIEN SE HEURTA À UNE RÉSISTANCE ACHARNÉE. EXASPÉRÉ PAR LA PROLONGATION DU SIÈGE, IL DÉCLARA : « JE NE LAISSERAI PAS UN SEUL CHIEN EN VIE DANS CETTE VILLE. » TOUTEFOIS, DÈS LA CHUTE DE LA PLACE, IL DÉCIDA DE FAIRE GRÂCE AUX HABITANTS, ET IL ORDONNA À SES SOLDATS DE NE TUER QUE LES CHIENS. BIEN QUE DÉÇUS DANS LEUR ESPOIR DE PILLAGE, LES SOLDATS PRIRENT LA CHOSE EN PLAISANTERIE. [HISTOIRE AUGUSTE, VIE D'AURÉLIEN, 22.]

À la bataille de Chéronée (86 avant J.-C.), l'armée de Sylla neutralisa quatre-vingt-dix chars de Mithridate équipés de faux en se lançant sur eux d'emblée, sans leur laisser le temps de rompre les lignes romaines. En repoussant les chars, les Romains, comme s'ils étaient au cirque, demandaient avec force applaudissements et huées qu'on leur en envoie d'autres. La même tactique, qui consiste à en finir vite, priva les archers de Mithridate de l'espace qui leur eût permis de tendre leurs arcs, et c'est avec leurs flèches dans les mains qu'ils durent tenter de repousser des ennemis qui maniaient le glaive. [PLUTARQUE, VIE DE SYLLA, 18.21.]

La conquête de la Gaule par Jules César coûta vraisemblablement un million de vies humaines. En 57 avant J.-C. dans une bataille restée sans nom, *presque toute la tribu des Nerviens et jusqu'à son nom furent anéantis. Les survivants envoyèrent des délégués pour proposer de se soumettre. Décrivant l'ampleur du désastre, ils indiquèrent que seuls étaient restés en vie trois des six cents membres de leur Sénat et, tout au plus, cinq cents de leurs soixante mille combattants.* [CÉSAR, LA GUERRE DES GAULES, 2.28.]

Pline estime à 1 192 000 le nombre des ennemis tués au combat par Jules César, compte non tenu des pertes dans les guerres civiles. Dans une inscription du temple de Minerve à Rome, Pompée se targue d'avoir fait beaucoup mieux : *Pompée le Grand, commandant en chef, fait, comme il se doit, la présente dédicace à Minerve à l'issue d'une guerre de trente années où il mit en fuite, dispersa, massacra ou captura 12 183 000 hommes, coula ou prit 846 navires, força à se rendre 1 538 villes et places fortifiées et conquit toutes les contrées séparant la mer d'Azov de la mer Rouge.* [HISTOIRE NATURELLE, 7.97.]

Les chiffres de pertes au combat cités par les Anciens sont rarement fiables. À la bataille de Sentinum contre les Samnites et les Gaulois qui, en 295 avant J.-C., assura aux Romains le contrôle de l'Italie centrale, les 25 000 ennemis tués dont fait état Tite-Live [HISTOIRE ROMAINE, 10.29] étaient 100 000 selon Diodore de Sicile, presque contemporain de l'événement. [BIBLIOTHÈQUE HISTORIQUE, 21.4.] Pour empêcher les généraux d'exagérer le nombre des tués dans le camp adverse et de minorer leurs propres pertes quand ils demandaient le triomphe, une loi exigea d'eux, dans les années soixante avant J.-C., qu'ils garantissent l'exactitude de leurs chiffres par un serment. [VALÈRE MAXIME, FAITS ET DITS MÉMORABLES, 2.8.1.]

Même si l'on prend en compte l'inévitable imprécision des chiffres, on est souvent frappé par la discordance entre les pertes des deux camps dans une bataille. En voici quelques exemples :

- Dans différentes batailles de la première moitié du IIe siècle avant J.-C., Tite-Live recense 12 000 ennemis tués contre 73 Romains [HISTOIRE ROMAINE, 35.1], 53 000 contre 349 [37.44], 9 000 contre 109 [40.48], enfin 20 000 contre 100. [44.42.]
- À en croire Plutarque, les Arméniens perdirent dans la bataille d'Artaxate, en 68 avant J.-C., cent mille fantassins et presque tous leurs cavaliers tandis que les Romains eurent... cinq tués et cent blessés. [VIE DE LUCULLUS, 28.]
- Strabon rapporte que, dans une expédition récente en Arabie, dix mille ennemis furent tués alors que les Romains perdaient... deux hommes. [GÉOGRAPHIE, 16.4.24.]
- Le satiriste Lucien de Samosate déplore qu'un historien fasse état de pertes ennemies de 70 236 tués contre deux tués et neuf blessés du côté romain. Il ajoute qu'aucun homme sain d'esprit ne saurait accepter ce genre de statistiques. [L'HISTOIRE VÉRITABLE, 20.]

QUAND
LES ROMAINS
PRENAIENT
UNE VILLE, ON
N'Y VOYAIT PAS
SEULEMENT DES
CORPS HUMAINS
MASSACRÉS,
MAIS AUSSI DES
CHIENS ÉVENTRÉS
ET DÉMEMBRÉS.

[POLYBE, HISTOIRES, 10.15, **à propos de la destruction en Espagne de la Nouvelle Carthage en 209 avant J.-C.**]

ON NE DEVAIT ENTRER EN GUERRE, DISAIT AUGUSTE, QUE SI L'ON EN ESPÉRAIT UN CONSIDÉRABLE BÉNÉFICE, CAR RECHERCHER À UN PRIX ÉLEVÉ UNE VICTOIRE DE FAIBLE PROFIT REVENAIT À PÊCHER AVEC UN HAMEÇON D'OR; RIEN DE CE QUE L'ON POURRAIT ATTRAPER NE VAUDRAIT CE QUE L'ON PERDRAIT. [SUÉTONE, VIE D'AGUSTE, 25.]

Caligula mit ses troupes en ordre de bataille et déploya catapultes et engins de siège sur la rive de l'Océan, comme s'il était sur le point d'entrer en guerre contre lui. Personne ne savait ou ne pouvait deviner ce qu'il entendait faire. Soudain, il ordonna aux soldats de ramasser des coquillages et d'en remplir leurs casques ainsi que les plis de leur tunique, proclamant que les coquillages étaient des « dépouilles de l'Océan dues au Capitole et au Palatin ». [SUÉTONE, VIE DE CALIGULA, 46.] Plusieurs années plus tard, les légions de Claude allaient envahir la Bretagne.

Quand son armée fut prise au piège par les Romains, Spartacus leur fit croire qu'il avait des forces plus importantes et mieux organisées qu'elles l'étaient en réalité en attachant à des piquets, en dehors de son camp, des cadavres en armes, de sorte que, vus de loin, on les prît pour des sentinelles. [FRONTIN, STRATAGÈMES, 1.5.22.]

Pendant la Troisième Guerre macédonienne (171-168 avant J.-C.), le roi Persée, voulant s'assurer que ses chevaux ne seraient pas terrifiés par les éléphants des Romains, les habitua au voisinage d'éléphants factices à l'odeur fétide qui faisaient un bruit de tonnerre. [DION CASSIUS, HISTOIRE ROMAINE, FRAGMENT 20.]

En l'an 141 avant J.-C., *Quintus Metellus, qui venait de soumettre la moitié de l'Espagne, entendit dire qu'il allait être remplacé par son ennemi personnel Quintus Pompeius. Pour saboter la transmission de son commandement, il prit les mesures suivantes, qui lui coûtèrent le triomphe :*

- *libérer du service tous ceux qui le demandaient ;*
- *accorder des permissions sans en demander la cause ou en fixer la durée ;*
- *ouvrir les stocks de grains aux pilleurs en cessant de les faire garder ;*

✥ *donner l'ordre aux archers crétois de briser arcs et flèches et de les jeter à la rivière ;*

✥ *cesser de nourrir les éléphants.*

[VALÈRE MAXIME, FAITS ET DITS MÉMORABLES, 9.3.7.]

Parfois, le commandant en chef devrait parcourir à cheval la ligne de bataille et, se trouvant devant l'aile droite, crier à ses hommes : « notre aile gauche est en train de vaincre » – et inversement. Il devrait le faire que ce soit vrai ou non, car quand la situation est critique, il faut savoir tromper. De même, si le général ennemi est éloigné – à l'aile opposée ou au centre de la ligne, il doit crier à ses hommes : « leur général (roi ou autre titre) vient d'être tué ! » Et il doit le crier assez fort pour que l'ennemi, lui aussi, l'entende. [ONOSANDRE, LE STRATÈGE, 23.1.]

L'homme de la rue croyait que le mot *castrum* (« camp ») venait de l'adjectif *castus* (« chaste ») ou du verbe *castrare* (« castrer »), parce que tout désir sexuel était banni de ces lieux. L'empereur Septime Sévère, qui régna de 193 à 211, fut le premier à autoriser les légionnaires à prendre femme.

Les camps militaires étaient tous disposés de façon telle que les soldats sachent, quand sonnait l'alarme, où ils devaient se rendre. En outre, *quand un espion ennemi s'est infiltré dans le camp, les soldats doivent recevoir l'ordre de regagner leurs tentes en plein jour ; ainsi, l'ennemi est aussitôt repéré.* [VEGÈCE, TRAITÉ DE L'ART MILITAIRE, 3.26.] Mithridate usa de ce stratagème contre les Romains présents dans son camp. [DION CASSIUS, HISTOIRE ROMAINE, 36.13.]

Lorsque le Sénat lui décerna le triomphe qu'avait mérité Trajan, Hadrien le refusa pour lui-même et fit placer une effigie de Trajan dans le char du triomphateur afin que, fût-ce à titre posthume, son prédécesseur n'en fût pas privé. [HISTOIRE AUGUSTE, VIE D'HADRIEN, 6.] Plusieurs sources antiques attestent qu'un esclave public, dans le char de *l'imperator*, maintenait au-dessus de sa tête une couronne d'or ornée de joyaux et lui répétait « Regarde derrière toi » – ce qui signifiait « Prends bien garde à ce qui peut encore t'advenir dans la vie et ne laisse pas ton actuelle bonne fortune te rendre arrogant ». [JEAN ZONARAS, EXTRAITS DES ANNALES, 7.21.]

La compagnie dudit esclave n'eût été que de peu d'utilité à Trajan, car il n'était pas nécessaire de lui rappeler qu'il était mortel, alors qu'il était déjà mort et, même, en passe d'être mis au rang des dieux.

✵

Il est d'usage qu'avant son triomphe, un général invite les deux consuls à un banquet mais leur demande, ensuite, de ne pas assister à la cérémonie afin que, le jour du triomphe venu, personne n'y détienne une autorité supérieure à celle du triomphateur. [VALÈRE MAXIME, DITS ET FAITS MÉMORABLES, 2.8.6.]

❖

On a tendance à croire que le nombre des engins de siège était limité, mais il n'en fut pas toujours ainsi :

❖ Quand Scipion, en 209 avant J.-C., s'empara de la Nouvelle Carthage (Carthagène), il trouva, dans l'équipement de la cité en engins de siège, 120 grandes catapultes et 281 plus petites.

❖ Témoin oculaire de la prise de Jérusalem, Flavius Josèphe dit que Vespasien et Titus y employèrent cent soixante engins de siège à la fin des années soixante de notre ère, et qu'ils firent abattre, pour se procurer le bois nécessaire, tous les arbres dans un rayon de près de vingt kilomètres autour de la ville. [LA GUERRE DES JUIFS, 3.166.]

❖ Durant la Troisième Guerre punique (149-146 avant J.-C.), les Carthaginois, dans une vaine tentative pour se concilier les Romains et éviter la destruction de leur ville, leur livrèrent deux mille catapultes et deux cent mille autres armes. [POLYBE, HISTOIRES, 36.6.]

✵

Lorsqu'en l'an 60 de notre ère, le grand général de Néron Corbulon assiégeait Tigranocerte, capitale de l'Arménie, il fit projeter par une catapulte au-delà des remparts la tête d'un noble arménien. Elle atterrit au beau milieu de la délibération d'un conseil et persuada les habitants de capituler. [FRONTIN, STRATAGÈMES, 2.9.]

❖

CE QUI S'EST PASSÉ CETTE NUIT VOUS DONNERA UNE IDÉE DE LA PUISSANCE D'UNE CATAPULTE. FRAPPANT UN SOLDAT QUI SE TENAIT SUR LA MURAILLE AU CÔTÉ DE JOSEPH, LE BOULET DE PIERRE LUI ARRACHA LA TÊTE ET PROJETA LE HAUT DE SON CRÂNE À PLUS DE CINQ CENTS MÈTRES. [FLAVIUS JOSÈPHE, LA GUERRE DES JUIFS, 3.246.]

Avec les cuirasses, les casques et les jambières pris aux Samnites vaincus à Sentinum (295 avant J.-C.), Spurius Carvilius érigea une statue colossale de Jupiter sur le Capitole. [PLINE, HISTOIRE NATURELLE, 34.43.] La statue était si haute qu'on pouvait la voir depuis les monts Albains à dix milles de là, et les résidus du bronze employé permirent à Carvilius de fondre sa propre statue et de la dresser aux pieds de celle de Jupiter.

✵

Le travail de sape était un élément important de la poliorcétique. Selon la légende, pendant le siège de la cité étrusque de Véies en 396 avant J.-C., quelques soldats romains occupés à creuser un tunnel entendirent un devin qui, au-dessus de leurs têtes, à l'intérieur de la cité, prédisait que la victoire irait à celui qui découperait les parties sacrées de l'animal que le roi était en train de sacrifier. Jaillissant de leur tunnel, les Romains s'emparèrent des entrailles de la victime et, par la suite, la cité fut conquise. [TITE-LIVE, HISTOIRE ROMAINE, 5.21.]

✵

GERMAINS METTANT À MORT LEURS COMPATRIOTES SOUS LA SURVEILLANCE DE LA CAVALERIE ROMAINE. SOURCE: LA COLONNE DE MARC AURÈLE, OÙ NE FIGURE PAS UN SEUL ROMAIN MORT.

Il semble qu'un événement analogue se soit produit du vivant de Tite-Live. Tandis qu'Octave assiégeait Pérouse (voir p. 208) les présages se montrèrent défavorables, mais des soldats qui faisaient une sortie s'emparèrent de la victime du sacrifice et la rapportèrent en ville. Sans s'en douter, ils avaient pris sur eux le mauvais présage. [SUÉTONE, VIE D'AUGUSTE, 96.]

Dans la guerre contre Mithridate VI le Grand, au début du Ier siècle avant J.-C., l'armée de Lucullus fut empêchée de creuser des sapes sous la ville de Thémiscyre quand les citadins introduisirent dans les tunnels des ours et autres bêtes sauvages ainsi que des essaims d'abeilles.

Des squelettes et des armes découverts dans des tunnels à Doura Europos en Syrie ont apporté la preuve qu'une bataille souterraine s'est déroulée au milieu du IIIe siècle lors du siège de cette place forte romaine par les Perses. Ceux-ci semblent avoir asphyxié une troupe de vingt soldats romains à l'aide de fumées de bitume et de soufre - voir à ce propos www.independent.co.uk du 18 janvier 2009 (en anglais).

Pour riposter à l'assaut mené au moyen d'un bélier, on fait descendre à la hauteur du point d'impact un sac bourré de paille et, en se balançant doucement, il amortit les coups du bélier. [SAINT ISIDORE DE SÉVILLE, ÉTYMOLOGIES, 18.11.]

Lorsqu'une unité militaire se rendait coupable de mutinerie ou de négligence dans le service, elle pouvait être punie de *decimatio*. Bien que le mot « décimer » évoque, de nos jours, une destruction presque totale, il désignait à l'époque chaque dixième (*decimus*) membre de l'unité militaire punie. Choisi par le sort, il était lapidé ou battu à mort par ses neuf camarades plus chanceux. *Quand une armée vaincue est punie de* decimatio, *des soldats braves sont également choisis par le sort. Faire un exemple à grande échelle implique un certain degré d'injustice, les individus souffrant alors pour le bien de la collectivité.* [TACITE, ANNALES, 14.44.]

Macrin, qui régna brièvement au début du IIIe siècle de notre ère, *était arrogant, sanguinaire et décidé à gouverner dans un style rigoureusement militaire. Il critiquait même la discipline à l'ancienne... il allait jusqu'à faire crucifier des soldats, leur infligeant toujours les supplices des*

ARMURE ROMAINE FAITE DE PEAU DE CROCODILE.

esclaves. En cas de mutinerie, il décimait assez souvent ses troupes, se contentant parfois de les « centésimer », mot qu'il avait inventé pour dire qu'il faisait preuve de clémence en tuant un homme sur cent alors qu'un sur dix ou vingt méritait la mort. [HISTOIRE AUGUSTE, VIE DE MACRIN, 12.]

On raconte que l'empereur Maximin (fin du IIIe siècle de notre ère) soumit à la *decimatio* une légion de soldats chrétiens qui avaient refusé de mater une révolte de coreligionnaires gaulois. La légion s'étant obstinée dans son refus, il la décima à nouveau et, au troisième refus, il fit tuer jusqu'au dernier légionnaire. Mauritius, qui commandait cette légion, est le saint patron de la station de ski suisse de Saint-Moritz.

La cavalerie parthe était célèbre pour son adresse au tir à l'arc. En 53 avant J.-C., elle massacra l'armée de Crassus à Carrhes dans ce qui fut peut-être la seule grande bataille de l'Antiquité à avoir été remportée par des archers. Ceux-ci excellaient tout particulièrement dans l'art de décocher leurs traits vers l'arrière en donnant l'impression de s'enfuir, manœuvre qui, sans étriers, eût été particulièrement malaisée. C'est là l'origine de l'expression « décocher la flèche du Parthe ».

Sur sa pierre tombale, un légionnaire romain de la région du Danube, au début du IIe siècle de notre ère, se targue d'avoir été plus versé que les Parthes dans le maniement de l'arc et d'avoir été capable de couper en deux une flèche en vol avec une autre – exploit qui paraîtra peut-être moins incroyable si l'on a à l'esprit qu'un archer pouvait tirer environ vingt flèches à la minute. [CORPUS DES INSCRIPTIONS LATINES, 3.3676.]

SI UN SOLDAT RÉQUISITIONNE TA MULE, LAISSE-TOI FAIRE SANS PROTESTER. SINON TU PERDRAS TA MULE ET, EN OUTRE, TU SERAS ROSSÉ.
[ÉPICTÈTE, DISCOURS, 4.1.79.]

Comme partie intégrante de leur équipement, les légionnaires romains portent, dressé sur leur casque en guise d'ornement, un panache circulaire fait de trois plumes noires ou violettes et haut d'un pied et demi. Il les fait paraître deux fois plus grands et leur aspect redoutable inspire de la crainte à l'ennemi. [POLYBE, HISTOIRES, 6.23.] Polybe y va fort ! Bien que les Romains aient été justement fiers de pouvoir vaincre des ennemis plus grands et robustes qu'eux, leur taille dépassait tout de même trois pieds (quarante-cinq centimètres) !

Les frondeurs d'une région particulière de l'ouest de la Grèce usaient d'une fronde qui n'avait pas une mais trois lanières. Ils pouvaient ainsi lancer des pierres avec la précision d'un arc et, de très loin, atteindre de petites cibles, ne frappant pas seulement la tête d'un ennemi mais l'endroit précis du visage qu'ils visaient. [TITE-LIVE, HISTOIRE ROMAINE, 38.29.]

L'une des tablettes de Vindolanda (voir p. 7) mentionne l'expédition d'articles destinés au confort d'un légionnaire servant sur le mur d'Hadrien : *Je t'ai envoyé* (deux ?) *paires de chaussettes, deux paires de sandales et deux paires de caleçons.* [346.]

L'empereur Hadrien édicta que tout soldat ayant tenté de se suicider par dégoût de l'existence (taedium vitae) *devait être licencié sans certificat de bonne conduite.* [JUSTINIEN, DIGESTE, 49.16.6.7.]

NEC BONUM NEC MALUM VAGINA GLADIUM FACIT

« LE FOURREAU NE REND LE GLAIVE NI BON NI MAUVAIS. »

[SÉNÈQUE, LETTRES, 92.13.]

CHAPITRE VI

LES ROMAINS ET LA MER

SUAVE, MARI MAGNO TURBANTIBUS AEQUORA VENTIS, E TERRA MAGNUM ALTERIUS SPECTARE LABOREM

« IL EST DOUX, QUAND LA MER EST GROSSE ET LES VENTS AGITENT LES EAUX, DE REGARDER DEPUIS LA TERRE FERME CELUI QUI PASSE UN MAUVAIS MOMENT. »

[**LUCRÈCE**, DE LA NATURE, 2.1-2.]

LES CARTHAGINOIS *gardaient le secret sur leurs activités commerciales. Constatant qu'un vaisseau romain le suivait, un capitaine carthaginois coula son propre bâtiment, entraînant l'autre dans son naufrage, afin d'empêcher les Romains de connaître sa destination. Sauvé par un espar flottant, il fut défrayé de ses pertes par l'État quand il revint à Carthage.*

[**STRABON**, GÉOGRAPHIE, 3.5.11.]

La Première Guerre punique, qui dura de 264 à 241 avant J.-C., fut la plus longue guerre de l'Antiquité menée sans interruption.

En 260 avant J.-C., *le consul Caius Duilius battit les Carthaginois par surprise à Mylae, au large de la Sicile. On lui décerna le triomphe et*

le droit, quand il rentrait d'un dîner en ville, d'être escorté d'un porteur de torche et d'un joueur de flûte. [TITE-LIVE, HISTOIRE ROMAINE, SOMMAIRE DU LIVRE, 17.] En son honneur, la marine italienne contemporaine a donné son nom à plusieurs de ses navires de guerre.

Lors du siège de la cité grecque de Syracuse en Sicile, en 214-211 avant J.-C., les Romains furent longtemps tenus en échec par les inventions d'Archimède. Elles permettaient de saisir leurs navires avec une griffe de métal, de les secouer en projetant les marins dans les airs, de les couler avec d'énormes projectiles ou de mettre le feu à leurs voiles grâce aux rayons du soleil réfléchis par des panneaux de métal. (Il a été prouvé que cet exploit, mis en doute par quelques hommes de science et historiens modernes, était bel et bien possible.) Les Romains avaient conçu une telle peur des machines d'Archimède qu'ils avaient grande envie de prendre la fuite chaque fois qu'ils apercevaient, sur les remparts, le moindre rouleau de corde ou bâti de bois. [PLUTARQUE, VIE DE MARCELLUS, 17.]

Bien que les compagnies spécialisées fussent encore à naître, durant la Seconde Guerre punique (218-201 avant J.-C.), l'État romain assura les navires transportant du matériel militaire. Deux fournisseurs aux armées furent sévèrement punis pour avoir grossi démesurément leurs déclarations de pertes à propos de cargaisons sans grande valeur de navires de charge perdus en mer. [TITE-LIVE, HISTOIRE ROMAINE, 25.3.]

Pendant son exil de Carthage, Hannibal commanda les troupes du roi Prusias de Bithynie contre celles d'Eumène de Pergame. Au cours d'une bataille navale livrée à un ennemi supérieur en nombre, il s'aperçut que son seul espoir de succès était de faire prisonnier Eumène. Pour identifier le navire à bord duquel il se trouvait, il lui adressa un émissaire porteur d'une prétendue offre de paix (en fait, c'était pure moquerie). Quand il vit vers quel navire on dirigeait son envoyé, il concentra toutes les attaques sur lui et il donna l'ordre de distraire l'attention des équipages des autres vaisseaux en les bombardant de jarres de terre cuite remplies de serpents venimeux. [CORNELIUS NEPOS, VIE D'HANNIBAL, 10.]

Après la victoire de Rome (en 188 avant J.-C.) *sur le souverain séleucide Antiochus le Grand* (dont le royaume allait de la Méditerranée orientale à l'Inde), *le traité de paix attribuait à Quintus Fabius Labeo la moitié des navires du vaincu. On rapporte qu'il les coupa tous en deux afin qu'Antiochus fût entièrement privé de flotte de guerre.* [VALÈRE MAXIME, FAITS ET DITS MÉMORABLES, 7.3.4.]

Dans la première moitié du Ier siècle avant J.-C., la Méditerranée était infestée de pirates si puissants que, ne se bornant pas à s'emparer de navires, ils pillaient les régions côtières. Leurs vaisseaux arboraient des voiles dorées, des dais de pourpre et des rames revêtues d'argent. [PLUTARQUE, VIE DE POMPÉE, 24.]

Dans sa jeunesse, Jules César fut capturé par des pirates qui demandèrent, pour le libérer, une rançon de 20 talents. Estimant valoir davantage, il la fit monter à 50. Durant les trente-huit jours passés en captivité dans l'attente du versement de cette rançon, il dit et répéta aux pirates qu'il reviendrait un jour et qu'il les ferait alors mettre en croix. Ils crurent qu'il plaisantait, mais il fit très exactement ce qu'il avait dit. [PLUTARQUE, VIE DE JULES CÉSAR, 2.]

Les Romains n'employaient pas d'esclaves comme rameurs sur leurs galères. Rameurs, marins et combattants embarqués étaient tous des auxiliaires et pouvaient aspirer à la citoyenneté après vingt-six ans de service. Dans sa guerre contre Pompée (43-36 avant J.-C.), Octave fut réduit par une dure nécessité à entraîner vingt milliers d'esclaves au maniement de la rame, mais il les affranchit préalablement. [SUÉTONE, VIE D'AUGUSTE, 16.]

Deux ans avant de livrer la bataille navale d'Actium où il vainquit Antoine et Cléopâtre, Agrippa, à l'époque magistrat chargé du réseau d'égouts et du ravitaillement en eau de Rome, fit déboucher la *Cloaca Maxima* dans le Tibre.

Néron caressa l'idée de percer l'isthme de Corinthe pour ouvrir une autre route que la longue et dangereuse circumnavigation du Péloponnèse. À cet effet, il frappa le sol des trois premiers coups au moyen du pic d'or que lui tendait cérémonieusement le gouverneur de la Grèce. Il ne se laissa pas détourner par les appréhensions de ses ingénieurs égyptiens, qui redoutaient un raz de marée désastreux provoqué par

AMOURS OCCUPÉS À PÊCHER.

la différence de niveau de la mer entre les deux bouts de l'isthme, mais il dut abandonner son plan à cause d'une révolte déclenchée en Gaule pour le renverser. [PHILOSTRATE, NÉRON, 3.] L'opposition des dieux à l'ouverture d'un canal fut démontrée par la mort violente de tous ceux qui tentèrent d'exécuter ce projet : Démétrios Ier de Macédoine, Jules César, Caligula et Néron lui-même. [PLINE, HISTOIRE NATURELLE, 4.10.] Le canal de Corinthe fut, finalement, achevé en 1893, sans raz de marée ni vengeance divine.

✵

Le gouverneur d'une province doit soigneusement veiller à empêcher les pêcheurs de faire briller des lumières la nuit comme s'ils voulaient indiquer l'entrée du port, alors qu'en réalité ils tentent de les attirer sur des récifs, mettant hommes et navires en danger pour tirer profit d'un criminel pillage. [JUSTINIEN, DIGESTE, 47.9.10.]

Plus de mille deux cents épaves, datées approximativement de 300 avant J.-C. à l'an 200 de notre ère, ont été repérées en Méditerranée, soit beaucoup plus que dans le millénaire qui suivit. Cette diminution tient moins à l'amélioration des connaissances nautiques qu'au recul de la prospérité et des échanges maritimes. Confirmant ce déclin, les ossements provenant du cheptel sont plus abondants pour la période romaine que pour les siècles suivants.

La plupart des épaves antiques sont celles de navires de commerce, qui ont souvent conservé leur cargaison d'amphores et leur contenu. Il en est peu qui puissent rivaliser avec l'épave d'Anticythère, du nom de l'île où elle fut découverte en 1900 par des pêcheurs d'éponges. Le navire semble avoir servi au transport des produits du brutal pillage d'Athènes par Sylla en 86 avant J.-C. Outre d'importantes pièces de statuaire, cette découverte nous a valu le « mécanisme d'Anticythère », instrument de mesure astronomique beaucoup plus complexe que tous ceux dont on avait connaissance avant la fin du Moyen Âge. Cet appareil aurait été conçu par le plus grand astronome de l'Antiquité, Hipparque de Nicée (environ 190-120 avant J.-C.).

Pline l'Ancien, qui commandait l'importante base navale de Misène, avait de curieuses idées sur la navigation. Par exemple :

Verser du vinaigre sur un navire le protège quelque peu des cyclones. [HISTOIRE NATURELLE, 2.132.]

Je tiens de quelques membres de l'ordre équestre, distingués et dignes de foi, qu'ils ont vu de leurs yeux un triton semblable en tout point à un être humain au large de Gades (l'actuelle Cadix). *Ils m'ont raconté qu'il grimpa à leur bord pendant la nuit, que l'endroit du pont où il s'assit s'enfonça aussitôt, et que le navire aurait certainement sombré si le triton était resté trop longtemps à cette place.* [HISTOIRE NATURELLE, 9.10.]

Quelle vanité que la fierté d'appartenir au genre humain quand on songe que le rémora, petit poisson long d'à peine six pouces, est capable en s'attachant à eux d'immobiliser des vaisseaux dont la proue est armée de bronze et de fer ! On rapporte qu'un rémora retarda le vaisseau amiral d'Antoine pendant la bataille d'Actium, alors qu'il avait hâte d'aller de toutes parts encourager ses troupes. [HISTOIRE NATURELLE, 32.3.]

Une épouvantable terreur, pire que tout ce que nous rapportent l'histoire ou la légende, s'abattit sur le monde entier. Ainsi commence le compte rendu par Ammien Marcellin [26.10] du tsunami qui ravagea, le 21 juillet de l'an 365 de notre ère, une grande partie de la Méditerranée orientale.

❋

Ceux qui échappaient à un naufrage avaient coutume de se raser la tête pour montrer aux dieux leur gratitude. [JUVÉNAL, SATIRES, 11.81.]

❋

AIUNT ULTRA OCEANUM RURSUS ALIA LITORA, ALIUM NASCI ORBEM. FACILE ISTA FINGUNTUR, QUIA OCEANUS NAVIGARI NON POTEST

« ON DIT QUE D'AUTRES RIVES ET UN AUTRE MONDE SURGISSENT AU-DELÀ DE L'OCÉAN, MAIS IL EST AISÉ D'INVENTER CES FABLES PUISQU'ON NE PEUT PAS NAVIGUER SUR L'OCÉAN. »

[SÉNÈQUE, SUASOIRES, 1.1.]

CHAPITRE VII

LA LOI

CORRUPTISSIMA RE PUBLICA PLURIMAE LEGES

« PLUS L'ÉTAT EST CORROMPU ET PLUS IL A DE LOIS. »

[**TACITE**, ANNALES, 3.27.]

LES LOIS *sont semblables aux toiles d'araignée, qui attrapent les bestioles les plus faibles, mais laissent passer les plus fortes. Elles entravent les humbles et les démunis, mais ne lient guère riches et puissants.* [**VALÈRE MAXIME**, DITS ET FAITS MÉMORABLES, 7.2 EXTR. 14.]

On fit venir deux chariots à quatre chevaux et le roi d'Alba la Longue, Metius Fufetius, fut attaché aux deux attelages (par ordre de Tullius Hostilius, troisième roi de Rome, pour punir sa déloyauté). *Puis on fit partir les chevaux dans des directions différentes, et chaque chariot emporta la partie du corps qui y était liée. Chacun détourna les yeux* de *cet horrible spectacle. Ce fut, chez les Romains, le premier et dernier cas de châtiment aussi dépourvu d'humanité, car l'un de ses plus justes motifs de fierté tient à ce que nul autre peuple ne s'est satisfait de châtiments plus mesurés.* [**TITE-LIVE**, HISTOIRE ROMAINE, 1.28.]

En l'an 61 de notre ère, le préfet de la ville et ancien consul Pedanius Secundus fut assassiné par l'un de ses esclaves, soit parce qu'il avait refusé de l'affranchir après avoir accepté le prix convenu, soit en raison d'une rivalité de nature sexuelle. L'antique coutume voulait que, si un esclave tuait son maître, tous ceux qui vivaient sous son toit fussent mis à mort. Bien que l'innocence de beaucoup d'entre eux, dont les femmes et les enfants, ne fît aucun doute, le Sénat décida de remettre en vigueur ce vieil usage en dépit de l'afflux des protestations publiques et des demandes de grâce, et les quatre cents esclaves de Pedanius furent tous exécutés. [TACITE, ANNALES, 14.42-45.]

⁕

À l'origine, il appartenait à la famille de la victime d'un meurtre d'en obtenir réparation. Aucune loi sur le meurtre ne figure dans ce qui nous reste du premier code romain, la loi des *Douze Tables*, édictée au milieu du Ve siècle avant J.-C. Le mot « vendetta » vient du latin *vindicta* pour « réparation ».

⁕

LE CHÂTIMENT TRADITIONNEL DU PARRICIDE ÉTAIT LE SUIVANT : D'ABORD BATTU AVEC DES VERGES COULEUR DE SANG, LE CONDAMNÉ ÉTAIT ENSUITE COUSU DANS UN SAC AVEC UN CHIEN, UN COQ, UN SINGE ET UNE VIPÈRE ET JETÉ EN PLEINE MER SI CELLE-CI ÉTAIT PROCHE OU, SELON LA LOI ÉDICTÉE PAR LE DIVIN HADRIEN, LIVRÉ AUX BÊTES SAUVAGES. [JUSTINIEN, DIGESTE, 48.9.9.]

⁕

Nul ne peut être à la fois juge et partie… il n'est pas juste de porter un verdict sur son propre cas. Quiconque veut être défenseur dans un procès ne peut y être rien d'autre. Il est impossible qu'une même personne soit, dans la même affaire, défenseur et juge : il faut distinguer ces deux fonctions. [CODE DE THÉODOSE, 2.2.1, 2.10.5.]

⁕

Un jour, sur une grand route, Servilius Isauricus (il s'agit probablement du consul de l'an 79 avant J.-C.) *rencontra un cavalier qui lui montra si peu de respect que, non content de ne pas mettre pied à terre devant lui, il enleva son cheval au galop. Par la suite, Isauricus retrouva ce cavalier au tribunal* (il traversait vraisemblablement le Forum ; car les audiences se tenaient à l'air libre) *et il fit mention de l'incident devant les jurés. Ceux-ci condamnèrent l'insolent à l'unanimité sans même vouloir l'entendre.* [DION CASSIUS, HISTOIRE ROMAINE, 45.16.]

LA BASILIQUE JULIENNE, DONT LA CONSTRUCTION FUT FINANCÉE PAR LES PRISES DE GUERRE DE CÉSAR EN GAULE DANS LES ANNÉES CINQUANTE AVANT J.-C., SE DRESSAIT DANS LA PARTIE SUD-OUEST DU FORUM. DE NOMBREUX PLATEAUX DE JEUX GRAVÉS SUR LES MARCHES ET LES BAS-CÔTÉS MONTRENT QUE TÉMOINS ET SPECTATEURS TROMPAIENT LEUR ENNUI EN ATTENDANT D'ÊTRE ADMIS AU TRIBUNAL.

LA DISCIPLINE AU TRIBUNAL

Nous avons tendance à croire que le monde judiciaire romain était formaliste, digne et compassé à l'extrême. Tel ne fut pas toujours le cas :

❖ *Lorsque Lucius Piso, jugé pour une faute commise à l'endroit d'alliés de Rome,* (vers 110 avant J.-C.) *se coucha sur le sol pour baiser les pieds des jurés, une averse soudaine lui emplit la bouche de boue. Les jurés estimèrent qu'il était assez puni par cette épreuve.* [VALÈRE MAXIME, DITS ET FAITS MÉMORABLES, 8.1.6.]

❖ *Pour émouvoir jusqu'aux larmes, les actes sont aussi efficaces que les mots : de là vient la coutume de faire comparaître devant le tribunal l'accusé, ses enfants et proches parents vêtus comme des miséreux, et celle de faire exhiber au plaignant fractures, glaives, vêtements ensanglantés, plaies ouvertes et corps lacérés.* [QUINTILIEN, DE L'INSTITUTION ORATOIRE, 6.1.30.]

❖ Quintilien reconnaît plus loin que cette tactique n'est pas toujours couronnée de succès. Ainsi, un jeune garçon, s'entendant demander par le juge pourquoi il pleurait, au lieu de répondre que c'était à l'idée que son père pût être sévèrement puni, dit que c'était parce que l'homme qui l'accompagnait venait de le pincer.

❖ Quintilien blâmait ceux qui, au tribunal, cessent de parler pour manger et boire. [2.3.136.] Toutefois, ces pauses donnaient aux partisans stipendiés du plaideur l'occasion d'applaudir ses effets oratoires. Les membres de cette claque étaient surnommés *Sophocleses*, du grec *sophos*, « bravo ! » et *kalleo*, « je dis », ou encore *Laudiceni*, « gens qui reçoivent une *cena* ("dîner") pour prix de leurs *laudes* ("louanges") ». [PLINE, LETTRES, 2.14.4.]

❖ *En dépit du vacarme qui emplissait la basilique Julienne lorsque les quatre tribunaux tenaient audience en même temps, un orateur du nom de Trachalus, doté d'une voix exceptionnellement puissante, parvenait si bien à se faire entendre et comprendre qu'au vif déplaisir des autres avocats du tribunal devant lequel il plaidait, il était même applaudi par le public des trois autres.* [QUINTILIEN, 12.5.6.]

« L'AVOCAT NE RECHERCHE QU'UNE APPARENCE DE VÉRITÉ… LE PRIX AUQUEL ASPIRE LE PLAIDEUR N'EST PAS UNE BONNE CONSCIENCE MAIS UN VERDICT FAVORABLE » (*ORATOR SIMILE TANTUM VERI PETIT… NON ENIM BONA CONSCIENTIA SED VICTORIA LITIGANTIS EST PRAEMIUM*). EN MENTIONNANT CETTE LOI DU MONDE JUDICIAIRE, QUINTILIEN NE LA PREND PAS À SON COMPTE. [DE L'INSTITUTION ORATOIRE, 2.15.32.]

Sérieusement malade, Caius Visellius Varro permit à Otacilia, épouse de Laterensis, qui avait été sa maîtresse, de faire enregistrer un prêt fictif de trois cent mille sesterces. Il était prévu que, s'il venait à mourir, elle pourrait en réclamer le remboursement à ses héritiers. Cette somme était, dans son esprit, une sorte de legs, et il déguisait en dette un cadeau fondé sur sa lubricité. Contrariée de voir déçu l'espoir qu'il mourrait très vite et qu'elle pourrait en profiter, Otacilia passa de l'état de maîtresse complaisante à celui de créancière exigeant l'exécution du faux contrat qu'elle avait extorqué sans vergogne par ses cajoleries. Le juge la débouta, mais il eût certainement pu conclure aussi bien pour Varro que contre lui si le même texte de loi l'avait permis. [VALÈRE MAXIME, FAITS ET DITS MÉMORABLES, 8.2.2.]

IL EST DES AVOCATS QUI GARDENT UN SILENCE AUSTÈRE POUR DISSIMULER LEUR IGNORANCE DE LA LOI ; D'AUTRES FONT PAYER LEUR CLIENT À CHAQUE FOIS QU'ILS OUVRENT LA BOUCHE POUR BÂILLER, ET D'AUTRES ENCORE, SI LE NOM D'UN CÉLÈBRE ÉCRIVAIN VIENT À ÊTRE CITÉ, PENSENT QU'ON PARLE UNE LANGUE ÉTRANGÈRE ET QUE C'EST LE NOM D'UNE ESPÈCE DE POISSON OU DE QUELQUE AUTRE METS. [AMMIEN MARCELLIN, 30.4.8 SQQ.]

Auteur de *L'Âne d'or*, Apulée fut cité en justice pour sorcellerie, sous l'accusation d'avoir jeté un sort à une riche veuve pour la persuader de l'épouser. Dans son plaidoyer, il dit à son accusateur : *Prépare-toi à protester contre une litanie de mots magiques dont on se sert dans les rites d'Égypte ou de Babylone :* selakeia, malakeia, malakostraka, skondrakonta, ostrakoderma, kapsxarodonta, amfibia, lepidota folidota, dermoptera, steganopoda, monéré, sunagelastika. [APOLOGIE, 38.] En fait, c'étaient autant de termes techniques qu'Apulée employait dans son traité sur les poissons et autres créatures marines.

L'édit de Dioclétien sur le maximum, en 301 de notre ère, portait qu'un ouvrier agricole ou un cureur d'égout devait gagner jusqu'à vingt-cinq deniers par jour, et un avocat à la cour jusqu'à mille deniers, prix le plus élevé pour une peau de léopard non traitée.

Les Romains portaient un grand respect à la loi et aux convenances :

- Tel l'un des deux censeurs de l'an 204 avant J.-C., *Livius Salinator n'hésita pas à priver trente-quatre des trente-cinq tribus de leur droit de vote, au motif qu'après lui avoir infligé une condamnation, elles l'avaient élu consul et censeur. À ses yeux, c'était une marque soit de corruption, soit d'inconséquence. Seule la tribu Maecia ne fut pas sanctionnée, car elle avait estimé qu'il ne méritait ni une condamnation ni une charge publique.* [VALÈRE MAXIME, FAITS ET DITS MÉMORABLES, 2.9.6.]

- Publius Sulpicius Rufus fut tué durant les proscriptions de Sylla dans les années quatre-vingt avant J.-C. L'esclave qui l'avait dénoncé reçut la prime promise aux informateurs et fut affranchi, puis il fut précipité du haut d'une falaise pour avoir trahi son maître. [TITE-LIVE, HISTOIRE ROMAINE, SOMMAIRE DU LIVRE 77.]

En l'absence de disposition légale, *le juge ne tenait pas compte d'une impossibilité, fût-elle évidente*. Ainsi, on accepta le témoignage d'une femme prétendant avoir accouché au bout de treize mois, au motif qu'il n'existait pas de loi fixant la durée de la grossesse. [PLINE, HISTOIRE NATURELLE, 7.40.]

Étant donné que la période de deuil commence immédiatement après le décès, une femme qui apprend la mort de son époux après l'expiration de cette période légale est tenue de prendre et de quitter le vêtement de deuil au cours de la même journée. [JUSTINIEN, DIGESTE, 3.2.8.] *Les hommes ne sont pas obligés de pleurer la mort de leur épouse.* [3.2.9.]

En l'an 362 de notre ère, Julien dit « l'Apostat », dernier empereur païen, s'infligea à lui-même une amende de dix livres d'or pour abus d'autorité dans sa fonction de juge. [AMMIEN MARCELLIN, 22.7.2.]

Supposons que plusieurs personnes jouent à la balle. L'une d'entre elles, la frappant avec une force inhabituelle, lui fait atteindre la main d'un barbier, déviant son rasoir et, du coup, tranchant la gorge d'un esclave que le barbier était en train de raser. À qui imputer la faute ? Proculus (juriste du Ier siècle après J.-C.) *l'impute au barbier, et il est certain qu'il est à blâmer s'il a coutume de raser les gens en un lieu de passage où l'on joue souvent à la balle. Il n'en est pas moins raisonnable d'estimer que celui qui confie sa personne à un barbier dont le fauteuil est situé en un endroit aussi exposé ne doit s'en prendre qu'à lui-même.* [JUSTINIEN, DIGESTE, 9.2.11.]

Si une femme donne naissance à un enfant à bord d'un navire où elle a pris passage, il convient d'estimer qu'elle n'a rien à payer pour lui : en effet, outre que le prix du passage serait léger, le nourrisson ne fait pas usage des facilités offertes aux passagers. [JUSTINIEN, DIGESTE, 19.2.19.7.]

Le témoignage d'un esclave n'était pris en considération que s'il était obtenu par la torture. *Nous ne devons recourir à la torture des esclaves que dans le cas où l'accusé est déjà fortement soupçonné du délit et où les éléments à sa charge sont si proches d'entraîner la conviction que seul manque encore l'aveu de ses esclaves.* [JUSTINIEN, DIGESTE, 48.18.1.1.]

SI L'ARBITRE
D'UN DIFFÉREND
CONVOQUE
LES PARTIES DANS
UN LIEU MAL FAMÉ
COMME UN BORDEL
OU UNE GARGOTE,
ELLES N'ENCOURENT
PAS DE PÉNALITÉ
À REFUSER D'OBÉIR.

[JUSTINIEN, DIGESTE, 4.8.21.11.]

Pendant son gouvernorat de Sicile (97 avant J.-C.), *Lucius Domitius manifesta un caractère inflexible. Un jour où on lui apporta un sanglier sauvage d'une taille prodigieuse, il donna l'ordre de lui amener le berger qui avait tué la bête, et il lui demanda comment il avait procédé. Apprenant qu'il s'était servi d'un javelot, il le fit crucifier ; pour venir à bout du banditisme de grand chemin qui ravageait sa province, il avait en effet promulgué un édit interdisant la possession d'armes.* [VALÈRE MAXIME, FAITS ET DITS MÉMORABLES, 6.3.5.]

ON CHOISIT LES ROUTES LES PLUS FRÉQUENTÉES POUR Y **CRUCIFIER LES CRIMINELS** AFIN QU'IL Y AIT LE PLUS DE GENS POSSIBLE À ÊTRE MIS EN GARDE PAR LEUR VUE, CAR LES CHÂTIMENTS VISENT MOINS LE CRIME QUE L'EXEMPLARITÉ. [QUINTILIEN, DÉCLAMATIONS, 274.13.]

ON A TRÈS SOUVENT COUTUME DE PENDRE LES BANDITS DE GRANDS CHEMINS CÉLÈBRES DANS LES LIEUX QU'ILS FRÉQUENTAIENT AFIN QUE LEURS PAREILS SOIENT DÉTOURNÉS DE COMMETTRE LES MÊMES CRIMES, ET QUE LES FAMILLES DE LEURS VICTIMES TROUVENT UN RÉCONFORT À LES VOIR CHÂTIÉS LÀ OÙ ILS ONT COMMIS LEURS MEURTRES. [JUSTINIEN, DIGESTE, 48.19.28.15.]

Un tuteur ayant empoisonné son pupille pour hériter de ses biens, Galba ordonna de le mettre en croix. L'homme, invoquant la loi, fit valoir qu'il était citoyen romain et donc qu'il ne pouvait subir ce châtiment. Feignant de vouloir alléger la peine pour tenir compte du statut du condamné, Galba ordonna alors de dresser pour lui une croix peinte en blanc et beaucoup plus haute que les autres. [SUÉTONE, VIE DE GALBA, 9.]

Si l'on en croit Pline [HISTOIRE NATURELLE, 8.47], l'historien grec Polybe rapportait qu'en compagnie de Scipion Émilien, qui détruisit Carthage en 146 avant J.-C, il a vu dans cette ville des lions mangeurs d'hommes que l'on avait crucifiés pour effrayer les autres lions.

LES MAGISTRATS CONDAMNENT SOUVENT LES CRIMINELS À ÊTRE CHARGÉS DE CHAÎNES EN PRISON. ILS NE DEVRAIENT PAS LE FAIRE CAR CES CHÂTIMENTS SONT INTERDITS ; LES PRISONS SONT FAITES POUR DÉTENIR LES GENS ET NON POUR LES PUNIR… [JUSTINIEN, DIGESTE, 48.19.8.9.]

Si l'arbitre d'un différend convoque les parties dans un lieu mal famé comme un bordel ou une gargote, elles n'encourent pas de pénalité à refuser d'obéir. [JUSTINIEN, DIGESTE, 4.8.21.11.]

Dans son testament, un homme légua « Taurus ». *Il possédait un esclave d'une certaine valeur qui portait ce nom, mais son héritier fit remettre un taureau* (« taurus ») *au légataire.* [MARTIANUS CAPELLA, LES NOCES DE PHILOLOGIE ET DE MERCURE, 5.462.] Le testament n'aurait pas distingué les majuscules des minuscules.

Un homme dont le blanchisseur s'appelait Flaccus et le boulanger Philonicus avait légué à son épouse le « boulanger Flaccus ». Lequel des deux fallait-il lui attribuer, ou était-ce tous les deux ? Le déterminer de la façon la plus satisfaisante supposait de savoir à qui pensait le testateur en léguant cet esclave, mais cela n'était pas clair. La première chose à faire était donc de déterminer si le propriétaire de ces deux esclaves connaissait leurs noms. Si tel était le cas, il fallait léguer l'esclave désigné par un nom, mais dans le cas contraire, le boulanger était réputé objet du legs exactement comme si aucun nom n'était cité. [JUSTINIEN, DIGESTE, 34.5.28.]

Lucius Verratius était un très mauvais sujet à l'esprit dérangé qui s'amusait à frapper des hommes libres au visage. Un esclave le suivait, avec une bourse pleine de petite monnaie. Quand son maître avait giflé quelqu'un, il lui comptait sur-le-champ vingt-cinq as au titre de la réparation prescrite par les Douze Tables. [AULU-GELLE, NUITS ATTIQUES, 20.1.13.] On ne nous dit pas quand vivait ce Verratius, mais au fil des siècles l'inflation avait sans doute rendu totalement inadapté le montant du dédommagement stipulé par la loi des *Douze Tables*.

LEX VIDET IRATUM, IRATUS LEGEM NON VIDET

« LA LOI VOIT L'HOMME EN COLÈRE, MAIS LUI NE VOIT PAS LA LOI. »

[PUBLILIUS SYRUS, SENTENCES, L. 13.]

CHAPITRE VIII

LES TRAVAUX DES CHAMPS

FERTILIOR SEGES EST ALIENIS SEMPER IN AGRIS

« LA RÉCOLTE EST TOUJOURS PLUS ABONDANTE DANS LE CHAMP D'AUTRUI. »

[OVIDE, L'ART D'AIMER, 1.349.]

PLUS DE quatre-vingt-dix pour cent des habitants de l'empire étaient des paysans pauvres qui menaient une existence précaire. Au IIe siècle avant J.-C., Tite-Live rapporte qu'un centurion ayant hérité d'une petite ferme et d'un *iugerum* de terrain, soit environ deux tiers d'un acre, en tirait sa subsistance ainsi que celle de sa femme et de leurs huit enfants. [HISTOIRE ROMAINE, 42.34.] L'examen anthropologique de squelettes de toutes les régions de l'empire montre que les maladies liées à la malnutrition y furent toujours endémiques.

En campagne électorale, Scipion Nasica serra la main d'un électeur que les travaux des champs avaient rendue calleuse, et il fit la gaffe de lui demander, pour plaisanter, s'il avait coutume de marcher sur les mains... Cette pique lui coûta l'élection car toutes les tribus campagnardes y virent une insulte à leur pauvreté et furent irritées par cette manifestation déplacée de l'esprit citadin. [VALÈRE MAXIME, FAITS ET DITS MÉMORABLES, 7.5.2.]

La pratique des grands domaines a ruiné l'Italie et ruine de nos jours les provinces – avant d'être mis à mort par Néron, six hommes possédaient la moitié de la province d'Afrique. [**PLINE**, HISTOIRE NATURELLE, 18.35.]

Végèce explique que l'armée devait axer son recrutement sur la campagne, par le fait que les travaux agricoles, faute de progrès technique, étaient constamment pénibles. C'était logique : *moins on connaît les plaisirs de la vie et moins on craint la mort.* [TRAITÉ DE L'ART MILITAIRE, 1.3.]

LORSQU'ON DEMANDAIT À CATON L'ANCIEN QUELLE ÉTAIT, À SES YEUX, LA FAÇON LA PLUS PROFITABLE D'EMPLOYER SES RESSOURCES, IL RÉPONDAIT : « RÉUSSIR DANS L'ÉLEVAGE » ET ENSUITE « ASSEZ BIEN RÉUSSIR DANS L'ÉLEVAGE ». EN TROISIÈME LIEU, « NE PAS RÉUSSIR DANS L'ÉLEVAGE » ET ENFIN, EN QUATRIÈME POSITION, « CULTIVER LE SOL ». À QUELQU'UN QUI LUI DEMANDAIT CE QU'IL PENSAIT DU PRÊT D'ARGENT, IL RÉPLIQUA : « ET TOI QUE PENSES-TU DU MEURTRE ? » [**CICÉRON**, DES DEVOIRS, 2.89.]

Quelle est la meilleure façon de cultiver un champ ? Bien le labourer. Et ensuite ? Le labourer. Et en troisième lieu ? Le fumer. [**CATON**, DE L'AGRICULTURE, 61.]

Les *Douze Tables* avaient légiféré contre l'accaparement par magie de la récolte d'autrui. Au IIe siècle avant J.-C., cette loi fut invoquée par des voisins jaloux contre un affranchi qui obtenait de ses terres un meilleur rendement qu'eux. Quand, devant le tribunal, l'accusé fit valoir qu'il entretenait avec soin ses sols, avait des esclaves robustes et des bœufs bien nourris, et que sa seule formule magique était de travailler dur, il fut acquitté à l'unanimité. [**PLINE**, HISTOIRE NATURELLE, 18.41.]

Il a paru de nos jours un présage plus menaçant que tout ce qu'on rapporte dans le passé : lorsque l'empereur Néron fut renversé, toute une oliveraie appartenant à un chevalier distingué du nom de Vettius Marcellus passa de l'autre côté d'une route, et les cultures qui se trouvaient là vinrent prendre la place de cette oliveraie. [**PLINE**, HISTOIRE NATURELLE, 17.245.]

Dans une discussion sur la façon dont se propagent les plantes, Pline se demande si les arbres prennent à voyager le même plaisir que les hommes. [HISTOIRE NATURELLE, 17.66.]

IL CONVIENT DE DÉTACHER DURANT QUELQUES JOURS LES PLANTES GRIMPANTES DES ARBRES AUXQUELS ELLES SONT FIXÉES ET DE LEUR PERMETTRE DE SE DÉPLACER, SE RÉPANDRE ET S'ÉTALER SUR LE SOL QU'ELLES ONT CONTEMPLÉ DURANT TOUTE L'ANNÉE. COMME LES BOVINS LIBÉRÉS DU JOUG ET LES CHIENS QUI SE ROULENT SUR LE SOL APRÈS LA CHASSE, LES PLANTES GRIMPANTES ÉPROUVENT EN EFFET LE BESOIN DE DÉTENDRE LEUR RÉGION DORSALE. [**PLINE**, HISTOIRE NATURELLE, 17.209.]

On estime à cent mille le nombre des Teutons tués par l'armée de Marius à la bataille d'Aquae Sextiae, l'actuelle Aix-en-Provence. *On rapporte que les Marseillais se servirent des os de ces tués pour clôturer leurs vignobles, et que les pluies hivernales, en faisant pénétrer profondément dans le sol les substances issues de la décomposition des corps, l'enrichirent si bien que, durant plusieurs années, les récoltes y furent magnifiques.* [PLUTARQUE, VIE DE MARIUS, 21.]

À Tivoli, j'ai vu, sur un même arbre, une grande variété de fruits. Telle branche portait des noix, telle autre des baies, des raisins, des poires, des figues, des grenades ou des pommes de toutes sortes. Toutefois, cet arbre ne vécut pas longtemps. [**PLINE**, HISTOIRE NATURELLE, 17.120.]

Dans les grands domaines des provinces de Gaule, on fait passer à travers le champ à moissonner un énorme engin dentelé, monté sur deux roues et poussé par des animaux de trait. Les épis tombent à l'intérieur. [**PLINE**, HISTOIRE NATURELLE, 18.296.] Plusieurs de ces moissonneuses sont représentées sur des pierres tombales en France. Ce qui détourna d'en faire un plus grand usage tint sans doute moins à un défaut de conception de la machine qu'au bon marché du travail servile. Palladius, qui écrivait probablement au milieu du Ve siècle de notre ère, fait de cette moissonneuse primitive une description plus détaillée, et il insiste sur la rapidité avec laquelle elle travaille. [DE L'AGRICULTURE, 7.2.] Il est sans doute révélateur que Palladius ne parle presque jamais des travaux des champs exécutés par des esclaves.

SEPTEMBRE EST LE MEILLEUR MOIS POUR LE FOULAGE DU RAISIN.

CUPIDON TRAÎNANT UNE CHÈVRE.

Si l'un de nos animaux est ravi par une bête sauvage puis s'échappe, il est inclus dans le partage de notre héritage ; car mieux vaut considérer qu'une tête de bétail emportée par un loup ou quelque autre fauve ne cesse pas de nous appartenir aussi longtemps qu'elle n'a pas été dévorée. [JUSTINIEN, DIGESTE, 10.2.8.2.]

En matière de vol de bétail, c'est la quantité qui fait la différence entre un simple voleur et un pillard ; celui qui vole seulement un porc sera puni comme voleur, mais celui qui vole un troupeau de porcs recevra le châtiment du pillard de troupeaux. [JUSTINIEN, DIGESTE, 48.19.16.7.] *Le nombre de moutons emportés différencie le voleur du pillard : d'aucuns estiment que dix moutons constituent un troupeau, mais s'emparer de quatre ou cinq porcs et, même, d'un seul cheval ou d'un unique bœuf constitue bel et bien un pillage.* [JUSTINIEN, DIGESTE, 47.14.3.]

Vendez les surplus de vin ou de céréales, les vieux bœufs, les veaux malformés, la laine, les peaux, les vieilles charrettes, les vieux instruments de fer, les esclaves âgés ou en mauvaise santé, et tout autre chose dont vous n'avez nul besoin. [CATON, DE L'AGRICULTURE, 2.]

D'aucuns divisent l'équipement agricole en deux catégories : la main-d'œuvre et le matériel sans lequel elle ne pourrait pas cultiver la terre. D'autres le divisent en trois parties, celle qui est dotée de la parole, celle qui parle à moitié et celle qui est muette. La première inclut les esclaves, la deuxième le cheptel et la troisième les charrettes. [LES TRAVAUX DES CHAMPS, 1.17.] Varron poursuit en recommandant d'affecter de préférence des travailleurs de condition libre aux zones malsaines, la mort d'un esclave étant une perte financière.

NECESSITAS FERIIS CARET

« LA NÉCESSITÉ IGNORE LES VACANCES. »

[**PALLADIUS**, DE L'AGRICULTURE, 1.6.7.]

AMOURS RÉCOLTANT LE RAISIN.

CHAPITRE IX

LA MÉDECINE

MEDICUS NIHIL ALIUD EST QUAM ANIMI CONSOLATIO

« UN MÉDECIN N'EST RIEN D'AUTRE QU'UN CONSOLATEUR. »
[PÉTRONE, SATYRICON, 42.]

EN 219 AVANT J.-C., le Grec Archagathus fut le premier médecin à arriver à Rome. Sa popularité fut d'abord prodigieuse, mais par la suite, sa façon cruelle de charcuter et cautériser lui valut le surnom de bourreau ; et l'on se mit à détester médecine et médecins. [PLINE, HISTOIRE NATURELLE, 29.12.]

Pour assurer aux enfants vigueur et santé, Caton l'Ancien recommandait de les laver à l'urine de quelqu'un qui s'était nourri de chou. [DE L'AGRICULTURE, 157.10.] Bien que généralement partisan des anciens remèdes plutôt que des innovations médicales grecques, il subit sans doute ce faisant l'influence du traité de Mnesitheus de Cyzique sur les vertus curatives du chou.

Caton recommande aux voyageurs de s'introduire un brin d'absinthe dans le rectum pour prévenir les ampoules. [DE L'AGRICULTURE, 159.] Ce faisant, il songe probablement aux cavaliers plutôt qu'aux voyageurs assis ou allongés dans une litière. Il est vrai qu'étant ce qu'il était, Caton n'eût guère toléré l'usage de la litière, moyen de transport relativement nouveau à son époque.

Les Grecs sont une race sans valeur ni éducation. S'ils nous octroient leur littérature, ils nous pourriront la vie. Et ils le feront plus tôt encore s'ils nous adressent leurs médecins. Ils ont comploté d'exterminer par leur médecine tous ceux qui ne sont pas grecs. Et ils nous font payer leurs soins, pour que nous ayons davantage confiance en eux et qu'ils puissent plus facilement nous mener à la ruine. [CATON L'ANCIEN CITÉ PAR PLINE *in* HISTOIRE NATURELLE, 29.14.]

Si les médecins n'existaient pas, il n'y aurait rien au monde de plus stupide que les enseignants. [ATHÉNÉE DE NAUCRATIS, LE BANQUET DES SAVANTS, 666A.] L'illustre médecin Galien était l'un des convives dudit banquet mais, d'une effarante suffisance, il n'était pas homme à se sentir visé par cette attaque.

Le roi Pyrrhus d'Épire pouvait soigner les maux de rate en touchant le gros orteil de son pied droit : sur son bûcher funèbre l'orteil ne brûla pas avec le reste du corps et on le conserva dans un coffret dans un temple. [PLINE, HISTOIRE NATURELLE, 7.20.]

Mithridate VI, roi du Pont, était un médecin amateur. Certains de ses courtisans se portaient volontaires pour subir, de sa main, opérations et cautères. C'était là de la flatterie en actes et pas seulement en paroles, car il voyait dans la confiance qu'ils lui faisaient la preuve de ses talents. [PLUTARQUE, DES MOYENS DE DISTINGUER LE FLATTEUR DE L'AMI, 14.] L'empereur Commode, qui régna de 180 à 192, prenait lui aussi plaisir à opérer et son scalpel était meurtrier. [HISTOIRE AUGUSTE, VIE DE COMMODE, 10.]

Sous le règne de Néron, Thessalus acquit la célébrité dans la profession médicale ; écartant tout ce qui passait pour sage en la matière, il dénonçait avec une sorte de frénésie les médecins de toutes les époques. Il suffit de voir son tombeau sur la voie Appienne pour avoir une nette idée de sa rage critique ; l'épitaphe le présente sous le titre grec de iatronikes (littéralement « le triomphateur sur les médecins »). *Nul histrion ou aurige ne fut suivi d'une plus grande foule dans ses sorties en public.* [PLINE, HISTOIRE NATURELLE, 29.9.]

Scribonius Largus dédia ses *Compositions*, recueil de 271 remèdes, à Calliste, l'un des plus puissants affranchis de l'empereur Claude. Dans sa préface, il déplore le fait que, alors que nul ne ferait confiance à un artiste pour lui commander son portrait avant d'avoir eu des preuves de son talent, rares soient les gens qui prennent la peine de pousser l'enquête sur un médecin avant de lui confier leur personne ou leur famille.

Le mot *abracadabra* est peut-être d'origine sémitique, mais son sens originel s'est perdu. Il apparaît pour la première fois dans le *Liber medicinalis*, ouvrage médical en vers latins de date et d'auteur incertains, que l'on associe tantôt à Serenus Sammonicus, érudit de la cour de Septime Sévère (règne de 193 à 211), tantôt au fils de Serenus, qui portait le même nom que son père et était un ami de Gordien Ier, éphémère empereur en l'an 238 de notre ère. Pour soigner la fièvre, Serenus recommande d'écrire sur une feuille, dont on fera un rouleau que l'on portera dans une amulette autour du cou, le mot que voici :

A B R A C A D A B R A
A B R A C A D A B R
A B R A C A D A B
A B R A C A D A
A B R A C A D
A B R A C A
A B R A C
A B R A
A B R
A B
A

Sans l'ombre d'un doute, les médecins tentent de se faire de la publicité avec de nouveaux traitements, et ils achètent leur réputation au prix de nos vies. C'est la raison des effroyables conflits de diagnostics au chevet du patient, aucun des médecins ne se rendant à l'avis d'un autre de peur de paraître lui être inférieur. Telle est aussi la raison de la navrante épitaphe : « Je suis mort d'avoir eu trop de médecins. » [PLINE, HISTOIRE NATURELLE, 29.11.]

ÉNÉE RECEVANT DES SOINS SUR UNE FRESQUE DE POMPÉI.

✱

Dans tout autre langue que le grec, les écrits médicaux manquent de prestige, et cela même auprès de ceux qui n'ont pas fait d'études et ignorent le grec. Quand il s'agit de sa santé, le peuple se montre moins confiant s'il sait ce dont il s'agit. Par Hercule, c'est bien là la raison pour laquelle quiconque se prétend médecin inspire d'emblée la confiance ! La médecine est la seule profession où se produit ce phénomène, et cela bien qu'il n'en existe guère où le mensonge soit plus dangereux. Mais nous ne prêtons pas attention à ce danger, car il n'est rien de plus séduisant que de caresser nos rêves. Ajoutez à cela qu'aucune loi ne punit l'ignorance qui coûte des vies et que l'on n'a jamais prévu de réparation. Les médecins se forment en mettant nos vies en péril, en faisant des expériences qui mènent les gens au tombeau. Seuls les médecins jouissent d'une totale immunité s'ils tuent. En fait, on reporte la critique sur les patients accusés de trop s'écouter, et ceux qui meurent sont réputés avoir attiré la mort sur eux. [PLINE, HISTOIRE NATURELLE, 29.17.]

Personne ne s'en est pris aux médecins avec autant de véhémence que Pline. Sarcastique, il qualifie leur note d'honoraires d'« acompte sur décès » (*mortis arra*). [HISTOIRE NATURELLE, 29.21.] La médecine prêtait largement le flanc à la raillerie des auteurs d'épigrammes :

Diaulus, naguère médecin, s'est fait entrepreneur de pompes funèbres. Son travail est toujours le même. [MARTIAL, ÉPIGRAMMES, 1.47.]

Je ne me sentais pas bien. Tu me fis sur-le-champ visite, ô Symmaque, en compagnie d'une centaine de tes étudiants en médecine. Une centaine de doigts aussi glacés que la bise vint me prendre le pouls. Je n'avais pas de fièvre, ô Symmaque, mais maintenant, j'en ai ! [MARTIAL, ÉPIGRAMMES, 5.9.]

Baccara, citoyen de la province des Alpes suisses, a fait soigner son pénis par un médecin qui était son rival en amour. Et voici que Baccara va devenir Gaulois. [MARTIAL, ÉPIGRAMMES, 11.74.] Le sel de la plaisanterie tient à un jeu de mots : *Gaul* signifie en latin à la fois « Gaulois » et « eunuque ».

Hier, le médecin Marcus a pris le pouls d'une statue de Zeus, et bien qu'il soit de marbre, on fait aujourd'hui des funérailles à Zeus. [LUCILIUS, ANTHOLOGIE GRECQUE, 2.113.]

PHÉDON NE M'A NI PRIS LE POULS NI PURGÉ. POUR M'ÊTRE SEULEMENT SOUVENU DE SON NOM, J'AI CONTRACTÉ LA FIÈVRE QUI M'A TUÉ. [CALLICTER, ANTHOLOGIE GRECQUE, 2.118.]

Pour soigner ses patients, un chirurgien doit être assez jeune pour savoir user de ses deux mains avec vigueur et fermeté et jouir d'une excellente vue, mais aussi assez rassis pour ne pas vouloir aller trop vite et trancher moins qu'il n'est nécessaire. Il faut qu'il mène son opération comme si les cris de son patient ne lui faisaient ni chaud ni froid. [CELSE, DE LA MÉDECINE, 7, INTRODUCTION.]

Caius Marius (157-86 avant J.-C., sept fois consul et l'un des plus prestigieux hommes de guerre de Rome), *fut le premier patient à subir une opération chirurgicale sans être maintenu en place par des liens.* [CICÉRON,

TUSCULANES, 2.22.] Toutefois, quand on eut excisé les veines variqueuses d'une de ses jambes, il refusa qu'on traitât l'autre, estimant que cela ne valait pas la souffrance endurée. [PLUTARQUE, VIE DE MARIUS, 6.]

Lucius Apronius Caesianus, consul en 39 de notre ère avec Caligula, avait un fils obèse au point de ne pouvoir se mouvoir, qui fut soumis à une forme primitive de liposuccion. [PLINE, HISTOIRE NATURELLE, 2.213.]

Dans un texte unique en son genre parmi tous ceux qui nous sont parvenus, Celse passe en revue les procédés utilisés pour extraire des projectiles, qu'il s'agisse de flèches – empoisonnées ou non –, de javelots, de balles de frondes ou de simples pierres. [DE LA MÉDECINE, 7.5.] Dans le même texte il rend compte, non sans quelque optimisme, d'une opération qui à l'en croire permettait de « décirconcire ». [7.25.]

L'art dentaire, tenu pour une partie de la médecine générale, n'était guère raffiné. Auguste lui-même avait des dents espacées, petites et mal formées. [SUÉTONE, VIE D'AUGUSTE, 79.] Les fausses dents, utilisées surtout pour des raisons esthétiques, étaient retirées avant les repas. Mauvaises et fausses dents étaient un sujet courant d'épigrammes :

Si je me souviens bien, Aelia, vous aviez quatre dents, mais une quinte de toux en a expulsé deux, et une seconde quinte les deux autres. Désormais, vous pouvez tousser toute la journée sans crainte car une quinte ne saurait vous nuire.

Thaïs a des dents noires, mais celles de Laecania sont blanches comme neige. Pourquoi ? Parce que Laecania les a achetées, alors que celles de Thaïs sont bien à elle.

Vous n'avez pas honte d'arborer des dents et des cheveux que vous avez achetés, mais pour vos yeux, Laelia, que ferez-vous ? Eux, vous ne pouvez pas les acheter. [MARTIAL, ÉPIGRAMMES, 1.19, 5.43 et 12.23.]

Catulle se moque du sourire éclatant d'un rival, qu'il attribue à l'usage espagnol de se laver les dents à l'urine. [POÈME 39.] L'ammoniaque de l'urine recueillie dans les latrines publiques était tenu pour l'ingrédient indispensable à tout travail de nettoyage des vêtements (voir p. 204).

RÉCOLTE DE LA MANDRAGORE.

Calpurnianus te salue. Ci-joint des vers que j'ai faits en hâte pour toi. Comme tu me l'as demandé, je t'ai envoyé de quoi te nettoyer les dents, une excellente poudre blanchissante à base de plantes d'Arabie, qui donne de l'éclat à la bouche, adoucit les gencives gercées, chasse les débris d'aliments et fait en sorte qu'on ne verra aucune tache disgracieuse quand tes lèvres découvriront ton rire. [APULÉE, APOLOGIE, 6.]

Une lotion à base d'œufs de corbeau teint les cheveux en noir. Quiconque en use pour se teindre doit avoir de l'huile d'olive plein la bouche et garder les lèvres serrées. Faute de cela, ses dents noirciront comme ses cheveux et il sera très difficile de leur rendre leur blancheur. [ÉLIEN, DE LA NATURE DES ANIMAUX, 1.48.]

✻

Les divinités particulièrement révérées dans les thermes étaient Asclépios, dieu grec de la médecine, et sa fille Hygie (à Rome Esculape et Salus). L'empereur Hadrien n'autorisait que les malades à se rendre aux thermes avant la huitième heure, soit vers 14 heures. [HISTOIRE AUGUSTE, VIE D'HADRIEN, 22.7.] Les bains publics, en l'absence d'antiseptiques, ne devaient pas être un lieu particulièrement sain :

✻ *Se rendre aux thermes est la dernière des choses à faire si l'on est porteur d'une blessure qui n'est pas encore aseptisée, car elle est souvent infectée par le bain qui la mouille et la souille.* [CELSE, DE LA MÉDECINE, 5.28.]

✻ Pour Marc Aurèle, le mot « bain » signifiait : *de l'huile d'olive, de la sueur, de l'ordure, de l'eau visqueuse, bref, toutes choses qui vous lèvent le cœur.* [PENSÉES, 8.24.]

✻ Scribonius Largus recommande, pour soigner blessures et morsures, un emplâtre particulier qui évite les tumeurs et le pus et ne se détache pas du corps dans le bain. [COMPOSITIONS, 214.]

✻

On se servait de toiles d'araignée pour stopper les hémorragies dues aux fractures du crâne et aux coupures de rasage, tandis que l'on traitait les hémorragies cérébrales avec du sang et de la graisse d'oie et de canard. [PLINE, HISTOIRE NATURELLE, 29.114.]

✻

Il existe peu de recherches sur les propriétés curatives des plantes. Cela tient au fait que seuls des paysans illettrés vivent au milieu d'elles et en font usage : aux prises avec des hordes de médecins, les autres ne se mettent guère en peine de remèdes tirés des plantes. [PLINE, HISTOIRE NATURELLE, 25.16.]

✻

On boit du jus de mandragore comme antidote aux morsures de serpents ou comme anesthésique avant une opération ou une injection, mais il faut prendre garde à la posologie ; sa seule odeur suffit à endormir certaines personnes. [PLINE, HISTOIRE NATURELLE, 25.150.]

Au motif de ses vertus narcotiques et de la forme vaguement humaine de ses racines, la mandragore était généralement associée à la magie. Flavius Josèphe décrit la façon dont ceux qui la cueillent échappent à l'effet meurtrier de cette racine :

En ne laissant dans le sol qu'une toute petite partie de la racine, ils creusent autour d'elle un sillon puis y attachent un chien. Lorsque celui-ci se précipite pour suivre qui l'a ainsi lié, la racine est aisément extraite, mais le chien meurt sur-le-champ, prenant la place de celui qui tente de cueillir la racine. Après la mort du chien, il n'y a plus de danger à la ramasser. En dépit du péril qu'elle fait courir, la racine a une propriété qui la rend particulièrement précieuse. Les démons – c'est le nom qu'on donne aux fantômes des mauvaises gens – pénètrent dans le corps des vivants et les tuent si l'on ne vient pas à leur secours. Or ils sont très vite chassés par une application de mandragore. [FLAVIUS JOSÈPHE, LA GUERRE DES JUIFS, 7.183-185.]

❖

Les épileptiques boivent même le sang des gladiateurs. Il est horrible de voir des bêtes féroces boire le sang des gladiateurs dans l'arène, et voici que ceux qui souffrent d'épilepsie s'imaginent que le traitement le plus efficace de leur mal consiste à boire le sang d'un homme qui respire encore et de tirer du mourant le souffle de vie. [PLINE, HISTOIRE NATURELLE, 28.4.]

❖

On dit que si on lance, sur le toit d'une maison où vit une femme enceinte, une pierre ou tout autre projectile qui ait tué trois créatures vivantes : un être humain, un sanglier et un ours, la femme mettra sur-le-champ son enfant au monde, si malaisé que s'annonce le travail. [PLINE, HISTOIRE NATURELLE, 28.33.]

❖

TOUCHER DES LÈVRES LES NASEAUX D'UNE MULE PASSE POUR ARRÊTER LES ÉTERNUEMENTS ET LE HOQUET.

[PLINE, HISTOIRE NATURELLE, 28.57.]

❖

Si l'on chuchote à l'oreille d'un âne qu'on a été piqué par un scorpion, le mal passe aussitôt à l'âne. [PLINE, HISTOIRE NATURELLE, 28.155.]

FOULURES ET CONTUSIONS

SONT SOIGNÉES PAR DES LAISSÉES DE SANGLIER RAMASSÉES AU PRINTEMPS ET MISES À SÉCHER. ON SOIGNE DE CETTE FAÇON CEUX QUI ONT ÉTÉ TRAÎNÉS PAR UNE CHARRETTE, ESTROPIÉS PAR DES ROUES OU MEURTRIS DE QUELQUE AUTRE MANIÈRE. ON PEUT ÉGALEMENT USER D'UN EMPLÂTRE D'EXCRÉMENTS FRAIS.

[**PLINE**, HISTOIRE NATURELLE, 28.237.]

Pour soigner la fièvre, la médecine clinique est presque entièrement désarmée. Force est donc de noter les nombreux remèdes que proposent les magiciens, en commençant par les amulettes que voici :

- *la poussière dans laquelle s'est ébroué un épervier, recueillie dans un sac de toile clos d'un fil rouge ;*
- *la plus longue des dents d'un chien noir ;*
- *la guêpe dite « fausse guêpe » qui volette toujours seule et doit être attrapée de la main gauche et attachée sous le menton du patient ; d'autres emploient la première guêpe aperçue dans l'année ;*

JEUNES FILLES FAISANT DES EXERCICES GYMNIQUES; MOSAÏQUE DU IIᴱ OU IVᴱ SIÈCLE.

❖ *la tête tranchée d'une vipère enveloppée d'une toile de lin, ou son cœur prélevé sur la bête encore vivante ;*

❖ *le museau et les pointes des oreilles d'une souris enveloppés dans un linge rouge, après qu'on a libéré l'animal ;*

❖ *l'œil droit arraché à un lézard encore vivant enveloppé dans de la peau de chèvre avec sa tête tranchée.*

[PLINE, HISTOIRE NATURELLE, 30.98.]

SI ELLE VEUT QUE SON ENFANT AIT LES YEUX NOIRS, LA MÈRE DOIT, PENDANT SA GROSSESSE, MANGER UNE MUSARAIGNE.

[PLINE, HISTOIRE NATURELLE, 30.134.]

De l'urine d'homme où l'on a noyé un lézard est une potion anaphrodisiaque, ainsi que des déjections d'escargot et de pigeon mêlées à de l'huile d'olive et à du vin. La partie droite d'un poumon de vautour, portée comme amulette dans de la peau de grue, est un puissant aphrodisiaque, de même que les jaunes de cinq œufs de colombe mêlés à un denier de graisse de porc et de miel, ou de moineaux et œufs de moineau, ou encore le port d'une amulette faite du testicule droit d'un coq enveloppé dans de la peau de bélier. [PLINE, HISTOIRE NATURELLE, 30.141.]

À son retour d'une expédition guerrière en Orient, l'armée de Marc Aurèle en rapporta, en 165 de notre ère, une maladie qui était probablement la variole, et qui fit rage durant vingt-cinq ans. Cette pandémie pourrait avoir fait mourir jusqu'à six millions d'hommes, soit peut-être un dixième de la population de l'empire. Marc Aurèle lui-même fut probablement au nombre des victimes.

Chaque fois qu'un fléau décimait la population, on ne se souciait guère de faire aux pauvres des obsèques dignes de ce nom. On a découvert en 1876, en dehors de Rome, une fosse commune datant du début de l'époque impériale, longue de cent soixante pieds, large de cent et profonde de trente, qui contenait environ vingt-quatre mille corps. Lorsqu'on l'ouvrit, la puanteur en était encore insupportable.

Galien a consacré un petit traité au jeu de balle, moyen peu coûteux et sain de garder la forme. Dans ce *Sur le jeu de la petite balle* [ÉCRITS DIVERS, 1.93], il se dit convaincu que *la plupart des exercices physiques sont, en revanche, contre-productifs et conduisent à des dépôts graisseux si importants qu'ils peuvent empêcher de respirer. Les gens qui se livrent à ce genre d'exercices ne sauraient être de bons chefs politiques ou militaires : mieux vaudrait confier ces fonctions à des pourceaux.*

Tout particulièrement dans la Rome d'aujourd'hui, il existe des médecins spécialisés dans le traitement de divers organes, dents, oreilles, rectum... La médecine est une discipline si vaste et Rome comme Alexandrie des villes si peuplées que tous peuvent gagner leur vie. [GALIEN, DES DIVISIONS DE L'ART MÉDICAL, 2.]

LES RAPPORTS SEXUELS

ONT UNE ACTION FAVORABLE SUR LES DOULEURS DU BAS DU DOS, LA FAIBLESSE OCULAIRE, LES TROUBLES MENTAUX ET LA DÉPRESSION. [PLINE, HISTOIRE NATURELLE, 28.58.]

À Alexandrie, la dissection du corps humain était autorisée à certaines périodes de l'année, mais elle était interdite partout ailleurs dans le monde gréco-romain. Galien exhortait ses étudiants qui ne pouvaient se rendre en Égypte à saisir toute occasion favorable d'examiner les structures osseuses : cadavre arraché à son tombeau par une rivière en crue ou squelette d'un brigand de grand chemin tué par le voyageur qu'il tentait de détrousser. [GALIEN, DES PROCÉDÉS DE L'ANATOMIE, 1.2.]

Je n'ai jamais tenté de disséquer un moucheron, une fourmi, une puce ou quelque autre minuscule créature, mais j'ai souvent disséqué des animaux à la démarche glissante comme les chats ou les souris, ou rampante comme les serpents, ainsi que diverses espèces d'oiseaux et de poissons. [GALIEN, DES PROCÉDÉS DE L'ANATOMIE, 6.1.]

Je me suis laissé dire que dans la Rome actuelle, même les médecins font de la réclame pour leurs services. [ÉPICTÈTE, ENTRETIENS, 3.23.27.]

Épitaphe d'une femme médecin à Rome : *À ma divine et sainte Primilla, médecin, fille de Lucius Vibius Melito. Des quarante-quatre ans qu'elle vécut, elle en passa trente auprès de Lucius Cocceius Apthorus sans qu'ils se soient jamais querellés. Apthorus a fait construire ce tombeau pour cette épouse excellente et dévouée ainsi qu'à sa propre intention.* [CORPUS DES INSCRIPTIONS LATINES, 6.7581.]

✱

Une bonne part de l'eau de Rome était acheminée par des conduites en plomb (c'est du latin *plumbum* que viennent les mots français « plomberie » et anglais *plumbing*). On a avancé l'hypothèse qu'un empoisonnement par le plomb aurait diminué la fécondité dans l'empire et, par là, contribué à sa chute. Au demeurant, les Romains n'ignoraient nullement que l'eau fournie par des conduites en terre cuite était plus saine et avait meilleur goût. [VITRUVE, DE L'ARCHITECTURE, 8.6.10-11.] Il semble que l'emploi, pour faire la cuisine, de chaudrons et récipients partiellement en plomb fut beaucoup plus dangereux.

✱

L'espérance de vie de l'ensemble de la population n'excédait guère vingt-cinq ans. Si la guerre tuait beaucoup d'hommes, l'accouchement tuait encore plus de femmes, et l'on constatait régulièrement un manque de filles nubiles. Les cas de longévité n'en étaient pas moins une réalité. Dans le recensement de 74 de notre ère, Pline n'eut pas de peine à trouver de nombreux vieillards supposés plus que centenaires. Quelques-uns d'entre eux prétendaient même avoir 140 ans. [HISTOIRE NATURELLE, 7.164.]

✱

Justification de la vivisection : *Il n'y a rien de cruel, contrairement à ce qu'assurent la plupart des gens, à devoir chercher des remèdes pour les maux des innocents à naître au prix des souffrances de quelques rares criminels.* [CELSE, DE LA MÉDECINE, POÈME 26.]

✱

Un certain Alexandre, natif d'Abonoteichus, obscure bourgade de l'actuelle Turquie du Nord, se disait prêtre d'Esculape, dieu de la médecine, et répondait aux questions qui lui étaient posées par des écrits scellés et accompagnés de la somme voulue. Pour le prendre en flagrant délit de fraude, le satiriste Lucien de Samosate lui adressa une question également sous scellé, qu'il avait chargé son esclave de faire passer pour la demande d'un remède contre une douleur au côté. La réponse,

CONDUITE DE PLOMB PORTANT LE NOM DE L'EMPEREUR RÉGNANT MARC AURÈLE.

rédigée en hexamètres à la façon des oracles, fut celle-ci : « Je t'ordonne de t'enduire d'un mélange de graisse d'ours et d'écume de la bouche d'un cheval. » Et, quand on brisa le sceau, on put lire la question : « D'où Homère est-il originaire ? » [ALEXANDRE OU LE FAUX PROPHÈTE, 53.] (Voir aussi, à propos d'Alexandre, la p. 95.)

❋

NON QUAERIT AEGER MEDICUM ELOQUENTEM, SED SANANTEM

« LE MALADE NE CHERCHE PAS UN MÉDECIN BEAU PARLEUR MAIS UN MÉDECIN QUI LE SOIGNE. »

[SÉNÈQUE, LETTRES, 75.1.]

CHAPITRE X

RELIGION ET SUPERSTITION

EXPEDIT ESSE DEOS ET, UT EXPEDIT, ESSE PUTEMUS

« PUISQU'IL EST BON QU'EXISTENT DES DIEUX, SUPPOSONS QU'ILS EXISTENT. »

[OVIDE, L'ART D'AIMER, 1.637.]

LES ORIGINES agraires de Rome se reconnaissent aux noms de ses dieux. Vervactor, Reparator, Imporcitor et Obarator déclinent les diverses étapes des labours ; Occator, Runcina, Saritor, Spiniensis et Subruncinator sont les divinités du sarclage, Robigo et Rubigus protègent les récoltes des moisissures. Enfin le dieu Stercutus enseigna aux hommes l'épandage du fumier.

Tout le monde place un portier devant sa demeure pour la surveiller car, étant un être humain, il convient parfaitement à cette tâche. Mais les Romains des anciens temps avaient coutume d'y affecter trois divinités, Forculus qui veillait sur les portes (fores), *Cardea sur les gonds* (cardines) *et Limentinus sur le seuil* (limen) *: Forculus était donc incapable de veiller sur les gonds et le seuil aussi bien que sur les portes.* [SAINT AUGUSTIN, LA CITÉ DE DIEU, 4.8.]

CARILLON GARNI DE PLUSIEURS PHALLUS AUTREFOIS SUSPENDU DEVANT UNE DEMEURE DE POMPÉI
POUR EN ÉCARTER LE MAUVAIS SORT.

Nous autres chrétiens, nous faisons des gorges chaudes de ces foules de dieux affectés à des tâches spécialisées, comme si, dans l'atelier d'un orfèvre, un seul petit pot devait passer entre les mains de nombreux artisans alors qu'un ouvrier qualifié suffisait à le fabriquer de bout en bout. [SAINT AUGUSTIN, LA CITÉ DE DIEU, 7.4.]

L'ancile était le bouclier de Mars dont Jupiter avait fait présent à Numa Pompilius, deuxième roi de Rome. La Ville était censée prospérer aussi longtemps que *l'ancile* serait sauvegardé. Sur le conseil de la nymphe Égérie, Numa avait fait fabriquer onze boucliers identiques au premier pour protéger celui-ci des voleurs. Un collège spécial, les prêtres Saliens, veillait à sa sécurité.

Les rites pratiqués dans le bois sacré de Diane, à Aricia, sur la voie Appienne au sud de Rome, ont quelque chose de barbare et de sauvage. Le prêtre qui les célèbre est un esclave fugitif qui a conquis son sacerdoce en tuant son prédécesseur. Toujours porteur d'un glaive et prêt à défendre sa vie, il ne cesse de guetter d'éventuels assaillants. [STRABON, GÉOGRAPHIE, 5.3.] Le *Rameau d'or*, ouvrage monumental de l'anthropologue Sir James Frazer, est né d'une tentative d'élucidation de l'étrange institution qu'était ce *rex nemorensis*, « roi de la forêt ».

Caius Sallustius Crispus Passienus, arrière-petit-neveu par adoption de l'historien Salluste, *fut deux fois consul*, en 27 et en 44 de notre ère. *Il devint par la suite un personnage encore plus considérable par son union avec Agrippine, plus jeune que lui, qui lui donna Néron pour beau-fils. Il éprouvait une passion pour un très vieil arbre du bois sacré de Diane à Tusculum et il avait coutume de l'étreindre et de le couvrir de baisers. Il dormait sous son branchage et faisait autour de son tronc des libations de vin.* [PLINE, HISTOIRE NATURELLE, 16.242.]

Dans la noble famille des Servilius, on nourrissait une pièce de monnaie de cuivre avec de l'or et de l'argent qu'elle dévorait. Je ne suis pas parvenu à découvrir l'origine et la nature exacte de la chose, mais il me faut citer ici le vieux Messalla (consul en 53 avant J.-C.) *: « La famille possède une monnaie sacrée à laquelle elle fait chaque année un magnifique sacrifice. On dit chez elle que la taille de cette pièce semble tantôt croître et tantôt* *diminuer, et que cela marque les périodes où la famille s'illustre et celles où elle demeure dans l'obscurité ».* [PLINE, HISTOIRE NATURELLE, 34.137.]

✱

Les Livres Sibyllins étaient un recueil de prophéties et de mises en garde envoyé par les dieux à la cité pour lui venir en aide. Selon la légende, une prêtresse étrangère vint trouver Tarquin le Superbe, dernier roi de Rome, et lui proposa de lui vendre neuf livres d'oracles. Sur son refus de payer le prix exorbitant qu'elle réclamait, elle brûla trois de ces livres et maintint son prix pour les six restants. Sur un nouveau refus, elle brûla encore trois livres sans réduire pour autant le prix réclamé. Du coup, Tarquin acheta les trois derniers. [DENYS D'HALICARNASSE, ANTIQUITÉS ROMAINES, 4.62.]

✱

Bien que jouissant de nombreux privilèges, le *flamen dialis,* grand prêtre de Jupiter, était soumis à de nombreux tabous, et le sens de certains d'entre eux échappait aux Romains. Par exemple, il lui était interdit de s'absenter de Rome la nuit, de monter à cheval, d'entrer en contact avec un chien, une chèvre, du lierre ou une fève ni même de prononcer leur nom, et il n'avait pas le droit d'être nu au-dehors.

✱

Le grand prêtre était le *pontifex maximus,* titre également conféré au Pape depuis le VIe siècle et jusqu'à aujourd'hui. On ignore toutefois ce que le terme *pontifex* signifie vraiment.

✱

Chaque année, le 25 juillet, on fêtait la déesse *Furrina* sans savoir quelle était son influence. Cicéron avançait l'hypothèse qu'elle avait quelque chose à voir avec les Furies, déesses de la vengeance. [DE LA NATURE DES DIEUX, 3.46.]

✱

Les prêtres Saliens eux-mêmes n'ont pas une claire intelligence des hymnes qu'ils chantent, mais des scrupules d'ordre religieux leur interdisent d'y apporter le moindre changement. [QUINTILIEN, DE L'INSTITUTION ORATOIRE, 1.6.41.]

✱

Le collège des *fetiales* avait pour unique fonction de déclarer la guerre et de rédiger les traités. La déclaration de guerre obéissait à un savant rituel culminant dans le lancer d'un javelot sur le sol de l'ennemi.

Lorsque l'empire s'agrandit et que, du même coup, les territoires ennemis s'éloignèrent, on déclara « non romaine » une bande de terrain du Champ de Mars proche du temple de Bellone, déesse de la guerre ; et c'est sur son sol qu'on lança le javelot.

❋

On eut recours pour la première fois à cet expédient dans la guerre contre le roi Pyrrhus d'Épire (280-275 avant J.-C.), en obligeant un ennemi fait prisonnier à acheter ladite bande de terrain, comme le raconte par le détail Servius dans son *Commentaire de l'*Énéide *de Virgile.* [9.52.] Octave reprit cet antique usage, en sa qualité de membre du collège des *fetiales*, lorsqu'il déclara la guerre à Cléopâtre, détournant par ce biais l'attention du fait qu'en réalité, il s'agissait d'ouvrir une guerre civile contre Antoine. [DION CASSIUS, HISTOIRE ROMAINE, 50.4.]

❋

Les cérémonies religieuses romaines devaient être célébrées dans une rigoureuse observance des rites prescrits. On pouvait répéter le même sacrifice trente fois si un détail avait été oublié ou le rituel profané. [**PLUTARQUE**, VIE DE CORIOLAN, 25.]

❋

Au moment précis où, vers l'an 221 avant J.-C., *Quintus Fabius Maximus et Caius Flaminius étaient nommés respectivement dictateur et maître de la cavalerie, le couinement d'une musaraigne se fit entendre, et ce mauvais présage les contraignit tous deux à refuser leurs nouvelles fonctions.* [**VALÈRE MAXIME**, FAITS ET DITS MÉMORABLES, 1.1.5.]

❋

Dans le temple de Jupiter, tous les tableaux et ornements ont rapport à la femme. À l'origine, on les avait destinés au temple de Junon, mais les ouvriers mélangèrent les images sacrées lors de leur mise en place. On conserva cette disposition pour des raisons religieuses, comme si les divinités avaient choisi leur lieu de résidence et si les œuvres d'art prévues pour le temple de Jupiter lui avaient préféré celui de Junon. [**PLINE**, HISTOIRE NATURELLE, 36.43.]

❋

L'esprit d'Auguste passait pour hanter la petite pièce où il avait vu le jour, dans la maison de campagne de son grand-père. Un nouveau propriétaire, par ignorance ou par désir d'en avoir le cœur net, passa la nuit dans cette pièce. Plusieurs heures plus tard on le retrouva à demi-mort, couché devant la porte et encore enveloppé dans sa couverture, chassé soudainement du lit par une force mystérieuse. [SUÉTONE, VIE D'AUGUSTE, 6.]

Pour faire taire la rumeur qui lui imputait le grand incendie de Rome (voir p. 190), Néron eut recours à des boucs émissaires qu'il fit périr dans les tortures les plus raffinées. Le peuple, qui détestait ces gens au motif de leurs mœurs dépravées, les appelait chrétiens, du nom d'un certain Christus mis à mort sous Ponce Pilate, procurateur de Judée, durant le règne de Tibère. Bien que sa mort ait éteint pour un temps leur funeste superstition, elle se ralluma non seulement en Judée, foyer de cette peste, mais à Rome, sentine où afflue et prospère tout ce qu'il y a d'abominable et de choquant. On arrêta tout d'abord ceux qui s'avouaient chrétiens. Leurs dénonciations permirent de convaincre une foule innombrable moins d'avoir allumé l'incendie que d'avoir le genre humain en haine. On tourna leur mort en sujet de dérision. Certains, couverts de peaux de bêtes, étaient déchirés par les chiens, d'autres mis en croix ou encore brûlés comme des torches pour fournir un éclairage au crépuscule. [TACITE, ANNALES, 15.44.]

Peu après avoir accédé à l'empire, Vespasien, alors à Alexandrie, s'entendit demander par un aveugle de lui enduire les yeux de sa salive et par un estropié de lui marcher sur sa main paralysée. Il s'exécuta et les deux infirmes furent guéris sur-le-champ. [TACITE, HISTOIRES, 4.81.]

Peut-être parce que la religion nationale et les cultes pratiqués dans la sphère privée n'offraient qu'une vague idée de la vie dans l'au-delà, les Romains attachaient une grande importance à la beauté de leurs tombeaux. À de rares exceptions près, il était interdit de les élever en ville, et de ce fait, un grand nombre de monuments funéraires de riches et de puissants personnages furent bâtis le long des routes qui prenaient leur origine à Rome.

C'EST COMMETTRE UNE GRAVE ERREUR QUE D'AVOIR DE BELLES DEMEURES QUAND ON EST EN VIE ET DE NE PAS SE SOUCIER DE CELLE QUE L'ON OCCUPERA BEAUCOUP PLUS LONGTEMPS. [PÉTRONE, SATYRICON, 71.]

Les pauvres gens étaient parfois inhumés dans de grandes amphores coupées en deux. Leurs cendres étaient aussi logées dans de petites jarres à vin.

Qu'un peuple soit raffiné et éduqué ou barbare et sauvage, tous croient que l'avenir peut être prévu, décrypté et prédit par certains individus. [CICÉRON, DE LA DIVINATION, 1.2.]

Marcus Marcellus (qui prit Syracuse en 211 avant J.-C.) *fut cinq fois consul et, à titre exceptionnel, se distingua en même temps comme commandant en chef et augure* (devin fondant ses prédictions sur le vol des oiseaux). *Il disait volontiers qu'il voyageait en litière fermée chaque fois qu'il avait quelque chose d'important à faire, car il ne voulait pas en être détourné par un présage qu'il viendrait à apercevoir.* [CICÉRON, DE LA DIVINATION, 2.77.]

Des formes lumineuses ressemblant à des navires descendaient du ciel... On racontait qu'on y avait vu, à Lanuvium près de Rome, quelque chose qui ressemblait à une grande flotte. [CITÉ PAR TITE-LIVE dans une liste officielle de *prodigia* – événements hors du commun, HISTOIRE ROMAINE, 21.62 et 42.2.]

Pour diverses raisons, le côté gauche était tenu pour néfaste et, même, de mauvais augure. Le mot le désignant en latin est d'ailleurs *sinister*. Davantage portés à l'euphémisme, les Grecs cherchaient à conjurer le mauvais sort en donnant à la gauche le nom, encore en usage aujourd'hui, de « mieux que le meilleur » (*aristeros*). Mais l'État militaire qu'était Rome, dépendant de la rigoureuse discipline de ses légionnaires en première ligne, eût conçu une piètre idée d'un soldat préférant tenir son bouclier du bras droit et laissant, du même coup, son camarade de gauche à découvert. Les quelques gladiateurs gauchers étaient tenus par leurs adversaires pour particulièrement redoutables. [SÉNÈQUE, CONTROVERSES, 3, PRÉFACE, 10.] L'empereur Commode tirait fierté de combattre dans l'arène en tenant son glaive de la main gauche. [DION CASSIUS, HISTOIRE ROMAINE, 73.19.]

On tenait pour un mauvais présage le fait que les deux bœufs d'un attelage lâchent leur bouse en même temps. [CICÉRON, DE LA DIVINATION, 2.77.]

CE PHALLUS DOTÉ DE PATTES ORNE UN COIN DE RUE DE LEPTIS MAGNA, EN LIBYE. COMME LE MONTRE CLAIREMENT LA PRÉSENCE DU MAUVAIS ŒIL (VOIR AUSSI P. 94) CE GENRE DE TALISMAN ÉTAIT DESTINÉ À DÉTOURNER LES ESPRITS MALFAISANTS.

Le cygne a un avantage sur l'homme dans un domaine capital : il sait quand sa vie est sur le point de s'arrêter. En outre, il aborde l'approche de la mort dans la joie, ayant ainsi reçu de la nature son présent le plus précieux. Car il est hors de doute qu'il n'y a rien dans la mort de pénible ou d'angoissant. À l'opposé, les humains ont peur de la mort, alors qu'ils en ignorent tout, et ils voient en elle un très grand malheur. Quant au cygne, il est si heureux de quitter la vie qu'il chante un chant funèbre comme s'il voulait célébrer sa propre mémoire. [ÉLIEN, DE LA NATURE DES ANIMAUX, 5.34.]

En un autre endroit, Élien nous dit n'avoir jamais entendu le chant du cygne et douter qu'un autre que lui l'ait fait. [HISTOIRE VARIÉE, 1.14.] L'idée d'un chant funèbre du cygne semble tirer son origine des vers 1144 sq. de l'*Agamemnon* d'Eschyle, dont la première représentation eut lieu en 458 avant J.-C. Par un bien curieux paradoxe, la seule espèce de cygne commune en Grèce est dite « cygne muet » (*cygnus olor*), alors qu'il n'est pas plus muet de son vivant – il drense, siffle et trompette – qu'il n'est chanteur à sa mort. En réalité, quel que soit le moment et l'espèce à laquelle il appartient, on ne saurait dire qu'un cygne chante.

La mort est un repos et la nuit se prête au repos. C'est pourquoi j'estime convenable de célébrer les obsèques de nuit. Il existe de nombreuses raisons de les interdire au jour. En effet, tout le monde vaque à ses affaires, la ville entière est encombrée de gens qui se rendent au tribunal, vont au marché ou en reviennent, sont assis devant leur établi d'artisan ou se

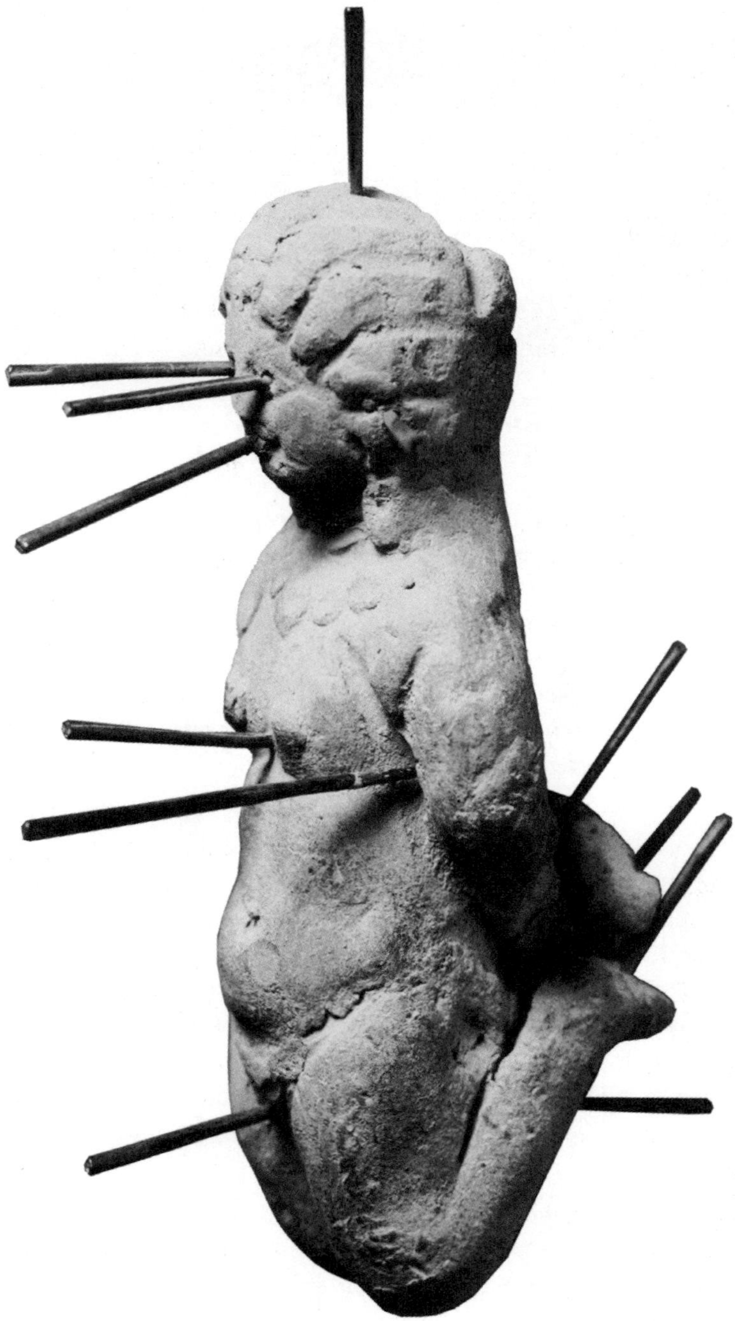

« POUPÉE VAUDOU » DE L'ÉGYPTE ROMAINE.

rendent dans un temple pour s'assurer que ce qu'ils espèrent de bon a été exaucé par les dieux. Il serait intolérable, dans ces conditions, de mettre un corps en bière et de se frayer un chemin à travers cette foule en pleine activité. Ceux qui rencontrent sur leur route un cortège funèbre en ressentent un profond déplaisir, soit parce qu'ils voient là un mauvais présage, soit parce que, se rendant au temple, il leur est interdit d'y pénétrer avant de s'être purifiés. [JULIEN DIT « L'APOSTAT », LETTRES, 56, il régna de 361 à 363.]

Dans le sud de l'Angleterre, on a découvert dans la station thermale de Bath (ancienne *Aquae Sulis*, « les eaux de Sulis », déesse celtique assimilée à Minerve), environ cent trente formules de malédictions gravées sur des tablettes de plomb. Elles ne brillent guère par l'originalité. Qu'on en juge :

Que soit maudite la personne qui m'a volé mon bol de bronze, femme ou homme, esclave ou libre, garçon ou fille, et puisse-t-elle verser son sang dans mon bol ! Je la voue à la divinité qui se trouve là, homme ou femme, esclave ou libre, garçon ou fille !

On peut lire sur une autre tablette : *Solinus à la déesse Sulis-Minerve. Je fais don de ma tenue de bain et de mon manteau à ta Divine Majesté. Ôte le sommeil et la santé à mon voleur, qu'il soit femme ou homme, esclave ou libre, jusqu'à ce qu'il se dénonce et les rapporte à ton temple !*

Au IIe siècle de notre ère, un certain Artémidore de Daldis, au sud-est de l'actuelle Turquie, rédigea en cinq volumes un traité d'*Interprétation des rêves*. On y lit notamment :

Rêver d'un aveugle est de bon augure pour un coureur, car celui qui court en tête du peloton ne voit pas ses concurrents... Ce genre de rêve est également propice aux poètes ; lorsqu'ils vont composer leur œuvre, ils ont besoin d'un calme absolu et être privé de la vue leur garantit de n'être distraits ni par des formes ni par des couleurs. [1.26.]

Rêver de navets, de rutabagas ou de citrouilles annonce des déceptions, car ces légumes sont massifs mais ne nourrissent guère. Aux malades et aux voyageurs, ils annoncent aussi des opérations chirurgicales et des blessures à l'arme blanche, car on les découpe en tranches. [1.67.]

Rêver que quelqu'un mange des livres est un heureux présage pour les maîtres d'école, les professeurs et quiconque tire sa subsistance des livres. En revanche, pour tous les autres, c'est l'annonce d'une mort soudaine. [2.45.]

Pour un célibataire, rêver de mort ou de mise en croix annonce le mariage. [2.49,53.]

Rêver, alors qu'on est malade, que quelqu'un mange beaucoup d'oignons est un heureux présage. Cela signifie qu'on se rétablira et qu'on pleurera quelqu'un d'autre. En revanche, rêver que quelqu'un ne mange que quelques oignons est signe de mort, car le mourant ne verse que peu de larmes, alors que ceux qui le pleurent en versent beaucoup. [4.55.]

✵

Le cinquième livre du traité d'Artémidore rassemble des « cas individuels » recueillis lors de fêtes en Italie, en Grèce et en Asie mineure. En voici quelques-uns :

Un homme rêva qu'il se dégageait de son corps à la façon dont le serpent se dépouille de sa vieille peau. Il mourut le lendemain. Son âme lui avait fourni cette image en se préparant à quitter son corps. [40.]

Un homme rêva que le dieu de la médecine, Esculape, lui infligeait avec un glaive une blessure mortelle à l'estomac. Par la suite, une tumeur qui s'était développée dans son estomac fut guérie par la chirurgie. [61.]

Un homme rêva qu'il avait dans le rectum une bouche ornée de grandes et belles dents, et qu'elle lui permettait de parler et de manger car elle assurait toutes les fonctions habituelles d'une bouche. Par la suite, des imprudences verbales lui valurent d'être exilé de sa patrie. Je n'en ai pas ici les raisons, mais cette issue était facile à prévoir. [68.]

Un homme rêva qu'il avait trois pénis. À cette époque, il était esclave, mais il fut affranchi par la suite. De ce fait, il porta trois noms et non plus un seul, les deux autres étant ceux de son ancien maître. [91.] On se souviendra (voir p. 20) que l'affranchi adoptait le prénom (*praenomen*) et le patronyme (*nomen*) de son ancien propriétaire.

Hannibal passait pour être très versé dans l'art de lire l'avenir dans les entrailles des animaux sacrifiés, mais à l'époque où il conseillait le roi Prusias en matière militaire et où ce dernier hésitait à engager une bataille « parce que les entrailles le déconseillaient », il lui répondit : « Veux-tu dire par là que tu te fies plus à un petit morceau de chair de veau qu'à un général expérimenté ? » [CICÉRON, DE LA DIVINATION, 2.52.] On ne sait pas de quelle bataille précise il s'agit, mais Prusias perdit la guerre.

REPRODUCTION ÉTRUSQUE GRANDEUR NATURE D'UN FOIE DE MOUTON EMPLOYÉ À LA DIVINATION.

Les présages étaient défavorables lorsque César débarqua en Grèce (à la poursuite de Pompée en 48 avant J.-C.) *: certains de ses soldats avaient été tués par la foudre à bord des navires, des araignées avaient infesté ses étendards et des serpents qui le suivaient au moment où il posait le pied sur le sol grec en avaient effacé la trace.* [DION CASSIUS, HISTOIRE ROMAINE, 41.14.]

✵

La date traditionnelle de la fondation de Rome, 21 avril 753 avant J.-C., fut déterminée par l'érudit collectionneur d'antiquités Varron (116-27 avant J.-C.). Il avait eu pour conseiller l'astrologue Lucius Tarutius Firmanus qui, dans notre calendrier, fixa au 24 juin 772 avant J.-C. entre 7 heures et 8 h 15 du matin le moment où fut conçu Romulus (soit l'instant suivant le viol de la vestale Rhéa Silvia par le dieu Mars). [PLUTARQUE, VIE DE ROMULUS, 12.] Dans ses calculs, Tarutius semble avoir monté l'horoscope à rebours en déterminant le moment de la conception à partir des événements de l'existence de Romulus, plutôt qu'en partant du moment de la conception pour prédire lesdits événements.

✵

On a chaque jour la preuve que l'astrologie ne sert à rien. Ils furent nombreux, si je me souviens bien, les astrologues prédisant à Pompée, Crassus et même à César qu'ils mourraient dans leur lit, couverts de gloire, à un âge avancé ! Je suis consterné à l'idée que quelqu'un puisse encore se fier à ces gens-là, alors que leurs prédictions sont chaque jour démenties par l'événement. [CICÉRON, DE LA DIVINATION, 2.99.]

LE MAUVAIS ŒIL ATTAQUÉ PAR UN OISEAU, UN TRIDENT, UN GLAIVE, UN SCORPION, UN SERPENT, UN CHIEN, UN « CENTIPÈDE », UN CHAT ET PAR UN MUSICIEN NU RÉTRO-ITHYPHALLIQUE. LES MOTS GRECS *KAI SU* (« TOI AUSSI ») SEMBLENT SUGGÉRER QUE LE MAL CAUSÉ PAR LE MAUVAIS ŒIL SE RETOURNERA CONTRE LUI.

❖

Décidé à précipiter son astrologue Thrasylle d'une falaise s'il se révélait être un charlatan, *Tibère lui demanda de monter son propre thème. D'abord hésitant, Thrasylle se mit à trembler de choc et de terreur, et ce tremblement s'accrut à mesure qu'il examinait son horoscope. Enfin, il s'exclama qu'un terrible danger planait sur sa tête. Alors Tibère l'embrassa et le félicita d'avoir prévu ce péril, lui assurant qu'il en serait préservé. Par la suite, il tint pour un oracle tout ce que Thrasylle lui prédisait et il l'admit dans le cercle de ses amis proches.* [TACITE, ANNNALES, 6.21.] En dehors de sa fonction d'astrologue impérial, on sait gré à Thrasylle d'avoir été l'érudit dont la mise en forme de l'œuvre de Platon en sept tétralogies est encore en usage de nos jours.

❖

Tibère lui-même devint si versé en matière de divination qu'après avoir rêvé qu'on lui enjoignait de donner de l'argent à un particulier, il en conclut qu'il était victime d'un sort que celui-ci lui avait jeté et il le fit mettre à mort. [DION CASSIUS, HISTOIRE ROMAINE, 57.15.] Domitien avait aussi de telles connaissances dans cet art qu'il dressait les thèmes de rivaux potentiels et faisait périr ceux qui lui semblaient dangereux. On dit d'Hadrien qu'il avait prédit l'occupation à laquelle il se livrerait au moment précis de sa mort. [HISTOIRE AUGUSTE, VIE D'HADRIEN, 16.7.]

Les astrologues abusent les puissants et sont peu fiables pour qui espère ; on ne cesse de les chasser de notre État et on les y retient toujours. [TACITE, HISTOIRES, 1.22.]

Quand Marc Aurèle combattait les tribus germaniques, le devin charlatan Alexandre d'Abonuteichos prédit, dans un oracle, que l'on s'assurerait la victoire si l'on jetait deux lions dans le Danube. Les deux lions furent donc jetés dans ce fleuve. Ils le traversèrent à la nage, et ce ne fut que pour être abattus, sur l'autre rive, par les ennemis qui virent en eux d'étranges sortes de loups ou de chiens. Dans la bataille, vingt mille Romains furent massacrés. [LUCIEN DE SAMOSATE, ALEXANDRE OU LE FAUX DEVIN, 48.] Alexandre tenta de justifier sa prédiction en faisant valoir qu'il n'avait pas précisé le camp qui serait vainqueur. Sur l'un des hauts reliefs de la frise ornant la colonne de Marc Aurèle, deux gros animaux difficiles à identifier traversent une rivière à la nage : certains érudits pensent qu'il s'agit des deux lions. À l'origine, l'identification était sans doute plus aisée, les animaux ayant été peints.

En l'an 172 de notre ère, l'armée de Marc Aurèle, attirée dans un piège par la tribu germanique des Quades, très supérieure en nombre, souffrait de la chaleur et de la soif quand le dieu de la pluie (Jupiter) vint à son aide et lui permit de remporter une victoire inattendue. [DION CASSIUS, HISTOIRE ROMAINE, 71.8.] La colonne de Marc Aurèle commémore ce prodige.

LES ASTROLOGUES AVANCENT DE NOMBREUX ARGUMENTS POUR FUIR LEURS RESPONSABILITÉS. ILS PRÉTENDENT, PAR EXEMPLE, QUE LES ESPRITS N'OBÉISSENT PAS ET NE PEUVENT ÊTRE APERÇUS SI L'ON A DES TACHES DE ROUSSEUR. [PLINE, HISTOIRE NATURELLE, 30.16.]

Nous arrivâmes aux tombeaux, et mon ami se mit à faire son travail au milieu des pierres tombales, tandis que je chantonnais et comptais les étoiles. Quand je tournai les yeux vers mon compagnon, il s'était dépouillé de tous ses vêtements et les avait déposés au bord du chemin. Le cœur au bord des lèvres, je me crus mort. Il pissa en cercle autour de ses vêtements et, d'un coup, il se transforma en loup. Ne pensez surtout pas que je plaisante : rien au monde ne pourrait m'amener à mentir à propos de cette histoire-là. Après s'être transformé en loup comme je viens de vous le dire, il commença à hurler, et il prit sa course vers les bois. Ne sachant plus où j'étais, j'allai ramasser ses habits, mais ils s'étaient transformés en pierres. [PÉTRONE, SATYRICON, 62.]

Quand j'étais en Italie, j'ai entendu parler de femmes, aubergistes dans l'une des régions de ce pays, qui étaient initiées à l'art ténébreux de la magie. Elles servaient aux voyageurs, disait-on, un fromage infecté d'une substance les transformant séance tenante en bêtes de somme. *Quand ils avaient servi aux charrois de la sorcière, elle leur rendait leur forme initiale. Ils ne cessaient pas de conserver leur esprit humain comme Apulée, qui raconte son expérience dans son* Âne d'or. [SAINT AUGUSTIN, LA CITÉ DE DIEU, 18.18.]

Si l'on regrette d'avoir porté un coup à quelqu'un, que ce soit en corps à corps ou par le biais d'un projectile, et qu'on crache aussitôt dans la paume de sa main, la personne qu'on a frappée s'en trouve sur-le-champ moins lourdement blessée. La chose peut sembler incroyable, mais on en aura aisément confirmation en en faisant l'expérience. [PLINE, HISTOIRE NATURELLE, 28.36.]

NUM QUIS, QUOD BONUS VIR ESSET, GRATIAS DIS EGIT UMQUAM?

« A-T-ON JAMAIS VU QUELQU'UN RENDRE GRÂCE AUX DIEUX DE SON BON NATUREL ? »

[CICÉRON, DE LA NATURE DES DIEUX, 3.87.]

CHAPITRE XI

LA VIE INTELLECTUELLE

SI HORTUM IN BIBLIOTHECA HABES, DEERIT NIHIL

« RIEN NE TE FERA DÉFAUT SI TA BIBLIOTHÈQUE EST TON JARDIN. »
[CICÉRON, LETTRES À SES AMIS, 9.4.]

RENDANT UN JOUR *visite au poète Ennius, Nasica* (Publius Cornelius Scipio Nasica, consul en 191 avant J.-C.) *s'entendit répondre par l'esclave de la porte que son maître n'était pas à la maison. Il comprit qu'elle avait reçu de son maître la consigne de le dire et qu'il était bel et bien chez lui. Quelques jours plus tard, ce fut au tour d'Ennius de rendre visite à Nasica. Quand il le demanda à la porte, Nasica lui cria de l'intérieur qu'il n'était pas chez lui. « Comment cela, s'exclama Ennius. Crois-tu que je ne reconnais pas ta voix ? » Et Nasica de répliquer : « Tu ne manques pas de culot ! J'ai cru ton esclave quand elle m'a dit que tu n'étais pas chez toi, et toi, tu ne me crois quand c'est en personne que je te le dis ! »* [CICÉRON, DE L'ART ORATOIRE, 2.276.]

La première représentation de la comédie de Térence, *L'Hécyre* (« la belle-mère »), fit un four car, ce jour-là, le public préféra aller voir le numéro d'un funambule.

Le général romain responsable, en 146 avant J.-C., de la mise à sac de Corinthe, Lucius Mummius, *était d'un naturel si peu raffiné qu'il avertissait ceux qu'il autorisait à transférer en Italie les tableaux et statues des artistes les plus célèbres, qu'ils devraient, en cas de perte, les remplacer par des œuvres de même valeur.* [VELLEIUS PATERCULUS, HISTOIRE ROMAINE, 1.13.] Les soldats de Mummius se livraient à des jeux de plateau assis sur des piles de tableaux. [STRABON, GÉOGRAPHIE, 8.6.23.]

Deux cent cinquante années plus tard, le Grec Dion Chrysostome raillait encore le Béotien qu'avait été Mummius et ajoutait, sarcastique, que ses bourdes dans la désignation des statues importaient peu, puisqu'à Rome une foule inculte était bien incapable de faire la différence entre elles. [DISCOURS, 37.42.]

Virgile était extrêmement timide. Il venait très rarement à Rome et, s'il lui arrivait d'être reconnu sur la voie publique, il se réfugiait dans le bâtiment le plus proche afin d'échapper à ceux qui le montraient du doigt. [SUÉTONE, VIE DE VIRGILE, 2.] Virgile est le seul poète romain connu pour avoir été ainsi assailli par ses « groupies ». Cette adulation s'accorde mal avec l'anecdote selon laquelle il aurait supprimé de ses *Géorgiques* une référence à la ville de Nola en Campanie lorsque ses habitants refusèrent d'autoriser une adduction d'eau à la ferme qu'il y possédait. [AULU-GELLE, NUITS ATTIQUES, 6.20.]

Mécène, conseiller d'Auguste, figure tutélaire de la vie littéraire de l'époque et proche des grands poètes Horace et Virgile, est l'inventeur d'une méthode sténographique. [DION CASSIUS, HISTOIRE ROMAINE, 55.7.] Il fit bâtir à Rome les premiers thermes disposant de l'eau chaude.

On a découvert à Herculanum environ mille huit cents papyrus carbonisés, et de ce fait préservés, dans la Villa des papyrus, qui aurait appartenu au père de Calpurnia, troisième épouse de Jules César, et qui a inspiré l'architecte du musée Paul-Getty de Malibu, en Californie. Nombre de ces papyrus contiennent des œuvres, importantes et ne figurant nulle part ailleurs, du philosophe et poète grec Philodème de Gadara (Ier siècle avant J.-C.) et il existe de très bonnes chances de récupérer là d'autres textes littéraires grecs que l'on croyait perdus. Pour en savoir plus à ce sujet, consulter le site www.herculaneum.ox.ac.uk (en anglais).

LOIN D'AVOIR CONSCIENCE DES DÉFAUTS DE SES POÈMES, OVIDE LES CHÉRISSAIT COMME LE MONTRE L'ANECDOTE QUE VOICI. UN JOUR QUE SES AMIS LUI DEMANDAIENT DE BARRER TROIS VERS, IL ACCEPTA À LA CONDITION QU'ON L'AUTORISE À DÉSIGNER TROIS VERS SUR LESQUELS ILS N'AURAIENT PAS DE POUVOIR. L'ACCORD SEMBLA CORRECT ET ILS ÉCRIVIRENT EN SECRET LES TROIS VERS QU'ILS VOULAIENT VOIR SUPPRIMER TANDIS QUE LUI-MÊME ÉCRIVAIT LES TROIS QU'IL ENTENDAIT SAUVEGARDER. ET VOICI QUE, SUR LES DEUX TABLETTES, CE FURENT LES MÊMES ! [SÉNÈQUE, CONTROVERSES, 2.2.12.]

Dans son poème autobiographique *Les Tristes* [4.10], Ovide rapporte que son père, gentilhomme campagnard aux idées conservatrices qui vécut jusqu'à quatre-vingt-dix ans, tenta de le faire renoncer à la carrière de poète parce qu'elle ne rapportait pas d'argent, mais que tout ce qu'il disait à ce propos avait forme poétique. Ce passage pourrait avoir inspiré une anecdote, merveilleuse autant qu'apocryphe : un jour où son père le battait pour le punir de s'acharner à vouloir devenir poète, Ovide aurait crié *parce mihi ; nunquam versificabo, pater !* (« épargne moi mon père, je ne ferai jamais de vers ! »), scandant du même coup un pentamètre dactylique.

AU PÉRIL DES LECTURES PUBLIQUES

Caligula organisa à Lugdunum (Lyon) *des concours d'art oratoire grec et latin. Les perdants devaient donner des prix aux vainqueurs et composer des discours en leur honneur. Ceux qui avaient moins plu à l'empereur étaient tenus d'effacer le texte de leur discours avec une éponge ou leur langue ou, s'ils le préféraient, étaient fouettés ou jetés à la rivière proche.* [SUÉTONE, VIE DE CALIGULA, 20.]

Dans sa jeunesse, le futur empereur Claude fut encouragé par Tite-Live à écrire sur des sujets historiques. La première lecture publique de son ouvrage lui donna du fil à retordre, et lui-même la jugea ratée. Elle fut marquée par un incident comique lorsqu'un auditeur obèse fit s'écrouler plusieurs bancs. Même quand le calme fut revenu, Claude ne put à diverses reprises se défendre d'un fou rire en se rappelant l'incident. [SUÉTONE, VIE DE CLAUDE, 41.]

✤ *Lorsque Néron chantait, personne n'était autorisé à quitter le théâtre, même en cas d'urgence. En conséquence, plusieurs femmes accouchèrent durant les représentations et plusieurs spectateurs, las d'écouter et d'applaudir, franchirent l'enceinte en cachette ou firent semblant d'être morts pour qu'on emporte le prétendu cadavre.* [SUÉTONE, VIE DE NÉRON, 23.] Même le futur empereur Vespasien s'exposa à déplaire à Néron en prenant le large ou en s'endormant pendant son récital de chant. [SUÉTONE, VIE DE VESPASIEN, 4.]

✤ *Nombreuses sont les choses que nous croyons désirer et ne désirons pas vraiment. Lorsqu'un auteur, après avoir donné lecture d'une bonne part d'un ouvrage épais dont les feuillets sont couverts de minuscules caractères, dit « Si vous le désirez, je m'en tiendrai là », ceux qui, en réalité, aimeraient le voir se taire lui crient : « Continue ! Continue ! »* [SÉNÈQUE, LETTRES, 95.2.]

✤ Il en va de même pour Horace qui, dans les derniers vers de son *Art poétique*, déplore qu'un auteur, lorsqu'il a jeté le grappin sur un passant, *le retienne et l'assassine en lui lisant ses œuvres, comme la sangsue qui ne lâche pas prise avant d'être gavée de sang.*

✤ Parmi les dangers qu'on court à vivre à Rome, Juvénal mentionne les incendies, les effondrements d'édifices et les lectures publiques des poètes. [SATIRES, 3.7 SQQ.]

✤ Dans l'une de ses meilleures épigrammes, Martial se plaint du harcèlement que lui inflige un poète : *et stanti legis et legis sedenti, currenti legis et legis cacanti* (« tu me lis tes poèmes que je sois debout ou assis, que je sois en train de courir ou de chier. ») [3.44.10-11.]

◆

AVEZ-VOUS DÉJÀ LU L'HISTOIRE DE CE CITOYEN DE GADES (AUJOURD'HUI CADIX) À QUI LE NOM ET LA RÉPUTATION DE L'HISTORIEN TITE-LIVE AVAIENT FAIT SI FORTE IMPRESSION QU'IL VINT DU BOUT DU MONDE DANS LE SEUL BUT DE LE VOIR DE SES YEUX ET RENTRA CHEZ LUI DÈS QU'IL L'EUT FAIT ? [PLINE, LETTRES, 2.3.8.]

L'anecdote que voici ravirait Pline le Jeune et son ami Tacite. Dans une autre de ses lettres [9.23], Pline raconte en effet à un autre de ses amis que, *au hasard d'une conversation sur leur apprentissage, au cirque, un chevalier demanda à Tacite s'il était italien ou provincial et, lorsque Tacite lui dit qu'il était certainement connu de lui du fait de ses rapports avec le monde littéraire, le chevalier lui demanda : « es-tu Tacite ou es-tu Pline ? »*

✸

L'empereur Tacite prétendait, de façon assez peu convaincante, être un descendant de l'historien dont il portait le nom, et il décréta que dix copies de l'œuvre de ce dernier seraient faites chaque année aux frais de l'État et déposées dans les bibliothèques. [HISTOIRE AUGUSTE, VIE DE TACITE, 10.] Nous aurions sans doute les livres des *Histoires* et des *Annales* qui nous font défaut si cet empereur n'avait pas été massacré par ses propres troupes en juillet 276, après n'avoir régné que huit mois.

✸

Pendant la retraite de l'armée allemande en Italie, en 1944, un détachement de SS tenta de voler le manuscrit le plus renommé de Tacite, *De la Germanie*, œuvre qui décrit la vie simple et noble des tribus germaniques, hors de portée de la décadence romaine. Caché sous le plancher de la cuisine du château de son propriétaire, le manuscrit échappa à la capture. Pourtant, il n'était pas au bout de ses aventures car il fut endommagé par l'inondation qui, en 1966, dévasta Florence. Il est conservé aujourd'hui, en sécurité, au musée national de Rome.

✸

D'autres œuvres de Tacite ont, elles aussi, attiré les voleurs. Le manuscrit unique des six premiers livres des *Annales* fut volé dans le monastère de Corvey, en Allemagne (à l'époque territoire français), au début du XVIe siècle, et emporté à Rome. Le manuscrit original des *Histoires* et des *Annales 11-16*, écrit à Monte Cassino au milieu du IIe siècle, s'est retrouvé à Florence au début du XVe. L'auteur du *Décaméron*, Boccace, est fortement soupçonné d'avoir été complice du vol.

✸

Comme livre de chevet, Alexandre le Grand conservait l'*Iliade* d'Homère sous son oreiller, de pair avec un poignard [PLUTARQUE, VIE D'ALEXANDRE, 8] ; avant lui, son père, Philippe de Macédoine, dormait en compagnie d'un gobelet d'or. [PLINE, HISTOIRE NATURELLE, 33.50.] Le fils adoptif et successeur désigné de l'empereur Hadrien, Aelius Verus, usait du célèbre livre de cuisine d'Apicius et de *L'Art d'aimer* d'Ovide et il proclamait que Martial était son Virgile. [HISTOIRE AUGUSTE, VIE D'AELIUS VERUS, 5.]

LORSQUE NÉRON
CHANTAIT,
PERSONNE
N'ÉTAIT AUTORISÉ
À QUITTER
LE THÉÂTRE,
MÊME EN CAS
D'URGENCE.

[SUÉTONE, VIE DE NÉRON, 23.]

Bien que dépourvu de mémoire au point de ne pouvoir se souvenir du nom des héros d'Homère, Calvisius voulait qu'on le crût cultivé ; il avait fait apprendre par cœur les œuvres d'Homère à l'un de ses esclaves, celles d'Hésiode à un autre, et il avait fait de même pour chacun des neuf grands poètes lyriques grecs. Pendant les banquets, ces esclaves étaient toujours prêts à lui fournir une citation dont il pût faire parade. [SÉNÈQUE, LETTRES, 27.]

Vivant à Rome depuis plusieurs années, le grand médecin Galien n'en éprouva pas pour autant le besoin d'apprendre le latin ou tout autre langue que son grec maternel. *Tout le monde peut apprendre le grec, car c'est une langue mélodieuse. En revanche, s'il vous prend fantaisie d'apprendre une autre langue parlée par des barbares, sachez que certaines d'entre elles font le même bruit que les porcs, les grenouilles ou les corneilles, et n'ont aucun charme. Pour certaines, on croirait entendre des ronflements, des sifflements ou des grincements.* [GALIEN, DE LA VARIÉTÉ DES POULS, 2.]

Aristodème de Nysa (à l'ouest de la Turquie actuelle) attire l'attention sur des habitudes romaines où il voit autant de preuves qu'Homère était romain, comme jouer aux dames ou se lever de son siège en signe de respect envers un supérieur. [FRAGMENTS D'HISTOIRE, 3.307.]

Décidé à écrire l'histoire romaine sous forme de poème épique, Néron s'interrogeait sur la longueur à lui donner. D'aucuns lui conseillaient instamment de le faire en quatre cents livres. On observera à ce propos que l'*Énéide* en compte douze, les *Métamorphoses* d'Ovide quinze, et que le poème en latin le plus long qui nous soit parvenu, *La guerre punique* de Silius Italicus, en a dix-sept. Pour avoir dit à Néron que quatre cents livres était une longueur excessive et que personne ne les lirait, le philosophe stoïcien Annaeus Cornutus fut exilé. [DION CASSIUS, HISTOIRE ROMAINE, 62.29.]

Dans sa jeunesse, Sénèque était également une sorte de stoïcien, mais aussi d'une richesse hors du commun. On rapporte qu'il amena la reine Boadicée à hâter l'heure de sa rébellion quand il lui réclama le remboursement d'un prêt de quarante millions de sesterces qu'il avait consenti à divers habitants de la nouvelle province de Bretagne. [DION CASSIUS, HISTOIRE ROMAINE, 62.52.]

Neveu de Sénèque le Jeune, Lucain était l'auteur du poème épique et courageusement républicain *La Guerre civile,* qui osait critiquer Jules César et, par voie de conséquence, le régime impérial en place. Si l'on en croit Tacite [ANNALES, 15.49, 56], s'il se rallia à une conspiration contre Néron, ce ne fut pourtant pas au nom de son idéal politique mais parce que l'empereur lui avait interdit de publier ses poésies. Découvert et arrêté, il chercha à obtenir sa grâce en trahissant sa mère qui avait pris part à la conspiration.

Nombre des œuvres dites sérieuses d'Antiphile, peintre grec du IVe siècle avant J.-C., furent transportées à Rome. Un jour, il dessina une sauterelle habillée de façon farfelue, et c'est à partir de là que le terme *gryllos* (« sauterelle ») servit à désigner les dessins à visée comique. [PLINE, HISTOIRE NATURELLE, 35.114.] Le mot anglais *cartoon* rappelle que ces dessins, devenus animés, étaient jadis tracés sur du papier (latin *carta*).

La circonférence de la terre est de 40 075 kilomètres. Au IIIe siècle avant J.-C. Ératosthène aboutit par ses calculs à 275 000 stades, soit 39 150 kilomètres. Pendant plus de quinze siècles, la cartographie fut dominée par la figure de Claude Ptolémée d'Alexandrie (environ 90-168) dont la fâcheuse erreur de calcul (il trouva l'équivalent de 28 646 kilomètres) joua un certain rôle quand Christophe Colomb prit les Caraïbes pour l'Inde.

CE QU'IL FAIT LÀ N'EST PAS MENTIR, C'EST PHILOSOPHER ! [PLAUTE, LES CAPTIVES, 284.]

En dépit de tous les efforts déployés par Lucrèce, Cicéron et Sénèque le Jeune, les Romains n'eurent jamais la fibre philosophique :

- Pline rappelle que certains écrits de Pythagore découverts au début du IIe siècle avant J.-C. dans le cercueil du roi Numa furent brûlés parce qu'ils étaient de nature philosophique. [HISTOIRE NATURELLE, 13.86.]

- En l'an 93 avant J.-C., le proconsul Lucius Gellius se ridiculisa auprès de ses compatriotes en convoquant les diverses sectes philosophiques d'Athènes et en leur offrant sa médiation pour mettre fin à leurs querelles. [CICÉRON, LES LOIS, 1.53.]

❖ Au terme de sa leçon, un philosophe épicurien demanda si quelqu'un désirait poser une question. Un ami de Cicéron du nom de Papirius Paetus ne lui demanda pas, comme on s'y attendait, s'il existait un nombre fini ou infini d'univers, mais lui dit que de toute la journée, une seule question l'avait obsédé : « Où serai-je invité à dîner ? » [CICÉRON, LETTRES À SES AMIS, 9.26.]

❖ En dépit des protestations et des plaidoyers de la communauté épicurienne d'Athènes, Caius Memmius était résolu à démolir la maison du philosophe, qui faisait obstacle à ses plans d'urbanisme. [CICÉRON, LETTRES À SES AMIS, 13.1.] Il écrivit cette lettre en l'an 51 avant J.-C., probablement très peu de temps après que Lucrèce eut publié son *De la nature*, car il est sans doute le Memmius auquel le poète dédia son grand œuvre. Son attitude est l'exact opposé de celle d'Alexandre le Grand qui, lors du sac de Thèbes, épargna la demeure de Pindare et de Démetrius Poliorcète (le preneur de villes), roi de Macédoine, dont on raconte qu'il renonça à livrer aux flammes la ville de Rhodes lorsqu'il s'aperçut que les chefs-d'œuvre du peintre Protogène risquaient de disparaître dans l'incendie. [PLINE, HISTOIRE NATURELLE, 7.109.35.104.]

❖ Méprisant, Galien observe que les Romains jugent la philosophie grecque à peu près aussi utile que l'art de faire des trous dans des grains de mil.

❖ *Dans la maison d'un Romain fortuné, la présence d'un philosophe est tout simplement un élément de son standing. On ne lui demandera pas des exposés de philosophie ; seulement de jeter un œil sur la caniche de Madame, qui est malade et sur le point de mettre bas.* [GALIEN, DES FONCTIONS OÙ L'ON REÇOIT UN SALAIRE, 34.]

✻

NEMO AEGROTUS QUIDQUAM SOMNIAT TAM INFANDUM, QUOD NON ALIQUIS DICAT PHILOSOPHUS

« IL N'EST PAS UNE SEULE DIVAGATION DE MALADE QU'ON NE RETROUVE DANS LA BOUCHE DE QUELQUE PHILOSOPHE. »

[VARRON, SATIRES MÉNIPPÉES, 122.]

CHAPITRE XII

LES ÉTRANGERS

BARBARA BARBARIBUS
BARBARANT BARBARA BARBIS

« INTRADUISIBLE JEU DE MOTS EN FORME D'HEXAMÈTRE BURLESQUE SUR UN MUR DE POMPÉI. »

[CHOIX D'INSCRIPTIONS LATINES, 351.]

LES ÉRUDITS ROMAINS savaient que *barbarus* n'était pas du pur latin, le mot existant également en grec. Ce terme n'en suggérait pas moins qu'un *barbarus* portait la barbe (*barba*) et menait à la campagne (*rus*) une vie primitive. [CASSIODORE, COMMENTAIRE DES PSAUMES, 113.11.] On a parfois supposé que *barbariare* signifiait « bêler comme un mouton », mais rien ne donne crédit à cette hypothèse.

Caton l'Ancien observa que *les Athéniens étaient surpris par son débit rapide et appuyé car, n'eût-il dit que quelques mots, l'interprète les leur traduisait par un long discours. Il tenait pour vérité que ce que disent les Grecs vient de leurs lèvres tandis que, chez les Romains, les mots viennent du cœur.* [PLUTARQUE, VIE DE CATON L'ANCIEN, 12.]

Les Grecs sont une nation de comédiens. Riez, et votre ami grec va rire plus fort que vous ; qu'un Grec voie son patron en larmes et il se met à sangloter sans être triste pour autant ; demandez-lui un brasero en hiver et voici qu'il enfile son manteau ; dites-lui « j'ai chaud » et le voici qui sue à grosses gouttes. [JUVÉNAL, SATIRES, 3.100-103.]

❋

Loin d'être limité aux Grecs, ce comportement obséquieux était de pratique courante dans la société romaine, où chacun était très conscient de son statut. À la fin de la République, l'orateur *Caelius Rufus était d'un naturel très colérique. L'un de ses clients, placé près de lui dans un dîner, estima que la meilleure façon d'éviter une querelle était d'approuver tout ce qu'il disait. Caelius, ne pouvant supporter cette attitude conciliante, explosa : « Contredis-moi, pour que nous soyons deux ! »* [SÉNÈQUE, DE LA COLÈRE, 3.8.6.]

HANNIBAL

❖ Hannibal (247-183/2 avant J.-C.) fut sur le point de détruire Rome au cours de la Deuxième Guerre punique. Son nom signifie « grâce de Baal », divinité principale de Carthage. L'archéologie a confirmé que les sacrifices d'enfants à ce dieu ne relevaient pas de la seule propagande romaine.

❖ Quand Hannibal voulut gagner Casinium, site actuel de l'abbaye de Monte Cassino à cent vingt-huit kilomètres au sud-ouest de Rome, son guide, trompé par sa façon de prononcer le nom de la ville, le conduisit à Casilinum, beaucoup plus au sud, à une quarantaine de kilomètres de Naples. L'erreur exposait Hannibal au danger d'être piégé par les Romains. Après avoir fait fouetter et crucifier son guide, il lia des torches aux cornes de deux mille bœufs et les fit s'avancer dans la nuit. Ayant ainsi fait croire aux Romains qu'il s'agissait d'un mouvement de son armée, il put la mettre en sécurité dans la direction opposée. [TITE-LIVE, HISTOIRE ROMAINE, 22.13.]

❖ Quand il eut installé son camp près de Rome, assuré que les habitants de la ville étaient en proie à la panique, il fut découragé par deux incidents, qui le poussèrent à se retirer. Le premier fut la sortie de Rome d'une troupe parfaitement équipée, qui n'avait pas pour objectif de le combattre, mais de renforcer l'armée romaine en Espagne. Le second fut le prix élevé qu'atteignit à Rome, dans une vente aux enchères, le terrain même sur lequel il campait. [TITE-LIVE, HISTOIRE ROMAINE, 26.11.]

MITHRIDATE VI

ROI DU PONT (134 – 63 AVANT J.-C.)

❖ Au Ier siècle avant J.-C., Mithridate fut l'ennemi extérieur le plus dangereux de Rome. En un seul jour, il fit massacrer, en Asie mineure, peut-être plus de cent mille Romains, officiels ou négociants, familles comprises.

❖ *Dans la prime enfance de Mithridate, la foudre mit le feu à ses vêtements sans lui infliger d'autre dommage qu'une cicatrice au front que dissimulait sa chevelure.* [PLUTARQUE, PROPOS DE TABLE, 1.6.]

❖ *C'est un fait bien connu que Mithridate fut le seul homme au monde à avoir parlé vingt-deux langues. En cinquante-six ans de règne, il n'usa jamais d'un interprète pour s'adresser à l'un de ses sujets.* [PLINE, HISTOIRE NATURELLE, 25.6.] Frédéric II, surnommé *stupor mundi* (« le prodige du monde »), qui régna sur le Saint Empire romain germanique de 1220 à 1250, ne parlait « que » neuf langues.

❖ *Après avoir vaincu Mithridate, Pompée découvrit dans ses archives personnelles une recette d'antidote aux empoisonnements : deux noix et deux figues broyées avec vingt feuilles de rue et une pincée de sel. Absorbé à jeun, ce mélange protège contre le poison durant une journée entière.* [PLINE, HISTOIRE NATURELLE, 23.149.] Dans un autre endroit, Pline crédite Mithridate d'avoir mis au point un antidote universel beaucoup plus élaboré, comportant cinquante-quatre ingrédients. [29.24.] Celse en a donné la formule détaillée. [DE LA MÉDECINE, 5.23.]

❖ *Quand son long règne toucha à sa fin, Mithridate se plaignit de n'avoir pas trouvé d'antidote au poison le plus mortel de tous, venin qui infecte toutes les maisons royales et qui s'appelle la trahison des soldats, des enfants et des amis. Il ne parvint pas à s'empoisonner car, en prenant régulièrement de petites doses d'antidote, il avait développé une immunité.* [APPIEN, GUERRE MITHRIDATIQUE, 16.111.] En français (« *mithridatiser* ») comme en italien et en roumain, le verbe signifiant administrer un antidote à un poison est tiré du nom du roi du Pont.

❖ Mithridate s'était également prémuni contre d'autres formes d'assassinat : *pour le protéger durant son sommeil, il avait peu de confiance en sa garde et il avait dressé, pour veiller sur lui, un taureau, un cheval et un cerf. Si quelqu'un approchait de sa couche, ces animaux détectaient*

MITHRIDATE.

sur-le-champ la présence de l'intrus à sa respiration, et ils réveillaient Mithridate chacun à sa façon, le taureau en mugissant, le cheval en hennissant et le cerf en bramant. [ÉLIEN, DE LA NATURE DES ANIMAUX, 7.46.]

Il faut spécifier à quelle nation appartiennent les esclaves mis en vente, car elle est de nature à attirer ou à détourner l'acheteur. Certains esclaves sont tenus pour bons parce qu'ils appartiennent à une nation jouissant d'une bonne réputation, et d'autres pour mauvais parce que leur nation passe pour être mauvaise. [JUSTINIEN, DIGESTE, 21.1.31.21.]

Quand ils eurent pris Rome, vers 387 avant J.-C., les Gaulois fixèrent à mille livres d'or le prix de leur départ. L'or une fois pesé, les Romains se plaignirent de ce que la balance était fausse. Brennus, chef des Gaulois, jeta son glaive sur l'autre plateau, et s'écria *vae victis* ! (« malheur aux vaincus ! »).

Il semble que Brennus n'était pas le nom du chef gaulois mais le terme celtique pour « roi », de même que le nom de Teuta, donné à la reine qui affronta les Romains au siècle suivant, était sans doute le terme illyrien pour « reine ». Au Ve siècle de notre ère, Attila, dit *flagellum Dei* (« le fléau de Dieu ») portait un nom d'origine incertaine, mais qui pourrait bien être le diminutif du goth *atta* (« père »), donc l'équivalent de « papa ».

LES GUERRIERS GAULOIS SE BATTENT NUS, ET LA PÂLEUR DE LEUR TEINT FAIT PARAÎTRE PLUS HORRIBLES LEURS BLESSURES… LES PLAIES À L'ARME BLANCHE NE LEUR FONT PAS GRANDE IMPRESSION, MAIS SI UNE POINTE DE FLÈCHE OU LE PROJECTILE D'UNE FRONDE S'ENFONCE DANS LEUR CORPS ET QU'ILS NE PEUVENT L'EN RETIRER, CETTE BLESSURE SANS GRAVITÉ LEUR INSPIRE TANT DE FUREUR ET DE HONTE QU'ILS SE JETTENT SUR LE SOL. [TITE-LIVE, HISTOIRE ROMAINE, 38.21.]

Les Celtes aiment le danger plus que tout autre peuple, et la noble mort au combat est le principal sujet de leurs poèmes. Non seulement ils ornent leur tête d'une couronne pour combattre, mais ils érigent des trophées, exaltent leurs hauts faits et dressent des monuments à leur héroïsme, comme le font aussi les Grecs, pour laisser un témoignage de leur courage. Prendre la fuite leur semble un acte si honteux qu'ils ne tentent même pas d'échapper en courant à l'effondrement d'une maison, et ils vont jusqu'à rester prisonniers d'un édifice en flammes. Nombre d'entre eux refusent de lâcher pied à la marée montante. Alors, l'arme au poing, ils attaquent les vagues et font face à leur déferlement en brandissant glaives et lances, comme s'il était possible de les effrayer ou de leur infliger des blessures. [**ÉLIEN**, HISTOIRE VARIÉE, 12.23.]

Presque tous les Gaulois sont très grands et ont la peau claire et la chevelure rousse. Leur regard farouche inspire la peur : ils sont volontiers querelleurs et montrent une extrême arrogance. Sans l'ombre d'un doute, cinq étrangers ne viendraient pas à bout d'un seul d'entre eux dans une rixe s'il appelait à son aide son épouse aux yeux gris, car elle est beaucoup plus coriace que lui. On ne l'affronte pas facilement lorsque, cou gonflé et dents grinçantes, elle lance ses énormes avant-bras d'un blanc de neige et se met à vous décocher horions et châtaignes comme les boulets que lance une catapulte. [AMMIEN MARCELLIN, 15.12.1.]

Le savon a été inventé par les Gaulois pour rougir leurs chevelures. Il est fait de graisse animale et de cendre et, pour la meilleure qualité, de cendre de hêtre et de graisse de chèvre, et il peut être solide aussi bien que liquide. Chez les Germains, où il est aussi en usage, les hommes s'en servent plus que les femmes. [**PLINE**, HISTOIRE NATURELLE, 28.191.] Pour leur toilette, les Romains, comme les Grecs, n'utilisaient pas le savon, mais préféraient s'enduire d'huile d'olive qu'ils éliminaient ensuite avec un racloir appelé *strigile*.

Diodore de Sicile observe qu'un noble gaulois rasait ses joues et faisait pousser sa moustache si bas sur sa bouche que la nourriture s'y prenait et que la boisson devait franchir une sorte de passoire. [BIBLIOTHÈQUE HISTORIQUE, 5.28.]

Au spectacle de Caligula vaticinant, vêtu en Jupiter et juché sur une haute plateforme, un Gaulois éclata de rire. Caligula le fit venir et lui demanda : « Qui crois-tu que je suis ? » Et le Gaulois de répondre : « Un grand bouffon. » Il n'eut pas à en souffrir, car il n'était qu'un simple cordonnier. Pour un puissant, le franc-parler d'un homme de rien est plus aisé à accepter que celui d'un personnage important. [**DION CASSIUS**, HISTOIRE ROMAINE, 59.26.]

CETTE STATUETTE EN IVOIRE DE LA DÉESSE HINDOUE DE LA FERTILITÉ LAKSHMI EST UN VESTIGE INATTENDU DE LA DESTRUCTION DE POMPÉI.

Avant la conquête de la Gaule par César, ses habitants avaient été les plus grands ennemis de Rome au nord de la ville. En s'en emparant, au début du IVe siècle avant J.-C., ils lui infligèrent l'une des plus grandes catastrophes de son histoire. Tite-Live rapporte un autre désastre qu'ils lui firent subir et qui est presque passé inaperçu. En 216 avant J.-C., une armée de vingt-cinq mille hommes, commandée par le consul désigné Lucius Postumius, fut anéantie par les Gaulois dans la Silva Litana, au nord de l'Italie. [HISTOIRE ROMAINE, 23.24.] Les troncs des arbres, de part et d'autre de la route par laquelle devaient passer les Romains, avaient été entaillés de façon à ne pas tomber immédiatement. C'est seulement quand ils parvinrent sur le lieu de l'embuscade que les Gaulois les abattirent, en s'assurant que leurs ennemis seraient soit tués par leur chute, soit mis dans l'impossibilité de s'échapper. Une dizaine de Romains à peine put s'en tirer, et les prisonniers furent très peu nombreux. Les vainqueurs revêtirent d'or le crâne de Postumius pour y boire comme dans une coupe. Les pertes romaines, soit deux légions et plusieurs milliers d'alliés, furent plus lourdes que celles subies lors du massacre des trois légions de Varus dans la forêt de Teutobourg par les tribus germaniques en l'an 9 de notre ère, mais on évoqua rarement ce désastre, éclipsé par celui de Cannes, qui se produisit la même année.

Dans la littérature latine classique, Londres (*Londinium*) n'est mentionnée qu'une fois par Tacite [ANNALES, 14.33] à propos de la destruction de la ville par la reine Boadicée en l'an 60 ou 61.

LES ROMAINS NE SAVAIENT PAS GRAND-CHOSE DE L'IRLANDE. LE GÉOGRAPHE GREC STRABON, QUI ÉCRIVAIT AU DÉBUT DU IER SIÈCLE DE NOTRE ÈRE, RAPPORTE QU'IL EXISTE PLUSIEURS PETITES ÎLES AUTOUR DE LA BRETAGNE, AINSI QU'UNE GRANDE DU NOM DE ÉIRE (IRLANDE) SITUÉE LE LONG DE SA CÔTE SEPTENTRIONALE ET PLUS LARGE QUE LONGUE. JE NE PUIS RIEN DIRE DE PRÉCIS SUR ÉIRE, SINON QUE SES HABITANTS SONT PLUS SAUVAGES QUE LES BRETONS, CAR ILS MANGENT DE LA CHAIR HUMAINE AU MÊME TITRE QUE DES VÉGÉTAUX, ET ILS JUGENT CONVENABLE DE MANGER LEURS PÈRES QUAND ILS VIENNENT À MOURIR. [GÉOGRAPHIE, 4.5.4.]

Zénodore ayant été chargé par la tribu gauloise des Arvernes de sculpter une colossale statue de Mercure, Néron le convoqua à Rome pour qu'il créât une gigantesque statue de lui. [PLINE, HISTOIRE NATURELLE, 34.45.] Pline prétend que les Arvernes payèrent l'artiste 40 millions de sesterces, soit, selon Suétone [VIE DE JULES CÉSAR, 25], le montant du tribut annuel imposé par César à toute la Gaule.

❖

Lorsque quelques Vettons (nom d'une tribu espagnole) *qui visitaient pour la première fois un camp romain, y virent des officiers se promener pour leur plaisir, ils les crurent fous et tentèrent de les reconduire à leurs tentes. À leurs yeux, un soldat ne pouvait que se battre ou se reposer.* [STRABON, GÉOGRAPHIE, 3.4.16.]

❖

On mesure l'effroyable et inhumaine sauvagerie des Cantabres au fait qu'ils entonnent un chant de triomphe lorsqu'on les met en croix. [STRABON, GÉOGRAPHIE, 3.4.18.]

❖

Il existe, dans la mer Baltique, des îles dont les habitants ont des oreilles si énormes qu'ils en couvrent leur corps et n'ont, de ce fait, pas besoin de vêtements. [PLINE, HISTOIRE NATURELLE, 4.95.] *À l'opposé, il existe en Inde des gens, dits « Pieds-parasols », qui s'abritent du soleil en se couchant sur le dos à l'ombre d'un seul de leurs énormes pieds.* [7.23.] *Toujours en Inde, les « Sans-bouche », qui se nourrissent de l'air ambiant et de l'odeur des racines, des fleurs et des pommes : on dit qu'une fragrance par trop puissante peut les tuer.* [7.25.]

❖

Certains des rescapés du massacre des légions de Crassus par les Parthes à Carrhes, en 53 avant J.-C., seraient entrés en contact avec les Chinois, qui n'étaient connus des Romains que comme producteurs de soie. Un texte chinois de l'an 36 avant J.-C. fait mention d'une centaine de soldats de l'armée des Huns qui, observant une discipline étrangère, faisait l'exercice et adoptait une formation « en écailles de poisson » qui pourrait bien être la *testudo* (« tortue ») des légionnaires romains.

❖

La plus ancienne preuve crédible d'un contact direct entre Rome et la Chine apparaît dans une chronique chinoise de l'an 166 après J.-C. faisant état d'une rencontre entre l'empereur et une ambassade romaine envoyée par un certain « Antun », sans doute soit Antonin le Pieux – mort en 161 – soit son successeur Marc Aurèle Antonin.

Au siècle d'Auguste, les vêtements de soie, que Pétrone qualifie de *ventus textilis* (« vent tissé ») dans le *Satyricon* [55] étaient du dernier chic. La soie était extrêmement coûteuse car il fallait l'importer de la lointaine Chine, qui s'en réservait jalousement le monopole. Les vers à soie n'apparurent en Occident qu'en l'an 552 de notre ère.

LA TOGE (*TOGA*)

La toge était la tenue nationale du citoyen romain qu'elle distinguait des étrangers et des esclaves. À la fois chaude, encombrante et salissante, elle n'était pas d'un usage particulièrement commode.

Romulus passait pour être monté dans l'Empyrée rejoindre les dieux, mais une autre version de l'histoire voulait que les sénateurs l'aient mis en pièces et que, pour cacher le meurtre, chacun d'entre eux ait emporté un lambeau de son corps dans sa toge. [PLUTARQUE, VIE DE ROMULUS, 27.]

Le mot « candidat » nous vient du fait qu'à Rome, ceux qui aspiraient à être élus faisaient leur campagne en toge blanche (*candida*)... Tite-Live rapporte qu'en 432 avant J.-C., une vive controverse s'éleva à propos d'un projet de loi destinée à interdire aux candidats de porter une toge blanchie de façon non naturelle. L'historien poursuit : *la question paraît, de nos jours, oiseuse et indigne d'un examen sérieux, mais à l'époque, elle provoqua un très grave conflit entre patriciens et plébéiens.* [HISTOIRE ROMAINE, 4.25.]

À l'origine, la toge était une tenue unisexe, mais quand les femmes respectables adoptèrent la stole (*stola*), on interdit aux prostituées et aux femmes répudiées pour adultère de la porter et, de ce fait, elles continuèrent à utiliser une sorte de toge.

Dans la série de mesures qu'il édicta pour restaurer le *mos majorum* (« les coutumes ancestrales »), Auguste chercha à restaurer la façon ancienne de se vêtir : *un jour, devant l'Assemblée, il vit une foule de gens en manteaux. Indigné, il s'écria : « Regardez-moi ces Romains, ces maîtres du monde, cette fameuse race porte-toge ! »* (reprenant ainsi les mots de Jupiter promettant à Vénus que ses descendants domineraient l'univers : *Romanos, rerum dominos, gentemque togatam.* [ÉNÉIDE, 1.282.]) *Par la suite, il enjoignit aux magistrats de ne permettre à personne de paraître au Forum ou dans les environs vêtu autrement qu'en toge et sans manteau.* [SUÉTONE, VIE D'AUGUSTE, 40.]

❖ Entre autres exemples du pédant juridisme de Claude, Suétone cite l'obligation faite à tout homme accusé d'avoir usurpé la citoyenneté romaine de porter à l'audience, selon qu'était en train de parler son défenseur ou son accusateur, tantôt la toge romaine et tantôt la chlamyde grecque. [VIE DE CLAUDE, 15.]

❖ En dépit du peu d'agrément de la toge, à la fois encombrante et incommode, l'artiste qui peignit la plupart des fresques du nouveau palais de Néron, la *Domus aurea* (« Maison dorée »), se faisait une si haute idée de sa dignité que, même juché sur son échafaudage, il travaillait en toge. [PLINE, HISTOIRE NATURELLE, 35.120.]

❖ Juvénal voit l'un des nombreux avantages de la vie à la campagne dans le fait que *nul, s'il n'est mort, n'y porte la toge*. On en habillait les corps pour les obsèques. [SATIRE, 3.171-172.]

❖ Les Bretons ont adopté les usages romains plus vite que les Gaulois. *Ceux qui, jusqu'à une date récente, rejetaient la langue latine, ont plus aisément adopté leur rhétorique. Leur façon de s'habiller s'est popularisée, et les porteurs de toge se sont multipliés. Cela conduit par étapes à la décadence et à la corruption, aux portiques, aux bains et aux banquets raffinés. Leur naïveté leur a fait appeler ce processus « civilisation » alors qu'en fait, il contribuait à leur servitude.* [TACITE, VIE D'AGRICOLA, 21.]

❖ Aux yeux des Romains, le pantalon était un vêtement barbare. La Gaule transalpine était dite *Gallia bracata* (« Gaule en pantalon »), et la Cisalpine *Gallia togata* (« Gaule en toge »). Il fallut toutefois attendre l'an 397 de notre ère pour que l'empereur Honorius défendît de porter le pantalon à Rome.

❖ Au Bas-Empire, l'usage de la toge se perdit ; on en trouve à peine une douzaine de mentions dans tout le *Digeste* de Justinien. À la fin du VIe siècle ou au début du siècle suivant, saint Isidore de Séville écrit que la bonne façon de découvrir à quoi ressemble une toge est d'aller la voir sur les tableaux et les statues. [ÉTYMOLOGIES, 19.24.]

❋

Tuteur des empereurs Antonin le Pieux, Marc Aurèle et Lucius Verus, Fronton (Marcus Cornelius Fronto) était originaire de la province de Numidie, en Afrique du Nord. Il descendait probablement de colons italiens, mais il aimait qu'on le dît « né en Libye de nomades libyens ».

Il déplorait l'impossibilité de se faire à Rome un véritable ami, soulignant le fait qu'il n'existât pas de mot en latin pour désigner l'affection unissant des amis. [LETTRES, ÉDITÉES PAR P. J. VAN DEN HOUT, P. III.]

À l'époque ptolémaïque (de 323 à 30 avant J.-C.) et sous la domination romaine, les Égyptiens continuaient à pratiquer la momification. Lorsqu'en l'an 30 avant J.-C. Octave visita Alexandrie, il y vit la momie d'Alexandre le Grand, mais lorsqu'il la toucha, un morceau du nez s'en détacha. Il dit aux Alexandrins qui désiraient vivement lui montrer les momies des souverains de la dynastie de Ptolémée : « Je voulais voir un roi, pas des cadavres. » [DION CASSIUS, HISTOIRE ROMAINE, 51.16.]

À propos de l'actuel Sri Lanka, pourtant pratiquement inconnu des Romains, Pline écrit : *Personne n'y possède d'esclaves ou n'y dort jusqu'à l'aube, ou n'y fait la sieste ; leurs demeures sont peu élevées ; le prix du blé n'y augmente jamais ; il n'y a chez eux ni tribunal ni procès.* [HISTOIRE NATURELLE, 6.89.]

Les habitants de Byzance passent pour avoir une telle passion pour le vin qu'ils vivent dans les tavernes et louent leur demeure aux étrangers venus visiter leur ville... Durant un terrible siège, alors que l'ennemi donnait l'assaut à leurs murailles, ils les abandonnèrent pour passer la journée là où ils avaient leurs habitudes. Léonidas, qui les commandait, transféra les tavernes sur les remparts. Ce stratagème parvint à les persuader de ne pas quitter leurs postes de combat. [ÉLIEN, HISTOIRE VARIÉE, 3.14.]

Au IIe siècle de notre ère, Appien rapporte qu'il a vu de ses propres yeux des ambassades de tribus barbares ruinées être renvoyées par l'empereur qu'elles venaient supplier de les admettre à entrer au service de Rome. [HISTOIRE ROMAINE, PRÉFACE, 7.]

HELVETII, GALLICA GENS OLIM ARMIS VIRISQUE, MOX MEMORIA NOMINIS CLARA

« LE COURAGE AU COMBAT DES HELVÈTES, PEUPLE GAULOIS, FUT JADIS CÉLÈBRE ET N'EXISTE PLUS QUE DANS LE SOUVENIR. »

[TACITE, HISTOIRES, 1.67.]

CHAPITRE XIII

LES ESCLAVES

SERVITUTEM MORTALITATI FERE COMPARAMUS

« NOUS REGARDONS L'ESCLAVAGE COMME PRESQUE COMPARABLE À LA MORT. »

[JUSTINIEN, DIGESTE, 50.17.209.]

AU DÉBUT du IVe siècle avant J.-C., *les voisins des Romains dans le Latium leur demandèrent de leur donner des épouses. Les Romains soupçonnèrent dans cette requête un stratagème pour se procurer des otages, mais ils n'avaient pas la force militaire permettant de la repousser. Une esclave persuada les magistrats de l'envoyer aux requérants avec un groupe de ses pareilles déguisées en femmes de condition libre. Durant la nuit, quand ces femmes eurent dépouillé les soldats latins de leurs glaives, les Romains attaquèrent leur camp et les massacrèrent.* [PLUTARQUE, VIE DE CAMILLE, 33.]

À la suite du désastre de Cannes, en l'an 216 avant J.-C., on adopta la solution de désespoir consistant à intégrer des esclaves à l'armée romaine. À la veille d'une bataille, un général promit la liberté à tout esclave qui rapporterait la tête d'un ennemi. *Rien ne gêna davantage les Romains que cette promesse... Les combattants les plus braves, un ennemi à peine tué, perdaient du temps à lui trancher la tête, puis, la tenant dans la main droite plutôt que leur glaive, ils quittaient la ligne de front et laissaient le soin de combattre à ceux qui avaient moins d'énergie et de courage qu'eux.* [TITE-LIVE, HISTOIRE ROMAINE, 24.15.]

Caton croyait que la principale cause de trouble parmi les esclaves tenait à leur frustration sexuelle. C'est pourquoi il autorisa les esclaves hommes à avoir des rapports avec les femmes de condition servile moyennant une somme déterminée – qui lui était versée. [PLUTARQUE, VIE DE CATON L'ANCIEN, 21.]

On conçoit aisément que les esclaves domestiques, vivant au contact de leurs maîtres et dans un cadre assez confortable, pouvaient espérer gagner quelque argent. Ceux qui étaient affectés à des travaux de force, dans les grands domaines agricoles ou les mines, en avaient peu d'occasions. Le mot latin pour les esclaves domestiques est *vernae.* Ils pouvaient espérer être traités avec une certaine humanité, mais l'une des étymologies que, dans l'Antiquité, on proposait pour ce terme était *vere nati* (« nés au printemps »), ce qui laisse supposer qu'on voyait en eux une race d'animaux d'élevage.

Héliogabale, qui régna de 218 à 222, *avait coutume de plaisanter avec ses esclaves, comme le jour où il leur ordonna de lui apporter mille livres de toiles d'araignée en donnant un prix au gagnant du concours. On assure qu'il en rassembla dix mille livres et qu'il dit que cela pouvait donner une idée de l'étendue de Rome.* [HISTOIRE AUGUSTE, VIE D'HÉLIOGABALE, 26.6.]

Extraire l'or de la mine est un travail plus pénible que le fut celui des Géants. On évide des montagnes en y creusant de longs tunnels à la lumière de torches, et les mineurs n'y sont pas relevés tant que celles-ci brûlent. Des mois durant, ils ne voient pas un seul instant la lumière du jour... Soudain, des failles s'ouvrent et ils sont écrasés. Au bout du compte, il semble moins dangereux de plonger au fond de la mer pour y recueillir l'huître perlière et le murex à pourpre. Nous avons rendu la terre ferme beaucoup plus périlleuse ! [PLINE, HISTOIRE NATURELLE, 33.70.]

En réalité, le travail des mineurs n'était pas toujours aussi pénible. Dans les carrières de Sicile, les esclaves connaissaient des conditions de vie qui leur permettaient d'élever une famille. Pour n'avoir

ESCLAVE AUX PIEDS NUS SERVANT LES CONVIVES D'UN BANQUET.

jamais vu une ville, certains de leurs enfants se sauvaient en hurlant de terreur lorsque, à Syracuse, ils apercevaient des chevaux harnachés et des attelages de bœufs. [ÉLIEN, HISTOIRE VARIÉE, 12.44.]

Spartacus et un groupe d'environ soixante-dix esclaves s'échappèrent, en 73 avant J.-C., d'une école de gladiateurs de Capoue. Très vite, des milliers d'esclaves et de paysans miséreux les rejoignirent et, deux années durant, ils combattirent les légions romaines, dévastant au passage une grande partie des campagnes. Quand enfin la révolte fut écrasée, plus de six mille esclaves furent crucifiés tout au long de la voie Appienne, qui relie Rome à Capoue.

La révolte de Spartacus avait été précédée en Sicile, de 135 à 132 puis de 104 à 103 avant J.-C., par d'autres soulèvements d'esclaves. Le premier était dirigé par un Syrien du nom d'Eunus. Il fit grande impression à ceux qui le suivirent en faisant jaillir des étincelles de sa bouche lorsqu'il parlait, effet obtenu en allumant du feu dans une coquille de noix. [DIODORE DE SICILE, BIBLIOTHÈQUE HISTORIQUE, 35.2.] Beaucoup plus tard, saint Jérôme attribua le même stratagème à Shimon bar Kokhba, chef de la deuxième révolte juive de 132-135 de notre ère.

Pour n'être pas distrait par leur présence, l'ancien consul titulaire d'un triomphe Pupius Piso enjoignait à ses esclaves de ne parler que s'ils y étaient invités, et de répondre aux questions le plus brièvement possible. Un jour, il offrit un grand dîner en l'honneur de Clodius Pulcher (voir pp. 26 et 140) *et, celui-ci tardant à arriver, il envoya à plusieurs reprises son esclave voir s'il était en route. Enfin, il lui demanda : « Lui as-tu bien fait part de mon invitation ? » L'esclave l'en assura. « Alors, pourquoi n'est-il pas déjà là ? – Parce qu'il l'a refusée. – Et pourquoi ne me l'as-tu pas dit tout de suite ? – Parce que tu ne m'as pas posé la question. »* [PLUTARQUE, SUR LE BAVARDAGE, 511.]

Pour illustrer le revers de fortune de Pompée après la défaite que lui infligea César à Pharsale, en 48 avant J.-C., Plutarque relève que, cherchant un refuge dans une cabane de pêcheur, il se vit contraint à se déchausser lui-même. [VIE DE POMPÉE, 73.] Dans cette même campagne, Caton le Jeune passait pour un parangon d'austérité pour ne s'être fait accompagner « que » de douze esclaves. [VALÈRE MAXIME, FAITS ET DITS MÉMORABLES, 4.3.12.]

Quand le lieutenant de César Quintus Fufius Calenus s'empara de Mégare, l'une des rares cités grecques à avoir osé lui résister, il vendit les survivants comme esclaves afin de montrer qu'il les traitait selon leurs mérites. Toutefois, ne souhaitant pas rayer Mégare de la carte, c'est à leurs parents qu'il les vendit, et il leur en demanda un prix très modique. [DION CASSIUS, HISTOIRE ROMAINE, 42.14.]

Les habitudes sexuelles de Hostius Quadra, riche et avare, dégoûtaient Sénèque, mais pas assez sans doute pour s'abstenir de les dénoncer par

CE COLLIER DE CHIEN PORTE L'INSCRIPTION SUIVANTE : RETIENS-MOI DE PEUR QUE JE M'ÉCHAPPE ET RAPPORTE-MOI À MON MAÎTRE VIVENTIUS, DANS L'AVANT-COUR DE CALLISTUS. [CORPUS DES INSCRIPTIONS LATINES, 15.07193.]

le détail. Lorsque Quadra fut tué par ses esclaves, Auguste fut à deux doigts de décréter que le meurtre était justifié. [SÉNÈQUE, QUESTIONS NATURELLES, 1.16.]

❖

À la fin du Ier siècle avant J.-C., on estimait que pas moins de quatre-vingt-dix pour cent des habitants de l'Italie avaient des esclaves parmi leurs ancêtres. Deux facteurs contribuèrent puissamment à cette remarquable intégration : la condition servile ne se fondait pas sur la race et, quand les esclaves étaient affranchis, ils devenaient généralement citoyens de plein droit.

Concubine de l'empereur Vespasien, Caenis avait été l'esclave d'Antonia, la fille de Marc Antoine. [SUÉTONE, VIE DE VESPASIEN, 3.]

ON LIT, SUR UN COLLIER D'ESCLAVE : JE SUIS ASELLUS (ÂNON) ESCLAVE DE PRAEIECTUS, EMPLOYÉ À LA PRÉFECTURE DE L'ANNONE. ARRÊTE-MOI, CAR JE ME SUIS ENFUI, ET RAPPORTE-MOI À LA BOUTIQUE DE COIFFEUR PROCHE DU TEMPLE DE FLORE. [CHOIX D'INSCRIPTIONS LATINES, 8727.]

On proposa un jour au Sénat que les esclaves soient distingués par leur vêtement des hommes libres, mais on prit conscience du grand danger que nous allions courir si nos esclaves se mettaient à nous compter (et découvraient à cette occasion qu'ils étaient beaucoup plus nombreux que les hommes de condition libre). [SÉNÈQUE, DE LA CLÉMENCE, 1.24.]

Un esclave n'est pas malade s'il lui manque une dent. C'est le cas de la plupart des gens, et ils ne sont pas malades pour autant. Nous naissons édentés, et cela ne signifie pas que nous ne sommes pas vraiment en bonne santé jusqu'à ce que nos dents soient tranchantes. Dans le cas contraire, il n'y aurait pas un seul vieillard en bonne santé. [JUSTINIEN, DIGESTE, 21.1.11.]

Être gaucher n'est ni une maladie ni un défaut, sauf si un esclave donne la priorité à sa main gauche en raison de la faiblesse de la droite ; dans ce cas, il n'est pas gaucher mais infirme. [JUSTINIEN, DIGESTE, 21.1.12.3.]

UN ESCLAVE N'EST PAS MALADE S'IL MOUILLE SON LIT POUR S'ÊTRE ENDORMI IVRE OU PARCE QU'IL EST TROP PARESSEUX POUR SE LEVER. EN REVANCHE, SI C'EST UNE VESSIE DÉFECTUEUSE QUI L'EMPÊCHE DE RETENIR SON URINE, CE DÉFAUT PEUT FAIRE ANNULER LA VENTE. ELLE NE PEUT PAS ÊTRE ANNULÉE SIMPLEMENT PARCE QU'IL MOUILLE SON LIT. [JUSTINIEN, DIGESTE, 21.1.14.4.]

Chez un esclave, certains défauts tiennent à l'esprit plus qu'au corps ; par exemple s'il veut constamment regarder les jeux, s'il est fasciné par les tableaux, ou encore s'il est menteur ou affligé d'un autre défaut de ce genre. [JUSTINIEN, DIGESTE, 21.1.65.]

Si leur maître est la cible d'une attaque le mettant en danger de mort, ses esclaves doivent venir à son aide à main nue comme à main armée, en criant, en lui faisant un rempart de leurs corps, et s'ils ne le font pas alors qu'ils le pouvaient, il est juste qu'ils en soient punis. [JUSTINIEN, DIGESTE, 29.5.19.]

Même une fois affranchis, les anciens esclaves restaient tenus de rendre service à leurs anciens maîtres : *si un affranchi pratique l'art de la danse, il convient qu'il se livre à cet art à titre gracieux pour distraire non seulement son patron, mais aussi les amis de ce dernier. De même, un affranchi pratiquant la médecine doit soigner gratuitement les amis de son patron chaque fois qu'il en exprime le désir. Mais il n'est pas juste que, pour bénéficier des services de son affranchi, un patron le donne sans cesse en spectacle ou se prétende constamment malade.* [JUSTINIEN, DIGESTE, 38.1.27.]

DE MÊME QU'UNE ESCLAVE (ENCEINTE) QUI S'ENFUIT EST RÉPUTÉE VOLER SA PROPRE PERSONNE À SON MAÎTRE, ELLE FAIT DE SON ENFANT À NAÎTRE UN ESCLAVE FUGITIF. [JUSTINIEN, DIGESTE, 47.2.61.]

Le progrès du christianisme n'entre que pour une très petite part dans le déclin de l'esclavage. Au Ve siècle, même saint Augustin jugeait acceptable de faire des esclaves par enlèvement, dès lors que ce kidnapping avait lieu à l'extérieur de l'empire. [LETTRES, CSEL 88.8, 10.]

MINUS EST QUAM SERVUS DOMINUS
QUI SERVOS TIMET

« LE MAÎTRE QUI A PEUR DE SES ESCLAVES EST MOINS QU'UN ESCLAVE. »

[PUBLILIUS SYRUS, SENTENTIAE, M 14.]

CHAPITRE XIV

LES ANIMAUX

MUS SYLLABA EST ; MUS CASEUM RODIT ; SYLLABA ERGO CASEUM RODIT

« *MUS* ("SOURIS" EN LATIN) EST (UN MOT) D'UNE SYLLABE ; *MUS* RONGE LE FROMAGE ; DONC LA SYLLABE RONGE LE FROMAGE. »

[SÉNÈQUE, LETTRES, 48.6.]

IL EXISTE, *dans les forêts du Nord, des animaux qu'on appelle des élans. Ils ont la forme et le pelage pommelé du cerf, mais sont un peu plus grands et dépourvus de cornes. Leurs pattes n'ont ni tendons ni articulations, et ils ne se couchent pas pour dormir. S'il leur arrive de tomber par accident, ils sont incapables de se redresser. Les arbres leur tiennent lieu de lits ; ils y prennent appui et s'inclinent légèrement pour dormir. Lorsque les chasseurs qui les pistent découvrent leurs repaires habituels, ou bien ils creusent une fosse autour de la racine des arbres voisins, ou bien ils en entaillent le tronc de telle sorte que la partie supérieure semble solide. Lorsque les élans, à leur habitude, prennent appui sur les arbres, ceux-ci, fragilisés, plient sous leur poids et ils s'effondrent ensemble.* [CÉSAR, LA GUERRE DES GAULES, 6.27.]

Élien évoque, dans son *De la nature des animaux* [13.6], l'étrange histoire du pillage du poisson mariné stocké par des marchands espagnols dans un entrepôt de Pouzzoles. Murs, portes et toits étaient intacts mais,

MOMIE DE CHAT D'ABYDOS DE LA PÉRIODE ROMAINE.

chaque matin, une importante quantité de poisson avait disparu. Il s'avéra que la coupable était une pieuvre qui, chaque nuit, se glissait dans l'entrepôt par les égouts.

LES OISEAUX SAVENT IMITER LES VOIX HUMAINES, ET LES PERROQUETS PEUVENT BEL ET BIEN MENER UNE CONVERSATION... S'ILS ONT BU DU VIN, ILS TIENNENT DES PROPOS PARTICULIÈREMENT OSÉS.
[PLINE, HISTOIRE NATURELLE, 10.117.]

La croyance la plus étonnante à propos des hyènes veut, selon Pline, qu'elles sachent imiter le parler humain. Elles errent autour des cabanes de bergers et apprennent ainsi le nom de l'un d'entre eux qu'elles peuvent attirer à l'extérieur et mettre en pièces. [HISTOIRE NATURELLE, 8.106.] Pline fait aussi état de la croyance selon laquelle si l'on a une langue de hyène entre son pied et sa chaussure, les chiens n'aboient pas contre vous. [28.100.]

En l'an 28 de notre ère, au plus fort des procès en trahison qui entachèrent le règne de Tibère, on arrêta un certain Titus Sabinus. *Il fut impossible d'arracher son chien à la porte de sa prison. Lorsque le corps de Sabinus fut précipité dans l'escalier des Gémonies, le chien s'assit auprès de lui pour hurler à la mort. La foule s'assembla et il transporta jusqu'à la bouche du cadavre les morceaux que les gens lui lançaient pour le nourrir. Quand il fut jeté dans le Tibre, il sauta à l'eau pour l'empêcher de sombrer.* [PLINE, HISTOIRE NATURELLE, 8.145.]

Les thons prennent tant de plaisir à nager et à chercher leur nourriture ensemble qu'ils forment, pour se déplacer dans le même sens, un cube parfaitement régulier. De ce fait, si l'on dénombre le nombre exact de ceux qui nagent en surface, il est possible de calculer celui des thons du banc tout entier, puisque sa longueur, sa largeur et son épaisseur sont identiques. [PLUTARQUE, L'INTELLIGENCE DES ANIMAUX, 29.]

En hiver, les pêcheurs usent de pics pour briser la glace où bon leur semble en y pratiquant un trou circulaire pour accéder à l'eau ; on croirait voir la bouche d'un puits ou d'une jarre aux flancs rebondis. Du coup, les poissons, cherchant à fuir la chape de glace pour gagner la clarté du jour, se précipitent vers cette ouverture en si grand nombre qu'ils se pressent les uns contre les autres et sont aussi aisés à capturer que s'ils étaient dans le fossé voisin. [ÉLIEN, DE LA NATURE DES ANIMAUX, 14.26.] Dans un autre passage, Élien évoque également la pêche de la truite à la mouche.

ANIMAUX DE COMPAGNIE EXOTIQUES

Personnage plutôt sympathique mais bien oublié de nos jours, Quintus Sertorius avait mis en place en Espagne, dans les années soixante-dix avant J.-C., un « contre Sénat » pour faire pièce au pouvoir romain. Il dut une bonne part de son succès au fait d'avoir fait croire aux tribus locales que l'inspiration divine lui était transmise par le truchement magique d'une biche blanche.

Un jour, dans un désert africain, un esclave fugitif du nom d'Androclès ôta une épine de la patte d'un lion. Par la suite, il fut repris et envoyé à Rome pour y être dévoré par un lion dans l'arène. Or le lion l'épargna, car c'était précisément celui qu'il avait soigné en Afrique. L'empereur Caligula les gracia tous deux, et Androclès parcourut Rome avec son lion en laisse. Le public lui donnait de l'argent et lançait des fleurs sur le fauve. [AULU-GELLE, NUITS ATTIQUES, 5.14.]

On racontait que le général carthaginois Hanon du IIIe siècle avant J.-C. avait dressé un lion à transporter son bagage quand il faisait campagne. [PLUTARQUE, PRÉCEPTES POLITIQUES, 3.]

Bérénice, qui fut l'une des nombreuses reines d'Égypte, avait coutume de dîner en compagnie de son lion comme s'il était un être humain. Il lui léchait le visage et en effaçait les rides. [ÉLIEN, DE LA NATURE DES ANIMAUX, 5.39.] Toutefois, il se peut qu'Élien joue ici sur les mots : il utilise, en effet, le verbe grec *eleaine* très proche du substantif *leaina* (« lionne »). Autre occurrence, quoique sans rapport avec le sujet : *leaina* est l'anagramme d'*Aelian* (Élien).

L'empereur Valentinien, qui régna de 364 à 375, faisait garder sa chambre par deux ourses mangeuses d'hommes, Mica Aurea (« Tache d'or ») et Innocentia. [AMMIEN MARCELLIN, 29.3.9.]

En Inde, si un singe voit quelqu'un mettre ses chaussures, il fait mine d'enfiler des chaussures à son tour... C'est pourquoi les chasseurs exposent des chaussures de plomb équipées de nœuds coulants, de telle sorte que les singes qui y mettent le pied sont pris au piège et ne peuvent s'en dégager. [**ÉLIEN**, DE LA NATURE DES ANIMAUX, 17.25.]

Nous nous enflons comme des peaux de bêtes et, ce faisant, nous valons moins que les mouches ; elles, du moins, ont quelque chose de louable tandis que nous n'avons que notre enflure. [**PÉTRONE**, SATYRICON, 42.]

On se sert de la peau de hérisson pour donner la touche finale aux vêtements. La fraude consistant à accaparer ce commerce a suscité de gros profits. Rien n'a été plus réglementé par le Sénat que ce monopole, et tous les empereurs ont reçu des plaintes de provinciaux à son propos. [**PLINE**, HISTOIRE NATURELLE, 8.135.]

Même après qu'on a dépouillé un phoque, sa peau conserve une affinité avec la mer, car elle se hérisse à marée descendante. [**PLINE**, HISTOIRE NATURELLE, 9.42.]

En Égypte, les chats étaient tenus pour sacrés. Au milieu du Ier siècle avant J.-C., l'historien Diodore de Sicile vit de ses yeux une foule égyptienne lyncher le membre d'une ambassade de Rome qui, par mégarde, avait tué un chat. [BIBLIOTHÈQUE HISTORIQUE, 1.83.]

Dans la province d'Afrique, au large de la ville d'Hippone, un dauphin se lia d'amitié avec un jeune garçon en jouant avec lui et en lui permettant de monter sur son dos. L'adjoint au gouverneur de la province, dans une offrande malavisée, répandit du parfum sur son dos et l'odeur, dont le dauphin n'avait pas l'habitude, le fit s'enfuir durant plusieurs jours en haute mer. À son retour, il parut d'abord indifférent et déprimé mais, peu à peu, il retrouva son énergie et recommença à jouer avec le garçon. Les frais d'hébergement des personnalités qui accouraient en foule pour le voir réduisant les ressources de la ville, la municipalité fit secrètement périr ce dauphin. [**PLINE**, LETTRES, 9.33.]

APPRENEZ-
MOI,
JE VOUS
PRIE, QUI
PRÉCÉDA
L'AUTRE,
L'ŒUF
OU LA
POULE ?

[**MACROBE**, SATURNALES, 7.16.]

DE TOUTES LES ESPÈCES D'INSECTES, CELLE QUI TIENT LE PREMIER RANG ET EST, À JUSTE TITRE, LA PLUS ADMIRÉE, EST CELLE DES ABEILLES, CAR CE SONT LES SEULS INSECTES CRÉÉS AU BÉNÉFICE DES HOMMES. [PLINE, HISTOIRE NATURELLE, 11.4.] LES ROMAINS PENSAIENT QUE LA REINE DES ABEILLES ÉTAIT, EN RÉALITÉ, UN ROI, ET QUE LE MIEL – SOURCE PRINCIPALE DE SUCRE POUR LES ANCIENS – SE FORMAIT COMME UNE SORTE DE ROSÉE.

Une croyance répandue – et parfaitement fausse – voulait que les abeilles puissent naître de la décomposition d'un cadavre de bœuf battu à mort. Il n'y avait certainement pas un seul fermier antique disposé à sacrifier un bovin de son élevage pour obtenir un essaim d'abeilles, mais Virgile n'en décrit pas moins ce surprenant processus par le détail dans le quatrième livre de ses *Géorgiques*.

Les Romains croyaient, comme les Grecs, que les chèvres respiraient par les oreilles. Assertion qu'Aristote avait tenté de réfuter, mais que Varron reprit à son compte. [LES TRAVAUX DES CHAMPS, 2.3.] Pline fit de même. [HISTOIRE NATURELLE, 8.202.] Au début du IIIe siècle de notre ère, *Cynegetica* (« De la vénerie »), poème grec attribué à Oppien, assure que les chèvres sauvages respirent par un canal situé entre leurs cornes, et qu'on peut les étouffer en entourant celles-ci de cire. [2.338-342.] Dans l'Antiquité, on ignorait que plusieurs espèces de tortues respirent par voie rectale.

Après avoir brouté toute la nuit sur la terre ferme, les tortues retournent à la mer au petit matin, repues mais fatiguées. Elles s'assoupissent sur la surface de l'eau et leurs ronflements indiquent leur position aux chasseurs. [PLINE, HISTOIRE NATURELLE, 9.36.]

La langue latine ne dispose pas d'un vocabulaire très étendu et les Romains, face à nombre d'aspects de la nature environnante, ne se montraient pas particulièrement observateurs, ce qui explique leur « roi des abeilles » et leurs « chèvres respirant par les oreilles ». Ils semblent avoir disposé de peu de termes désignant spécifiquement un groupe d'animaux, comme en français « harde » pour les cerfs

ou « compagnie » pour les sangliers. Il n'en est que plus surprenant de constater qu'en revanche, ils avaient beaucoup de mots pour les cris d'animaux. L'empereur Geta, qui régna durant l'année 211 de notre ère conjointement à son frère et meurtrier Caracalla, aimait questionner les grammairiens à ce propos. [HISTOIRE AUGUSTE, VIE DE GETA.]
Voici quelques exemples de ces bruits :

LES CHAMEAUX ET LES BÉLIERS *blatterant*

LES PANTHÈRES *cauriunt*

LES GRENOUILLES *coaxant*

LES CIGOGNES *crotolant*

LES HIBOUX *cuccubiunt*

LES CYGNES *drensant*

LES BELETTES *drindrant*

LES LÉOPARDS *feliunt* et *rictant*

LES OIES *gingriunt, glicciunt* et *sclingunt*

LES POULETS EN INCUBATION *glocidant*

LES SOURIS *mintriunt*

LES MUSARAIGNES *desticant*

LES PAONS *paupulant*

LES ÉPERVIERS *plipiant*

LES SANGLIERS *quiritant*

LES TIGRES *rancant*

LES OURS *uncant*

LES LYNX *urcant*

LES CANARDS *tetrissitant*

LES MERLES *zinziant*

LES SERPENTS

Les serpents ont un penchant particulier pour le vin quand ils ont l'occasion d'en boire. [PLINE, HISTOIRE NATURELLE, 10.198.] Aristote avait précisé qu'on peut capturer des vipères enivrées par le vin présent dans les tessons d'amphores pris dans un mur... [HISTOIRE DES ANIMAUX, 594A.]

Dans son compte rendu des événements qui se produisirent en 255 avant J.-C. durant la Première Guerre punique, *Tite-Live rapporte que vivait en Afrique, près du fleuve Bagradas, un serpent si gigantesque qu'il empêcha l'armée d'Atilius Regulus d'approcher. Il saisit plusieurs soldats dans ses énormes mâchoires et en broya d'autres dans les replis de sa queue. Les javelots ne perçaient pas sa peau, et il ne succomba qu'à une grêle de lourdes roches lancées par des catapultes. Tous les légionnaires le jugeaient plus redoutable que Carthage elle-même. Le fleuve était si teinté de son sang et la région environnante si empestée de sa puanteur que les Romains durent lever le camp.* [VALÈRE MAXIME, FAITS ET DITS MÉMORABLES, 1.8 EXTR. 19.]

❖

Peu avant la bataille d'Actium (en 31 avant J.-C.), *un serpent à deux têtes long de quatre-vingt-cinq pieds apparut en Étrurie. Il y fit de grands ravages avant d'être tué par la foudre.* [DION CASSIUS, HISTOIRE ROMAINE, 50.8.]

❖

Suétone rapporte qu'Auguste exposa un serpent (vraisemblablement vivant) d'environ soixante-quinze pieds de long. [VIE D'AUGUSTE, 43.] Un pied équivaut à environ trente-neuf centimètres.

✻

Élien, dont la vie, autant qu'on sache, se déroula tout entière en Italie, assure que les serpents d'Éthiopie atteignent cent quatre-vingts pieds. [DE LA NATURE DES ANIMAUX, 2.21.] Strabon se montre sceptique à l'endroit d'un serpent capturé en Inde qui aurait deux cent dix pieds de long. [GÉOGRAPHIE, 15.1.28.]

QUELQUES ANIMAUX SINGULIERS

Tous ceux qui ont traité de ce sujet s'accordent à dire que le phénix est consacré au soleil, et qu'il a un bec et un plumage sans pareil chez les autres oiseaux. En revanche, les opinions divergent sur la durée de sa vie. Le plus souvent, on l'estime à cinq cents ans, mais il est des gens pour soutenir qu'il apparaît tous les 1461 ans, soit, pour les dernières fois, sous les règnes de Sesostris, Amasis et Ptolémée III, et que son vol le conduit à Heliopolis, escorté de nombreux oiseaux étonnés par cette forme inconnue. On dit que lorsqu'il va mourir, le nombre d'années qui lui est dévolu s'étant écoulé, le phénix fait son nid dans son pays natal et y dépose une substance propre à donner la vie, d'où sort sa progéniture. Le premier soin du nouveau phénix est de brûler son père, et il s'en acquitte avec de grands égards : il fait un long vol d'essai avec une lourde charge de myrrhe et, lorsqu'il est capable de transporter au loin un poids important, il soulève le corps paternel et va le déposer sur l'autel du Soleil, où se déroule la crémation. Ces détails ne sont pas certains, et la légende les amplifie, mais le fait que l'on voie paraître l'oiseau phénix de temps à autre en Égypte est incontestable. [TACITE, ANNALES, 6.28.]

J'AI VU DE MES YEUX UN CENTAURE CONSERVÉ DANS DU MIEL, QUI AVAIT ÉTÉ APPORTÉ D'ÉGYPTE À L'EMPEREUR CLAUDE. [PLINE, HISTOIRE NATURELLE, 7.35.]

À en croire Pline [HISTOIRE NATURELLE, 8.75] qui s'appuie sur Aristote [HISTOIRE DES ANIMAUX, 501A], le médecin *Ctesias*, qui vivait à la cour de Perse au début du IVe siècle avant J.-C., *signalait l'existence en Inde d'un animal appelé manticore, qui se meut avec une extrême rapidité et est particulièrement friand de chair humaine. Il présente les caractéristiques suivantes :*

- *une triple rangée de dents disposées en dents de peigne ;*
- *un visage et des oreilles d'homme ;*
- *des yeux gris ;*
- *une peau couleur de sang ;*
- *un corps de lion ;*
- *une queue piquante comme celle du scorpion ;*
- *une voix comparable au bruit que feraient un tuyau d'orgue et une trompette jouant de concert.*

On rencontre le basilic dans la province de Cyrénaïque (actuelle Libye orientale). *Il n'a pas plus d'un pied de long, et il se distingue par une tache blanche sur la tête ressemblant à un diadème. Son sifflement met en fuite les autres serpents, et il se déplace non en ondulant comme eux mais en position verticale. Il détruit les buissons sans les toucher, par le seul effet de son souffle, il brûle les herbes et fend les pierres. Telle est son maléfique pouvoir. On croit savoir qu'un jour, un cavalier tua un basilic d'un coup de lance, mais que le pouvoir destructeur, remontant le long de la lance, tua cheval et cavalier.* [PLINE, HISTOIRE NATURELLE, 8.78.]

PHOENIX FELIX ET TU. (« PHÉNIX, SOIS HEUREUX, TOI AUSSI. »)

La pierre précieuse connue sous le nom de draconite se forme dans la cervelle du dragon. Elle ne devient gemme que si la tête est coupée alors que cette créature est encore en vie, car si elle se sent mourir, elle empêche malignement la métamorphose... On dit que les chasseurs de dragons se déplacent en chars à deux chevaux et sèment une substance soporifique quand ils en repèrent un, puis qu'ils lui coupent la tête dès qu'il s'est endormi. [PLINE, HISTOIRE NATURELLE, 37.158.]

Pline met en doute que les salamandres possèdent, comme le prétendent les magiciens, le pouvoir d'éteindre les flammes. Il fait valoir que, si tel était le cas, on les aurait sans aucun doute employées à cette tâche à Rome, sans cesse exposée aux incendies. [HISTOIRE NATURELLE, 29.76.] Aristote avait toutefois déjà soutenu cette thèse. [HISTOIRE DES ANIMAUX, 552B.]

L'Inde produit des chevaux et des ânes dotés d'une unique corne. De ce type de corne, on fait des hanaps, et si quelqu'un vient à y boire un poison mortel, la tentative d'assassinat ne lui fait aucun mal car la corne, tant du cheval que de l'âne, semble être un antidote au poison. [ÉLIEN, DE LA NATURE DES ANIMAUX, 3.41.] Ce passage semble préfigurer le mythe de la licorne, tout comme l'endroit où Pline décrit le rhinocéros comme un animal indien à une corne, ayant la tête d'un cerf, le corps d'un cheval, les pattes d'un éléphant et la queue d'un sanglier. [HISTOIRE NATURELLE, 8.76.]

Il paraît qu'il existe en Macédoine un animal nommé bonasus (« bison ») *qui a une crinière de cheval mais, pour le reste, est un taureau. Ses cornes, recourbées vers l'arrière, ne lui sont pas utiles pour combattre, si bien qu'il se défend par la fuite. Quand il court, il répand sa déjection sur une surface de plus de deux acres, et le contact avec cet excrément brûle comme du feu ses poursuivants.* [PLINE, HISTOIRE NATURELLE, 8.40.] Il s'agit là du développement d'un passage d'Aristote qui mentionne la déjection, mais ne parle ni de son rayon d'action ni de son pouvoir incendiaire. [DES ANIMAUX COMPOSÉS, 863A.]

À en croire Ulpien, le plus grand des juristes romains, la Gorgone vit en Afrique et ressemble à un veau ou à un mouton. La puissance de son souffle ou l'éclat de ses yeux tuent tous ceux qu'elle rencontre. Les Romains eurent affaire à elle dans leur guerre contre Jugurtha, roi de Numidie, en 107-105 avant J.-C. Des soldats tentèrent d'en tuer une en se précipitant sur elle glaive au poing, mais son regard suffit à les faire périr. Cela se reproduisit plusieurs fois, jusqu'au jour où des cavaliers numides tuèrent une gorgone avec leurs javelots et l'apportèrent à Marius, qui commandait alors l'armée romaine. [ATHÉNÉE DE NAUCRATIS, LE BANQUET DES SOPHISTES, 221B.]

PERSONNE, DE NOS JOURS, NE CROIT À L'EXISTENCE DE L'HYDRE DE LERNE (TUÉE PAR HERCULE DANS L'UN DE SES DOUZE TRAVAUX), NI À CELLE DE LA CHIMÈRE À TROIS TÊTES, MAIS L'AMPHISBÈNE EXISTE BEL ET BIEN ET C'EST UN SERPENT POSSÉDANT UNE TÊTE À CHAQUE EXTRÉMITÉ. EN AVANÇANT, IL USE DE L'UNE D'ELLE COMME QUEUE ET DE L'AUTRE COMME TÊTE, ET IL LES INVERSE EN RECULANT. [ÉLIEN, DE LA NATURE DES ANIMAUX, 9.23.]

LES ÉLÉPHANTS

Pline rapporte que, cernés par les chasseurs, les éléphants placent en première ligne ceux d'entre eux dont les défenses sont les plus petites pour faire croire que leur ivoire ne mérite pas qu'on les affronte. Lorsqu'ils sont à bout de forces, ils brisent leurs défenses en heurtant un arbre pour sauver leur vie au prix de cette rançon. [HISTOIRE NATURELLE, 8.8.]

C'est généralement le mâle le plus âgé qui mène le troupeau, mais les éléphants se font précéder des plus petits lorsqu'ils franchissent une rivière, de peur que les plus gros creusent son lit et la rendent ainsi plus profonde. [PLINE, HISTOIRE NATURELLE, 8.11.]

Les cornacs étaient porteurs d'un burin et d'un maillet. Lorsqu'un éléphant était sur le point de s'emballer et se précipiter sur les hommes de sa suite, ils pointaient le burin entre les oreilles, à la jointure de la tête et de la nuque et ils frappaient le plus fort possible. C'est la façon la plus rapide de tuer un animal de cette taille lorsqu'on en perd le contrôle. Hasdrubal (frère d'Hannibal) *fut l'initiateur de cette méthode.* [TITE-LIVE, HISTOIRE ROMAINE, 27.49.]

Une panique parmi les éléphants joua un rôle appréciable dans la défaite des Carthaginois à Zama, en 202 avant J.-C. Le péplum épique *Scipion l'Africain*, tourné notamment par Vittorio Mussolini, le fils de Benito, est infidèle à l'histoire quand il montre les légions romaines remportant la victoire grâce à leur héroïque résistance à une charge massive d'éléphants carthaginois. On notera que le rôle de Scipion, chef des armées romaines, était tenu par un certain Annibale (sic) Ninchi !

Se déplacer en terrain incliné exige des *éléphants* jusqu'à vingt-cinq fois plus d'énergie qu'en plat. C'est pourquoi la plupart des trente-sept éléphants d'Hannibal moururent dans la traversée des Alpes. Pas un seul n'était encore en vie à la veille de la bataille décisive de Cannes.

Les Romains se heurtèrent à de sérieux problèmes pour transporter des éléphants, dans leur traversée des montagnes de la Grèce centrale,

UN ÉLÉPHANT DE GUERRE.

avant la bataille de Pydna en 168 avant J.-C. Selon Tite-Live, *on construisit une suite de plateformes de trente pieds et on les fit basculer lorsqu'un éléphant parvenait à leur extrémité, contraignant l'animal à descendre sur la suivante. Certains des éléphants y parvenaient en restant debout, mais d'autres glissaient sur l'arrière-train.* [HISTOIRE ROMAINE, 44.5.]

Éléphants donnés en spectacle :

❖ *Lorsque Pompée voulut faire son entrée à Rome, dans le défilé du triomphe, à bord d'un char traîné par quatre éléphants, il resta coincé dans la porte de la cité.* [PLUTARQUE, VIE DE POMPÉE, 14.]

❖ Dans un spectacle offert par Germanicus, douze éléphants, six mâles et six femelles, tenaient le rôle de convives d'un banquet. [ÉLIEN, DE LA NATURE DES ANIMAUX, 2.11.]

❖ Galba, avant d'être empereur, offrait, lors des jeux floraux, le spectacle d'éléphants danseurs de corde. [SUÉTONE, VIE DE GALBA, 6.]

❖ À une fête donnée en l'honneur de sa mère, Néron présenta un éléphant et son cornac descendant des cintres du théâtre sur une corde raide. [DION CASSIUS, HISTOIRE ROMAINE, 62.17.]

❖ *Il y a quelque temps, à Rome, une troupe d'éléphants a été dressée à accomplir des tours compliqués et périlleux. L'un de ces animaux les apprenait à grand-peine, et il était souvent grondé et puni. On l'aperçut une nuit qui, seul au clair de lune, répétait les exercices qu'on lui avait enseignés.* [PLUTARQUE, L'INTELLIGENCE DES ANIMAUX, 12.]

LA BASSE-COUR

Scire ex vobis volo, ovumne prius exstiterit an gallina

« APPRENEZ-MOI, JE VOUS PRIE, QUI PRÉCÉDA L'AUTRE, L'ŒUF OU LA POULE ? »

[MACROBE, SATURNALES, 7.16.]

Lorsqu'au début du IVe siècle avant J.-C., les Gaulois furent à deux doigts de s'emparer du Capitole, les oies sacrées de Junon donnèrent l'alarme, alors que les chiens de garde ne l'avaient pas fait. Pour commémorer l'événement, près de cinq siècles plus tard, on crucifiait encore chaque année des chiens sur une croix de bois de sureau [PLINE, HISTOIRE

NATURELLE, 29.57] tandis qu'on promenait une oie en litière au cours d'une procession solennelle. [ÉLIEN, DE LA NATURE DES ANIMAUX, 12.33.]

❖

En 368 avant J.-C., Appius Claudius Crassus se prononça contre l'admission de plébéiens à la dignité consulaire. Il fit valoir que seuls les patriciens pouvaient prendre les auspices en observant le comportement des poulets sacrés : *« Libre aux gens de se moquer de nos scrupules religieux ! Qu'importe, diront-ils, si les poulets sacrés refusent de se nourrir, s'ils ne quittent que lentement leur poulailler, si l'un d'eux pousse des cris discordants. Certes, ce sont des bagatelles, mais c'est en ne méprisant pas ce genre de bagatelles que nos ancêtres ont assuré la grandeur de Rome. »* [TITE-LIVE, HISTOIRE ROMAINE, 6.41.]

❖

En 249 avant J.-C., l'arrière-petit-fils d'Appius, Publius Claudius Pulcher, commandait la flotte qui combattit les Carthaginois à Drepana, en Sicile. Quand, avant la bataille, on lui dit que les poulets sacrés refusaient de manger, il rétorqua « Eh bien, qu'ils boivent ! » et il les fit jeter par-dessus bord. [SUÉTONE, VIE DE TIBÈRE, 2.] Les Romains furent vaincus, et ils perdirent quatre-vingt-treize de leurs cent vingt navires.

❖

Lorsque Livie fut fiancée à Octave (futur Auguste), *un aigle laissa tomber une poule blanche sur ses genoux. Elle était indemne, et une brindille d'olivier était logée dans son bec. Les devins qui prédisent l'avenir en interprétant le vol des oiseaux recommandèrent de surveiller la poule et ce qui en naîtrait et de prendre soin de la brindille d'olivier après l'avoir replantée. Par la suite, Auguste et tous ses successeurs tinrent en main une branche de cet olivier et se couronnèrent de son feuillage à chacune des célébrations de leurs triomphes.* [PLINE, HISTOIRE NATURELLE, 15.136.]

❖

L'endroit où poussait le bosquet de Livie fut nommé la piste aux poulets. Dans les dernières années du règne de Néron, dernier des empereurs julio-claudiens, *les arbres y moururent à partir de la racine et tous les poulets périrent.* [SUÉTONE, VIE DE GALBA, 1.]

❖

Une escouade de dix hommes mit à son menu un poulet volé par l'un d'eux à un provincial. Lorsque pour les punir, Pescennius Niger (empereur de 193 à 194) *ordonna de les décapiter tous, l'armée fut sur le point de se*

LE CLIENT SEMBLE AVOIR APPORTÉ SON CABAS.

mutiner, si bien qu'il condamna les dix soldats à payer, chacun, le prix de dix poulets à titre de dédommagement ; et qu'il interdit à toute l'armée de faire du feu pour la popote. [HISTOIRE AUGUSTE, VIE DE PESCENNIUS NIGER, 10.]

Aucun soldat ne volera les poulets d'autrui ni ne portera la main sur les moutons d'autrui. Aucun soldat ne volera le raisin d'autrui ni ne moudra du grain appartenant à un autre, ni n'extorquera de l'huile d'olive, du sel ou du bois à brûler. Les soldats doivent se contenter de ce qui leur est attribué et vivre du butin pris sur l'ennemi, non des larmes des habitants des provinces. [HISTOIRE AUGUSTE, VIE D'AURÉLIEN, 7, règne : de 270 à 275.]

Époux de la belle-fille du poète Ovide, Cornelius Fidus fondit un jour en larmes au Sénat quand le grand général de Néron Domitius Corbulo le traita « d'autruche épilée », *struthocamelus depilatus.* [SÉNÈQUE, DE LA CONSTANCE DU SAGE, 17.1.]

Une autruche croit éviter d'être repérée quand elle cache sa tête dans un buisson. [PLINE, HISTOIRE NATURELLE, 10.2.]

Au cirque, l'empereur Commode exhibait son adresse de tireur à l'arc en atteignant des autruches à la tête. Dion Cassius rapporte [HISTOIRE

ROMAINE, 73.21] qu'il avait coutume de traverser l'arène en tenant de la main gauche la tête d'une autruche et de la droite son glaive ensanglanté, jusqu'aux places réservées à sa personne et aux sénateurs. Il agitait alors la tête sous leur nez en souriant, sans dire un seul mot. Dion Cassius ajoute que nombre de sénateurs eussent été tués sur place s'ils n'avaient, à son exemple, mâchonné les feuilles du laurier de leurs couronnes pour s'éviter de rire.

❋

Un commerçant escroqua Salonine, l'épouse de l'empereur Gallien (qui régna conjointement à son père Valérien de 253 à 260, puis seul jusqu'en 268) *en lui vendant de la verroterie pour des pierres précieuses. Elle demanda qu'il en fût puni. L'empereur le fit traîner vers la cage aux lions comme pour le leur livrer, mais on vit sortir de la cage un chapon. Chacun s'interrogeant sur le sens de l'énigme, il le fit révéler par un héraut : « Il a trompé et c'est à son tour d'être trompé. » Puis il laissa partir le marchand.* [HISTOIRE AUGUSTE, VIE DES DEUX GALLIENS, 12.]

DES PORCS ET DE QUELQUES AUTRES

Assiégés par Antigone Gonatas, roi de Macédoine, les habitants de la ville grecque de Mégare mirent en fuite ses éléphants en lançant contre eux des porcs aspergés d'huile enflammée. [ÉLIEN, DE LA NATURE DES ANIMAUX, 16.36.] Aux IIIe et IIe siècles avant J.-C., l'emploi d'éléphants de guerre s'était répandu, et il semble que, pour les affronter, on ait largement exploité la peur que leur inspirent les porcs.

❋

DES PIRATES QUI AVAIENT ABORDÉ EN TOSCANE PÉNÉTRÈRENT DANS L'ARRIÈRE-PAYS ET TRAVERSÈRENT UN ENCLOS EMPLI DE PORCS. ILS LES RAPPORTÈRENT À LEUR NAVIRE, LEVÈRENT L'ANCRE ET PRIRENT LE LARGE. LES PORCHERS RESTÈRENT TRANQUILLES AUSSI LONGTEMPS QUE LES PIRATES ÉTAIENT SUR LE RIVAGE, MAIS DÈS QU'ILS FURENT AUSSI LOIN QUE PEUT PORTER LA VOIX, ILS LANCÈRENT AUX PORCS LEURS HABITUELS APPELS. LORSQU'ILS LES ENTENDIRENT, LES PORCS SE MASSÈRENT SUR UN CÔTÉ DU NAVIRE ET LE FIRENT SOMBRER. LES PIRATES SE NOYÈRENT SANS EXCEPTION, MAIS LES PORCS NAGÈRENT JUSQU'À LEURS GARDIENS. [ÉLIEN, DE LA NATURE DES ANIMAUX, 8.19.]

Beaucoup de surnoms (*cognomina*) romains ne sont guère flatteurs. Dans l'ouvrage de Varron *Les travaux des champs*, le crieur public Tremelius Scrofa (*scrofa* signifie « truie ») donne des conseils sur l'élevage des porcs. Il se donne beaucoup de mal pour dissiper toute ambigüité quant à son surnom : « Le *cognomen* de ma famille n'a rien à voir avec les cochons : je ne suis pas un descendant du porcher Eumée de l'*Odyssée*. » [2.4.1] Il explique que ce *cognomen* fut donné à son grand-père, quand, faisant campagne en Macédoine, il se targua de faire décamper l'ennemi aussi aisément qu'une truie disperse sa portée. Il existe toutefois une autre version : les esclaves d'un Tremelius ayant volé le porc d'un voisin, ledit Tremelius cacha l'animal sous les couvertures du lit de son épouse qui dormait. Lorsque le voisin vint chercher son cochon, il lui assura sous serment que la seule « truie » (*scrofa*) de la maison était celle qui se vautrait dans son lit. [MACROBE, SATURNALES, 1.6.30.] Dans son réquisitoire contre le rapace gouverneur de la province de Sicile Verrès, Cicéron fait force jeux de mots plus ou moins aimables sur *verres* (« verrat »), mais il parle respectueusement de Scrofa en usant seulement de ses autres noms, Gnaeus Tremelius.

Le préfet du prétoire Aper, après avoir assassiné son gendre, l'empereur Numérien, fut poignardé par un officier du nom de Dioclès à qui une druidesse gauloise avait prédit qu'il accéderait à l'empire « s'il tuait le sanglier » (*aper* est le mot latin pour « sanglier »). Se fondant sur cette prédiction, Dioclès ne manquait jamais, à la chasse, de tuer les sangliers de sa main, mais lorsque se succédèrent, coup sur coup, les empereurs Aurélien, Probus, Tacite, Florian, Carus, Carin et Numérien, il s'écria : « C'est moi qui tue le sanglier, mais c'est un autre qui le mange ! » À l'avènement d'Aper, la prophétie pouvait enfin s'accomplir grâce au nom que portait la victime. Proclamé empereur par l'armée sous le nom de Dioclétien, Dioclès régna de 284 à 305. [HISTOIRE AUGUSTE, VIE DE CARUS, CARIN ET NUMÉRIEN, 13-15.]

Marcus Aemilius Lepidus (Lépide), consul en l'an 137 avant J.-C., *était inapte à commander en campagne car son poids excessif et sa débordante bedaine ne lui permettaient que difficilement de se mouvoir.* [DIODORE DE SICILE, BIBLIOTHÈQUE HISTORIQUE, 33.27.] On ne s'étonnera pas, dans ces conditions, qu'il ait eu pour surnom *Porcina* (« cochonnet »). Publius Cornelius Scipion Nasica, consul l'année précédente, avait pour

LORSQUE POMPÉE
VOULUT FAIRE SON
ENTRÉE À ROME,
DANS LE DÉFILÉ
DU TRIOMPHE,
À BORD D'UN CHAR
TRAÎNÉ PAR QUATRE
ÉLÉPHANTS, IL RESTA
COINCÉ DANS
LA PORTE DE LA CITÉ.

[**PLUTARQUE**, VIE DE POMPÉE, 14.]

cognomen Serapio parce qu'il ressemblait à un voleur de porcs ainsi nommé. [PLINE, HISTOIRE NATURELLE, 21.10.]

Milan fut fondée au début du IVe siècle avant J.-C. Un porc à la toison de laine, présage envoyé par les dieux, fut découvert au milieu (*medius*) du futur site de la ville, et c'est pourquoi elle fut nommée *Mediolanum*. [SIDOINE APOLLINAIRE, LETTRES, 7.17.20 et CLAUDIEN, LE MARIAGE D'HONORIUS ET MARIE, 182.]

LE MOMENT OÙ LES GENS ORDINAIRES REVIENNENT DU TRAVAIL ET DOIVENT SE NOURRIR EST AUSSI LE MOMENT PRÉCIS OÙ LES ATHLÈTES SE LÈVENT. ILS VIVENT À LA FAÇON DES PORCS, À CECI PRÈS QUE LES PORCS NE S'ENTRAÎNENT GUÈRE ET NE S'EMPIFFRENT PAS AUTANT QU'EUX. [GAIEN, EXHORTATION À L'ÉTUDE DES ARTS, 28.]

L'expression *testudo volat*, « une tortue vole » [CLAUDIEN, CONTRE EUTROPUS, 352], ne peut pas trouver un équivalent exact dans chaque langue. Ainsi, c'est une truie ailée qui apparaît en divers points de Clazomène (dans l'actuelle Turquie) et qui, à en croire Élien, ravage les îles grecques. [DE LA NATURE DES ANIMAUX, 12.38.]

Dans le récit évangélique du massacre des innocents [SAINT-MATHIEU, 2.16], Hérode tenta de rendre vaine une prophétie menaçant son règne en faisant périr tous les enfants mâles de moins de deux ans. Lorsqu'Auguste apprit que même le fils d'Hérode avait été sacrifié, il dit qu'il eut préféré être son porc plutôt que son fils. [MACROBE, SATURNALES, 2.4.] Il est vraisemblable qu'il tenait ce propos en grec et qu'il jouait sur la ressemblance entre *hus* (« porc ») et *huios* (« fils »). Le jeu de mots a encore plus de sel si l'on se souvient que Diogène, philosophe cynique du IVe siècle avant J.-C., avait critiqué dans les mêmes termes les habitants de la ville grecque de Mégare, les qualifiant de gens ignares et vulgaires qui traitaient leurs animaux beaucoup mieux que leurs enfants, et ajoutant qu'il eût préféré être le *krios* (« bélier ») que le *huios* d'un Mégarien. [ÉLIEN, HISTOIRE VARIÉE, 12.56.]

LES CRAPAUDS VUS PAR PLINE

❖ *Pour préserver le millet des maladies, promène de nuit un crapaud autour de ton champ avant de le biner, puis enterre-le, en son milieu, dans un pot d'argile. Cela empêchera moineaux et vers de l'abîmer. Il faudra enterrer ton pot avant les semis, sinon le sol deviendrait acide.* [HISTOIRE NATURELLE, 18.158.]

❖ *D'aucuns conseillent de suspendre un crapaud par l'une de ses pattes de derrière au-dessus du seuil du grenier avant d'y stocker la récolte.* [18.303.]

❖ *Le millepatte de mer, comme la grenouille et le crapaud, éclate si l'on crache dessus.* [28.38.]

❖ *Le foie de caméléon enduit de poumon de crapaud a une action dépilatoire.* [28.117.]

❖ *Un mélange de cendre de crapaud et de vieille graisse est efficace dans le traitement de la goutte et de l'arthrite.* [32.110.]

❖ *On guérit un porc malade en lui faisant boire de l'eau où l'on a pris soin de faire bouillir un crapaud.* [32.141.]

LES ANIMAUX ET LE MONDE MILITAIRE

Dans leur équipement, les soldats ont adopté les noms de divers animaux. [SERVIUS, COMMENTAIRE DE *L'ÉNÉIDE* DE VIRGILE, 9.503.]

❖ *aquilae :* les « aigles » figurent sur les étendards des légions. À l'origine, on y voyait d'autres animaux, loup, Minotaure, cheval ou sanglier. Marius les supprima lorsqu'il réforma de fond en comble l'organisation militaire, à la fin du IIe siècle avant J.-C. [PLINE, HISTOIRE NATURELLE, 10.16.]

❖ *aries :* le « bélier » (engin de siège pour abattre les murailles).

❖ *caput porci :* « tête de porc », nom d'une formation de combat en coin.

❖ *cervus :* « cerf », obstacle pourvu de pointes analogues aux barbelés.

❖ *corvus :* « corbeau », nom de divers engins de siège, mais surtout d'un grappin pourvu d'une pointe d'acier semblable au bec d'un corbeau. Il servait à prendre à l'abordage un navire ennemi en se reliant à lui par une sorte de pont. Cet engin fut utilisé avec succès par les Romains lors de leur première bataille navale, livrée aux Carthaginois, au large de Mylae, au nord-est de la Sicile, en 260 avant J.-C. Ils parvinrent grâce au corbeau à immobiliser des navires ennemis plus petits et meilleurs manœuvriers, et à reconstituer les conditions du combat terrestre qui leur était plus familier.

✥ *cuniculus :* « tunnel ». À l'origine, le mot désignait un « lapin » (italien *coniglio* et espagnol *conejo*). Le tunnel est comparé à un terrier de lapin.

✥ *ericius :* « hérisson », barrière défensive pourvue de piquants comme notre cheval de frise.

✥ *lupus :* « loup », sorte de crochet d'acier permettant aux défenseurs d'une place d'aller cueillir les assaillants sur leur échelle et de les en faire tomber. [TITE-LIVE, HISTOIRE ROMAINE, 28.3.]

✥ *muli Mariani :* « mules de Marius », nom que se donnaient les légionnaires. En plus de ses réformes de fond, Marius avait alourdi l'équipement transporté par chaque soldat afin qu'ils dépendent moins de l'arrivée de convois de ravitaillement à la fois lents et lourds.

✥ *musculus :* littéralement « souriceau » ou encore petit poisson qui aide les baleines : en matière militaire, c'est un rempart mobile protégeant la mise en place des engins lourds de siège. [VÉGÈCE, TRAITÉ DE L'ART MILITAIRE, 4.16.]

✥ ONAGER : « ONAGRE » (ÂNE SAUVAGE), GRANDE CATAPULTE AINSI NOMMÉE PARCE QUE L'ÂNE SAUVAGE PEUT PROJETER D'UNE RUADE À UNE GRANDE DISTANCE DES PIERRES CAPABLES DE PERCER LA POITRINE DE SES POURSUIVANTS OU DE LEUR ROMPRE LES OS DU CRÂNE. [AMMIEN MARCELLIN, 23.4.7.]

✥ *papilio :* « papillon », grande tente militaire. En français, « pavillon ».

✥ *scorpio :* « scorpion », catapulte ainsi nommée parce que son bras est vertical comme la queue du scorpion.

✥ *terebra :* « ver de bois », engin de siège pour le percement des murailles. [VITRUVE, DE L'ARCHITECTURE, 10.13.7.]

⁜ *testudo :* « tortue ». *La formation dite de la tortue est prise en plaçant, en son centre, les troupes légèrement armées, la cavalerie et les bêtes de somme. On dispose une partie de l'infanterie en rectangle, boucliers vers l'extérieur, l'autre partie protégeant de ses boucliers le reste du dispositif. Cette formation est solide, car même les chevaux et les véhicules peuvent passer dessus. On s'en sert pour attaquer les murailles d'une place ou pour se protéger des archers. Dans cette formation, tout le monde s'accroupit, et les chevaux ont été entraînés à s'agenouiller ou se coucher sur le sol, pour faire croire à l'ennemi qu'ils sont épuisés. Mais s'ils s'approchent, ils se lèvent tous d'un même mouvement et lui inspirent la panique.* [DION CASSIUS, HISTOIRE ROMAINE, 49.30.]

MUS SYLLABA EST; SYLLABA CASEUM NON RODIT; MUS ERGO CASEUM NON RODIT

« *MUS* ("SOURIS" EN LATIN) EST (UN MOT) D'UNE SYLLABE; UNE SYLLABE NE RONGE PAS LE FROMAGE; PAR CONSÉQUENT LA SOURIS NE RONGE PAS LE FROMAGE. »

[SÉNÈQUE, LETTRES, 48.6.]

CHAPITRE XV

LES SPECTACLES

(POPULUS ROMANUS...) QUI DABAT
OLIM IMPERIUM, FASCES, LEGIONES,
OMNIA, NUNC SE CONTINET ATQUE
DUAS TANTUM RES ANXIUS OPTAT,
PANEM ET CIRCENSES

« (LE PEUPLE ROMAIN...) QUI, JADIS, ÉTAIT MAÎTRE D'OFFRIR
LES COMMANDEMENTS MILITAIRES, LES INSIGNES
DES HAUTES CHARGES, LES LÉGIONS, EN UN MOT TOUT,
LIMITE AUJOURD'HUI SES RÊVES À DEUX: DU PAIN ET DES JEUX. »

[JUVÉNAL, SATIRES, 10. 78-81.]

LA COURSE DE CHARS était, à Rome, le sport le plus populaire. Le Circus Maximus, dont le nom dit assez qu'il était le plus vaste de tous, mais qui n'était pas le seul champ de courses, accueillait, à l'époque d'Auguste, environ cent cinquante mille spectateurs et, plus tard, près de deux cent cinquante mille. Le 9 juin 2006, six cent mille personnes ont assisté au match France-Italie de la finale de la Coupe du Monde de football, sur trois gigantesques écrans de télévision installés dans le Circus Maximus. Le Colisée, consacré aux combats de gladiateurs, ne pouvait pas recevoir plus de cinquante mille spectateurs, alors que le plus vaste stade de football de la planète, le Maracanã de Rio de Janeiro, a une capacité d'environ deux cent mille places, et que le plus grand de tous les lieux où se donne un spectacle sportif, l'Indianapolis

CUPIDON DANS UN CHAR TRAÎNÉ PAR DES DAUPHINS.

Motor Speedway, offre deux cent cinquante mille places assises et plus de cent cinquante mille debout.

À un chevalier qu'il voyait en train de boire pendant des jeux, Auguste envoya dire par un messager : « Lorsque je souhaite déjeuner, je rentre chez moi. » Le chevalier répondit : « Certes, mais toi, tu n'as pas peur de perdre ta place. » [QUINTILIEN, DE L'INSTITUTION ORATOIRE, 6.3.63.]

Durant des jeux donnés au Circus Maximus, on répand sur le sable de la piste des cristaux de sélénite blanche dont le miroitement est très admiré.

[PLINE, HISTOIRE NATURELLE, 36.162.] La sélénite, que l'on peut facilement découper en fines plaques, était parfois utilisée comme verre à vitres.

Diverses malédictions visant des auriges ont survécu. Elles étaient sans doute lancées par des parieurs ayant misé sur leurs adversaires. Par exemple :

Je vous en conjure, divinités, par vos noms sacrés, lancez vos maléfices contre l'aurige Eucherius et tous ses chevaux demain dans le Cirque de Rome ! Entravez-le, ensorcelez-le, battez-le, frappez-le, faites-le chuter ! Conspirez contre lui, démolissez-le, tuez-le, mettez-le en pièces ! Faites qu'il prenne lentement le départ de la course, qu'il ne dépasse personne, qu'il rate ses virages, qu'il ne remporte pas le moindre prix, qu'il se rompe les os, qu'il emmêle ses rênes, que son char se brise, qu'il soit traîné sur la piste dans toutes les épreuves du matin et de l'après-midi. Et que cela arrive maintenant ! Vite, vite ! [INSCRIPTIONS GRECQUES SUR DES SUJETS ROMAINS, 1.117.]

Voyant le public soutenir un aurige appartenant à une autre équipe que celle qui avait sa faveur, Caligula s'écria : « Ah, comme j'aimerais que le peuple romain n'ait qu'un seul cou (à trancher) *! »* [SUÉTONE, VIE DE CALIGULA, 30.]

*Enfant, Néron avait pour principal sujet de conversation la course de chars dans le Cirque, bien qu'il eût ordre de n'en pas parler. Un jour, alors que devant ses camarades d'études, il déplorait qu'un aurige de l'équipe des Verts ait été traîné dans la poussière, son pédagogue lui en fit reproche. Néron lui mentit en assurant qu'il était en train de discuter du passage de l'*Iliade *d'Homère dans lequel Achille lie à son char le corps d'Hector et le traîne tout autour de Troie.* [SUÉTONE, VIE DE NÉRON, 22.]

NÉRON PARTICIPAIT SOUVENT AUX COURSES DE CHARS. AUX JEUX OLYMPIQUES, IL CONDUISIT UN CHAR ATTELÉ DE DIX CHEVAUX, BIEN QUE DANS L'UN DE SES POÈMES, IL AIT REPROCHÉ AU ROI MITHRIDATE D'AVOIR FAIT DE MÊME. OR IL TOMBA DU CHAR ET IL FALLUT L'AIDER À Y REMONTER. BIEN QU'IL N'AIT PAS PU FINIR LA COURSE ET SE SOIT ARRÊTÉ AVANT LA FIN, IL FUT COURONNÉ VAINQUEUR. [SUÉTONE, VIE DE NÉRON, 24.]

L'UNE DES RARES REPRÉSENTATIONS DE MUSICIENS JOUANT DANS L'ARÈNE PENDANT UN COMBAT DE GLADIATEURS.

Marcus Aurelius Mollicius Tatianus naquit ici, à Rome, et vécut vingt ans, huit mois et sept jours. Il remporta cent vingt-cinq couronnes de vainqueur dont quatre-vingt-neuf pour les Rouges, vingt-quatre pour les Verts, cinq pour les Bleus et sept pour les Blancs. Il remporta par deux fois un prix de quarante mille sesterces [CORPUS DES INSCRIPTIONS LATINES, 6.10049B., épitaphe d'un aurige]. À partir de ces inscriptions, on a pu calculer que la durée de vie moyenne d'un aurige était de vingt-deux ans et demi. Le frère de l'aurige cité ci-dessus, Polynice, gagna sept cent trente-neuf victoires, soit beaucoup plus que lui, et il vécut aussi plus longtemps : vingt-neuf ans, neuf mois et cinq jours. [6.10049A.]

❋

Le premier combat de gladiateurs fut présenté à Rome, dans le marché aux bestiaux (en 264 avant J.-C.) *durant le consulat d'Appius Claudius et Quintus Fulvius. Trois paires de combattants s'affrontèrent aux jeux funéraires donnés en l'honneur de Brutus Pera par ses fils Marcus et Decimus.* [VALÈRE MAXIME, FAITS ET DITS MÉMORABLES, 2.4.7.] On a souvent dit que les Romains tenaient la gladiature des Étrusques, mais il n'en existe pas de preuve convaincante.

❋

Nicolas de Damas, qui écrivait à l'époque d'Auguste, rapporte que *lorsque des dîneurs ont achevé leur repas en état d'ivresse, ils font venir des gladiateurs et se plaisent à applaudir si l'un d'eux a la gorge tranchée.* [CITÉ PAR ATHÉNÉE DE NAUCRATIS, LE BANQUET DES SAVANTS, 153 SQQ.]

FRESQUE REPRÉSENTANT LES ÉMEUTES DE POMPÉI EN L'AN 59. UN GRAFFITI FORMULE SUR UN MUR CE VŒU PLUTÔT IMPRUDENT : « RIEN QUE DU BONHEUR POUR CEUX DE PUTEOLI ET NUCERIA ET, POUR CEUX DE POMPÉI ET DE PITHECUSA, LE CROCHET ! » (ENTENDEZ, UNE MORT INFAMANTE CAR UN CROCHET TRAÎNAIT LES CADAVRES DES CONDAMNÉS DANS L'ESCALIER DES GÉMONIES.)

J'ai donné des jeux de gladiateurs trois fois en mon nom propre et cinq fois au nom de mes fils et petits-fils. Environ dix mille gladiateurs ont combattu dans ces jeux. [LES ACTES DU DIVIN AUGUSTE, 22.] En l'an 107 de notre ère, Trajan en engagea le même nombre dans les jeux donnés pour célébrer son triomphe sur les Daces. [DION CASSIUS, HISTOIRE ROMAINE, 68.15.]

Le décret sénatorial de l'an 19 de notre ère dit *Tabula larinas* dont une partie figure sur une tablette de bronze, fut publiée pour la première fois en 1978. Il défendait de recruter pour des combats de gladiateurs les descendants directs jusqu'à la troisième génération, garçons et filles ayant moins de vingt ans, des sénateurs et des chevaliers.

Parmi les vingt mille (sic) *gladiateurs du camp d'entraînement de l'empereur Caius, il n'y en avait que deux capables de ne pas même sourciller dans les moments de tension extrême, et c'est ce qui les rendait invincibles.* [PLINE, HISTOIRE NATURELLE, 11.144.]

❋

Un velum *de la couleur d'un ciel semé d'étoiles a été récemment tendu au moyen de cordages au-dessus de l'amphithéâtre de l'empereur Néron.* [PLINE, HISTOIRE NATURELLE, 19.24.] L'installation de ce *velum* était confiée à des marins, experts en gréement, et la mention *vela erunt* (entendez : « il y aura des voiles pour faire de l'ombre ») apparaît dans plusieurs annonces de spectacles retrouvées à Pompéi.

❋

On inspirait très tôt aux enfants la passion des jeux : un biberon de terre cuite trouvé à Pompéi est orné de l'image d'un gladiateur.

❋

En l'an 59 de notre ère, *des troubles opposèrent les habitants de Nuceria et de Pompéi à propos d'une bagatelle. Elle avait pris sa source dans un spectacle de gladiateurs donné par Livineius Regulus, qui fut écarté du Sénat dans des circonstances évoquées plus haut. Les habitants des deux villes commencèrent par échanger des quolibets, puis ils passèrent aux insultes et, enfin, aux armes... Le Sénat interdit aux Pompéiens d'organiser ce genre de spectacles publics dix années durant et prononça la dissolution de leurs associations illégales. Livineius et tous ceux qui avaient fomenté les troubles furent punis d'exil.* [TACITE, ANNALES, 14.17.]

❋

Commode, qui régna de 180 à 192, combattit souvent comme gladiateur avec des armes en fer, alors que celles de l'adversaire étaient en plomb. [AURELIUS VICTOR, LIVRE DES CÉSARS, 17.4.] Il faisait payer à l'État un million de sesterces par représentation. Sept empereurs au moins se sont entraînés à la gladiature : Caligula, Titus, Hadrien, Verus, Didius Julianus, Caracalla et Geta.

❋

Saint Augustin raconte la poignante histoire d'Alypius, jeune chrétien qui fut, contre son gré, entraîné par ses compagnons à un spectacle de gladiateurs : *durant un moment, il refusa d'ouvrir les yeux puis il le fit enfin et, à l'instant même, la soif du sang s'empara de lui.* [CONFESSIONS, 6.9; par la suite, Alypius devint évêque.]

UN CASQUE DE GLADIATEUR.

En dépit de l'interdiction officielle des combats de gladiateurs promulguée par Constantin en l'an 325, ils se poursuivirent jusqu'à leur suppression par Honorius, en 404, lorsqu'un moine qui tentait d'arrêter l'un d'eux eut été lapidé à mort par des spectateurs indignés. Les auteurs chrétiens condamnaient également les jeux du cirque, mais les courses de chars se maintinrent au moins jusqu'en l'an 549.

On pense généralement que les gladiateurs, avant le début des jeux, adressaient à l'empereur le fameux « Ceux qui vont mourir te saluent » (*nos morituri te salutamus*). En fait, cela est loin d'être démontré : *Alors qu'allait commencer une bataille navale sur le lac de Fucine, les combattants* (qui n'étaient pas des gladiateurs mais des condamnés) *lancèrent à Claude : « Salut, imperator, ceux qui vont mourir te saluent. » L'empereur, mi-figue mi-raisin, marmonna : « mourir ou pas »* (plaisanterie évoquant vaguement l'hypothèse que quelqu'un pourrait survivre). *Et comme certains refusaient de se battre en croyant que ces mots leur faisaient grâce, Claude se leva de son siège et gagna en clopinant la rive du lac pour, en alternant menaces et promesses, les presser d'engager le combat.* [SUÉTONE, VIE DE CLAUDE, 21.]

✻

Il est généralement admis que les spectateurs indiquaient en abaissant le pouce qu'il fallait achever le gladiateur vaincu. Des indications tant écrites que picturales suggèrent plutôt qu'on donnait ce mortel signal en dirigeant le pouce vers le haut. Par ailleurs, la croyance répandue selon laquelle le public était admis au banquet des gladiateurs à la veille du combat est loin d'être prouvée.

✻

Un garçon de cirque vêtu en Mercure, dieu chargé de conduire les âmes des défunts dans le monde souterrain, piquait les corps des gladiateurs et des condamnés d'un fer rouge pour s'assurer qu'ils étaient bien morts. Un autre garçon de cirque, costumé en Hadès, dieu des Enfers, achevait d'un coup de masse ceux qui étaient encore en vie. [TERTULLIEN, APOLOGÉTIQUE, 15.]

✻

S'il faut une preuve de la bouche d'un homme qui combat dans l'arène ou d'un témoin de même acabit, elle ne sera jugée crédible que s'il parle sous la torture. [JUSTINIEN, DIGESTE, 22.5.21.]

✻

L'ampleur du trafic d'animaux sauvages destinés au cirque réduisit ou fit disparaître nombre d'espèces, tant dans l'empire qu'au-delà des frontières. En l'an 50 avant J.-C., Cicéron, alors gouverneur de Cilicie, au sud-est de la Turquie actuelle, écrivit ce qui suit à Marcus Caelius Rufus qui s'apprêtait à donner des jeux pour se rendre populaire :

Les chasseurs ont assidûment suivi mes instructions pour les léopards, mais ils se font étrangement rares et ceux qui nous restent se plaignent sans doute amèrement d'être les seuls animaux chassés dans ma province. Il semble bien qu'ils ont décidé de gagner la Carie voisine. [LETTRES À SES AMIS, 2.11.2.]

Scaurus envoya cent cinquante léopards à Rome, Pompée en envoya quatre cent dix et le divin Auguste quatre cent vingt. [**PLINE**, HISTOIRE NATURELLE, 8.64.]

Au Ier siècle avant J.-C., Pasitélès, sculpteur originaire d'Italie du Sud, vint copier un lion dans l'enclos où l'on parquait les fauves africains destinés aux spectacles. Quand une panthère déboula d'une cage voisine, il n'eut que le temps de décamper. [**PLINE**, HISTOIRE NATURELLE, 36.40.]

JUGEANT EXCESSIF LE PRIX DE LA VIANDE DESTINÉE À NOURRIR LES FAUVES, CALIGULA DÉCIDA DE LES RAVITAILLER EN CONDAMNÉS. DEPUIS LE MILIEU D'UN PORTIQUE, IL LES PASSA EN REVUE ET, SANS S'INFORMER DES CHEFS D'ACCUSATION LES CONCERNANT, IL ORDONNA QU'ON TRANSFORMÂT CES HOMMES EN VIANDE DE BOUCHERIE « À PARTIR DU CHAUVE D'ICI JUSQU'AU CHAUVE DE LÀ-BAS ».

[**SUÉTONE**, VIE DE CALIGULA, 27.]

Néron imitait les exploits d'Hercule. On raconte qu'un lion fut dressé de telle façon qu'il le tua d'un coup de massue ou l'étrangla en s'offrant nu dans l'arène en spectacle. [**SUÉTONE**, VIE DE NÉRON, 53.]

MASSACRE DE LÉOPARDS.

FLÛTISTE ET DANSEUSE AUX CASTAGNETTES.

ON A RÉCEMMENT DÉCOUVERT QU'EN VERSANT UN MÉLANGE À BASE DE CUIVRE DANS LA GUEULE DES OURS OU DES LIONS DANS L'ARÈNE, ON LES REND INCAPABLES DE MORDRE. [PLINE, HISTOIRE NATURELLE, 34.127.]

Critiqué par Auguste pour sa vie scandaleuse, un danseur du nom de Pylade lui répondit : *« Tu as tout intérêt, César, à ce que le peuple soit distrait par mes façons. »* [DION CASSIUS, HISTOIRE ROMAINE, 54.17.] *Dans le personnage d'Hercule saisi de démence, Pylade se mit à décocher des flèches en direction du public, et il fit de même quand il interpréta ce rôle à un banquet donné par Auguste. L'empereur ne prêta pas plus attention que le public au fait que cet archer lui faisait face.* [MACROBE, SATURNALES, 2.7.] Par la suite, Auguste bannit Pylade d'Italie parce qu'il avait fait un geste obscène à un spectateur qui tentait de le chasser de la scène. [SUÉTONE, VIE D'AUGUSTE, 45.]

La façon dont Caligula traitait ses artistes favoris n'était pas la moindre de ses folies. Il faisait pleuvoir ses baisers sur le pantomime Mnester, et cela même quand il était en scène. Si, pendant qu'il jouait, un spectateur émettait le moindre son, il le faisait arracher à son siège et le fouettait de sa propre main. Il envoya un centurion porter à un chevalier romain qui avait troublé le spectacle, l'ordre d'aller sur-le-champ s'embarquer à Ostie pour remettre un message (écrit et scellé) au roi Ptolémée en Mauritanie. Le texte en était : « Ne fais ni bien ni mal à celui que je t'adresse. » [SUÉTONE, VIE DE CALIGULA, 55.] Le sel de la plaisanterie résidait dans la terreur du pauvre diable se demandant pendant toute la traversée quel sort funeste pouvait bien l'attendre en Mauritanie !

Rome n'était pas la seule ville où régnait la folle passion du spectacle ; le 19 octobre 439 de notre ère, tandis que l'ennemi lançait un assaut soudain sur Carthage, ses habitants assistaient à des jeux consulaires dans le cirque, qui était le plus grand édifice de toute l'Afrique romaine. Ce fut sans rencontrer de réelle résistance que les Vandales de Genséric s'emparèrent de la ville.

Le Colisée est le monument qui symbolise le mieux la Rome antique, mais des ruines de plus de deux cents amphithéâtres subsistent dans ce qui fut l'Empire romain. La plupart se trouvent en Italie et dans les provinces occidentales, ce qui témoigne de la plus grande influence du théâtre à la grecque dans les régions orientales. L'amphithéâtre de Pompéi, le plus ancien qu'on puisse dater, remonte aux années 70 avant J.-C.

❋

Le mélange de sueur, de crasse et d'huile d'olive que les athlètes raclaient sur leur corps à l'aide du strigile était parfois vendu au public à prix d'or par les gérants des gymnases. Il entrait dans la composition d'onguents contre divers maux. [PLINE, HISTOIRE NATURELLE, 15.19, 28.50.]

❋

Des fleurs d'origine nord-africaine poussent encore de nos jours à l'intérieur et à l'extérieur du Colisée. Leurs semences furent peut-être introduites en Italie dans les fourrures et les crinières des lions et autres animaux exotiques exhibés dans l'arène. Au XIXe siècle, quand les touristes étaient moins nombreux et les désherbants moins employés qu'aujourd'hui, on recensa au Colisée jusqu'à quatre cent vingt espèces botaniques et l'on y signala souvent une extraordinaire floraison printanière.

❋

SPECTATUM VENIUNT, VENIUNT SPECTENTUR UT IPSAE

« SI CES DAMES VIENNENT AU SPECTACLE, C'EST POUR SE DONNER EN SPECTACLE. »

[OVIDE, L'ART D'AIMER, 1.99.]

CHAPITRE XVI

METS ET BOISSONS

GLANS ALUIT VETERES ET PASSIM SEMPER AMARUNT

« NOS AÏEUX SE NOURRISSAIENT DE GLANDS, MAIS L'AMOUR ÉTAIT DÉJÀ AU MENU. »

[TIBULLE, 2.3.69.]

LES BANQUETS *ont sans cesse été plus compliqués et plus coûteux. Les cuisiniers, qu'on tenait jadis pour des esclaves de dernière catégorie et que l'on traitait en conséquence, ont commencé à se vendre à prix d'or, et la cuisine est passée du statut d'occupation subalterne à celui de discipline artistique. Ce qui était alors un luxe n'était pourtant que le premier symptôme de la décadence à venir.* [TITE-LIVE faisant allusion, *in* HISTOIRE ROMAINE, 19.6, à la situation des années 180 avant J.-C.]

On avait coutume, pour dénoncer le luxe, de déplorer qu'un cuisinier coûtât plus cher qu'un cheval. Aujourd'hui, un cuisinier coûte plus de trois chevaux, et un poisson plus de trois cuisiniers. [PLINE, HISTOIRE NATURELLE, 9.67.]

« Il faut manger pour vivre et non vivre pour manger » (*esse oportet ut vivas, non vivere ut edas*). [ATTRIBUÉ À CICÉRON, RHÉTORIQUE À HÉRENNIUS, 4.39.]

Le régime alimentaire de l'immense majorité de la population romaine manquait de saveur et de variété. Dans le monde antique, on ignorait des denrées aussi répandues que le café, le thé, le chocolat, les pommes de terre ou les tomates. Des deux principales cultures céréalières actuelles, le riz et le maïs, la première était connue mais peu cultivée et la seconde totalement inconnue.

Les gens pauvres mangeaient rarement de la viande. Une famille bénéficiant d'une allocation de viande pouvait recevoir – allocation plutôt mince – cinq livres de porc par mois pendant cinq mois de l'année. [CODE THÉODOSIEN, 14.4.]

Dans son traité *Les travaux des champs*, Varron enseigne comment engraisser les loirs [3.15] ; dans son livre de cuisine, Apicius donne une

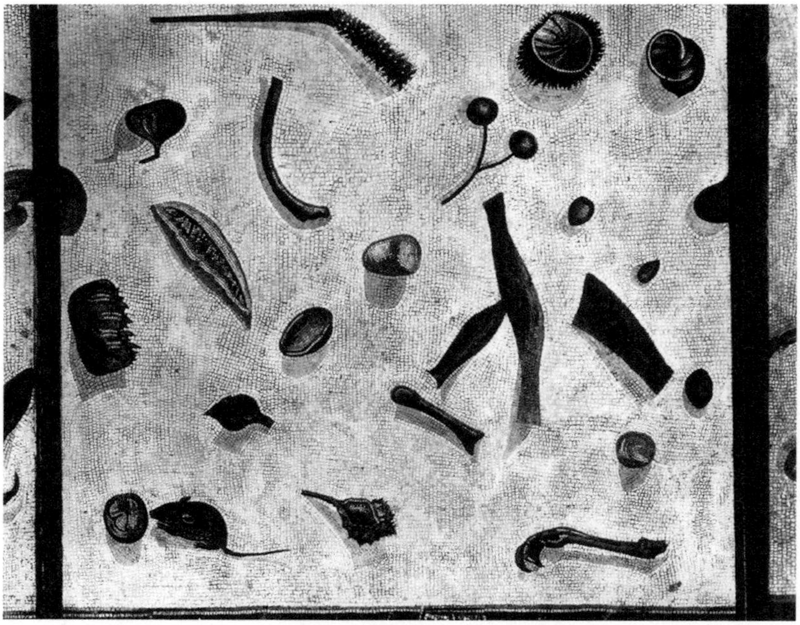

LA MOSAÏQUE DOMESTIQUE AVANT D'ÊTRE BALAYÉE. ON REMARQUERA LES SOURIS QUI FONT LE MÉNAGE!

recette de loir farci [8.9] ; mais un censeur prit un décret, sans doute en l'an 169 avant J.-C., pour interdire de servir du loir dans les repas. [PLINE, HISTOIRE NATURELLE, 36.4.]

Jules César punit son boulanger pour lui avoir servi un meilleur pain qu'à ses invités [SUÉTONE, VIE DE JULES CÉSAR, 48], et l'on disait d'Hadrien qu'il se faisait servir des mets destinés aux autres convives : afin de s'assurer que ses cuisiniers ne lui jouaient pas le même tour. [HISTOIRE AUGUSTE, VIE D'HADRIEN, 17.] Juvénal oppose la splendeur des mets servis à un goujat à ceux qu'il fait servir à ses pauvres hôtes : une gigantesque lamproie de Sicile pour lui et, pour eux, une anguille aux allures de serpent d'eau engraissée dans les égouts qui se déversent dans le Tibre. [SATIRES, 5. 99-106.]

BOIRE DU VIN DANS LEQUEL ON A NOYÉ DES ANGUILLES FAIT PERDRE L'ENVIE DE VIN.

[SAINT ISIDORE DE SÉVILLE, ÉTYMOLOGIES, 12.6.41.]

Dans son *Banquet des savants*, Athénée de Naucratis recense et décrit, entre force autres thèmes, plus de cinquante variétés de pain. [109F-113D.]

Mécène, le conseiller d'Auguste, mit à la mode la viande d'âne en tant que mets raffiné. [PLINE, HISTOIRE NATURELLE, 8.170.] Pline rapporte aussi que les gourmets étaient friands de la dure peau de la trompe d'éléphant, non pour sa saveur, mais parce que sa trompe était ce qui se rapprochait le plus, aux yeux de ces snobs, de l'ivoire de ses défenses, beaucoup plus coûteux, certes, mais, hélas, non comestible. [8.31.]

Pour Galien, quiconque mange de la viande de cheval ou d'âne devrait être lui-même un baudet. [DES ALIMENTS, 443.] Alors que la viande de cheval est très appréciée aujourd'hui dans une grande partie de l'Europe, ni les Romains ni les Grecs n'en mangeaient, sauf famine.

Jugeant une affaire dans le Forum d'Auguste, Claude sentit le fumet d'un plat qu'on préparait pour les prêtres Saliens au temple de Mars tout proche. Du coup, il quitta son tribunal et gravit les marches du temple pour se joindre aux dîneurs. [SUÉTONE, VIE DE CLAUDE, 33.]

Un jour, Néron observa cyniquement que les champignons sont la nourriture des dieux, puisque ce fut par l'effet de champignons que Claude devint un dieu. [DION CASSIUS, HISTOIRE ROMAINE, 61.35.]

Les champignons passèrent de mode après qu'Agrippine, deuxième épouse de Claude, l'eut empoisonné par ce moyen. Elle les remplaça par un autre venin, qui allait empoisonner le monde et elle-même : son cher fils Néron. [PLINE, HISTOIRE NATURELLE, 22.92.]

Les poireaux firent fureur à partir du moment où Néron se mit à en manger pour donner de la puissance à sa voix. [PLINE, HISTOIRE NATURELLE, 19.108.]

Un jour, Domitien invita à dîner un groupe de sénateurs et de chevaliers de premier plan dans une pièce dont les parois et les meubles étaient entièrement peints en noir. Les assiettes avaient la forme de pierres tombales et le service était assuré par de jeunes garçons également peints en noir. Les mets, noirs eux aussi, étaient ceux qu'on offre aux défunts. Domitien ne parla que de mort et de meurtres. Tous les convives croyaient leur dernière heure venue, mais quand ils rentrèrent chez eux, ils y trouvèrent les coûteux présents que leur avait envoyés l'empereur. [DION CASSIUS, HISTOIRE ROMAINE, 67.9.]

Le jeu dit *cottabus*, au cours duquel on lançait sur une cible le vin contenu dans une coupe, était extraordinairement populaire en Grèce, mais il semble n'avoir guère séduit les Romains. Même sans qu'on y joue, un banquet pouvait être le lieu d'une noce à tout casser. Vitruve conseille [DE L'ARCHITECTURE, 7.4.5] de prévoir dans les salles à manger des rigoles d'écoulement et une couche de charbon sur le sol afin d'absorber le vin répandu ou craché. Ce sol préservait en outre les esclaves d'un coup de froid, car ils marchaient pieds nus.

QUAND NOUS SOMMES ALLONGÉS POUR LE BANQUET, UN ESCLAVE BALAIE LES VOMISSURES, TANDIS QU'UN AUTRE S'ACCROUPIT SOUS LES TABLES POUR RAMASSER LES RESTES DES IVROGNES. [SÉNÈQUE, LETTRES, 47.]

UN PAIN CUIT À POMPÉI LE 24 AOÛT 79.

On croit, souvent à tort, que les riches Romains disposaient d'une pièce spéciale, un *vomitorium*, où aller se soulager l'estomac de façon à pouvoir poursuivre leur repas. Rien ne le prouve et ce mot n'apparaît pas avant la fin du IVe siècle de notre ère, lorsque Macrobe note : *nous appelons de nos jours* vomitoria *les passages par lesquels la masse du public accède au théâtre ou au cirque pour aller d'elle-même occuper les gradins.* [SATURNALES, 6.4.3.]

Vitellius, qui régna huit mois en l'an 69 de notre ère, prenait souvent quatre repas par jour grâce à l'emploi des émétiques. Alors qu'on lui servait un plat si gigantesque qu'il le nomma le « bouclier de Minerve patronne de la Ville », il consacra à la déesse un pot-pourri de foies de scares, cervelles de faisans et de paons, langues de flamants, laitances de lamproies que des trirèmes étaient allées chercher fort loin, du pays des Parthes jusqu'au détroit de Gadès. [SUÉTONE, VIE DE VITELLIUS, 13.] *La préparation du plat revient à un million de sesterces et exige la construction en rase campagne d'un four* ad hoc. [PLINE, HISTOIRE NATURELLE, 35. 163.]

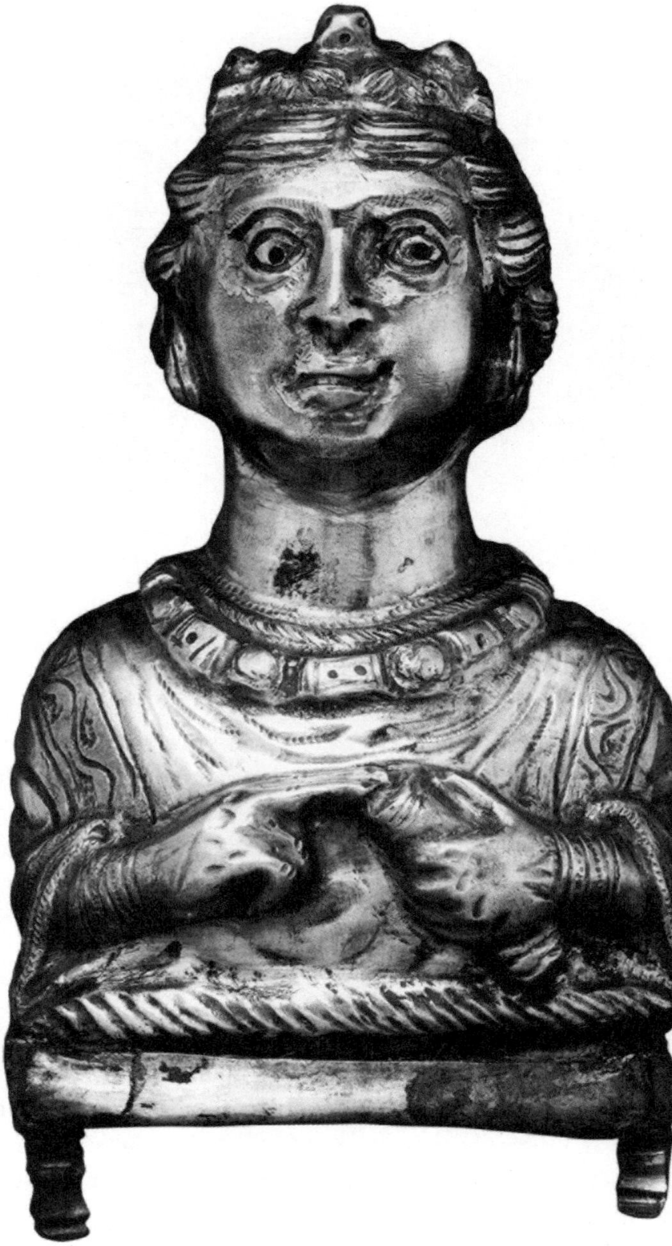

L'UN DES QUATRE MOULINS À ÉPICES DÉCOUVERTS EN GRANDE-BRETAGNE EN 1992. ILS FAISAIENT PARTIE D'UN TRÉSOR ENTERRÉ AU DÉBUT DU V[E] SIÈCLE ET AVAIENT DES PERFORATIONS PERMETTANT DE RÉPANDRE L'ÉPICE. ON SUPPOSE QUE LA FEMME REPRÉSENTÉE ICI EST HÉLÈNE, MÈRE DE CONSTANTIN, QUI RÉGNA DE 303 À 336.

Clodius Albinus, qui fut brièvement proclamé empereur par ses troupes en 196-197, était connu pour sa capacité à engloutir en une fois des quantités de fruits peu communes : cinq cent figues sèches, cent pêches, dix melons, vingt livres de raisin, ainsi que cent becfigues et quatre cent huîtres. [HISTOIRE AUGUSTE, VIE DE CLODIUS, 11.]

Dans la crainte de voir Cléopâtre l'empoisonner avant la bataille d'Actium, Marc Antoine employait un goûteur (*praegustator*). La pratique de faire goûter ses plats était à la mode, et le *praegustator* était un personnage important de la Maison impériale. On connaît les noms de plusieurs d'entre eux grâce à leurs pierres tombales, mais elles ne mentionnent jamais la cause de leur mort.

Après avoir empoisonné les fleurs qui devaient couronner Antoine à un banquet, Cléopâtre suggéra, au plus fort de la fête, que chacun bût son vin en y jetant des pétales de sa couronne florale. Au moment où Antoine allait boire, Cléopâtre étendit la main sur sa coupe et ordonna de faire venir un condamné qui en but le contenu et mourut sur-le-champ. [PLINE, HISTOIRE NATURELLE, 21.12.]

L'IMPÉRATRICE LIVIE ENDUISIT D'UN POISON LES FIGUES D'UN FIGUIER DONT AUGUSTE AVAIT COUTUME DE CUEILLIR LES FRUITS DE SA MAIN, PUIS ELLE MANGEA CEUX QUI N'AVAIENT PAS ÉTÉ AINSI TRAITÉS ET LUI OFFRIT CEUX QUI L'ÉTAIENT. AINSI, IL TOMBA MALADE ET MOURUT. [DION CASSIUS, HISTOIRE ROMAINE, 56.30.]

Il circule une rumeur selon laquelle Marc Aurèle aurait coupé en deux une tétine de truie – mets dont il était très friand – avec un couteau empoisonné d'un seul côté et aurait offert la moitié fatale à Lucius Verus, César comme lui. [HISTOIRE AUGUSTE, VIE DE MARC AURÈLE, 15, VIE DE VERUS, 11.]

Le goût des Romains pour le *silphium*, condiment coûteux qui entrait dans de nombreuses recettes, provoqua la disparition de cette plante. Elle avait été l'emblème de la ville de Cyrène, en Libye, qui devait sa prospérité à son exportation. Ces plantes ne pouvait pas être cultivées et elles devinrent si rares que l'une d'elle fut jugée digne d'être présentée à Néron. [PLINE, HISTOIRE NATURELLE, 19.39.]

ÉCHOPPE SERVANT DES PLATS CHAUDS À POMPÉI (*THERMOPOLIUM*).

Les truffes étaient sans doute plus abondantes à l'époque romaine qu'à la nôtre. Rares sont de nos jours ceux qui les mangent entières ou aimeraient le faire, alors que Pline parle d'un magistrat qui s'abîma les incisives sur une pièce de monnaie autour de laquelle avait poussé une truffe. [HISTOIRE NATURELLE, 19.35.]

La passion des riches pour les épices était telle que les recettes précisaient les cas où le poivre, produit d'importation particulièrement onéreux, ne devait *pas* être employé. Il entre dans trois cent quarante-neuf des quatre cent soixante-huit recettes fournies par Apicius dans son *De re coquinaria* (*L'art culinaire*), seul livre de cuisine antique à nous être parvenu. En l'an 92 de notre ère, des entrepôts spéciaux dits *horrea piperataria* furent bâtis à Rome près de la voie Sacrée (*Via Sacra*) pour tenir lieu de bazar de produits orientaux. Ils furent détruits deux fois par un incendie, en 191 et 283.

Pour ne pas livrer Rome au pillage, au début du Ve siècle de notre ère, le Wisigoth Alaric exigea une rançon comprenant de l'or, de l'argent, de la soie et trois mille livres de poivre. On racontait que les Wisigoths accommodaient la viande en la plaçant entre leurs selles et le dos de leurs chevaux. Si tel était vraiment le cas, le poivre tombait à point nommé !

J'ESPÈRE QUE CE GENRE DE FILOUTERIES VOUS CAUSE DES ENNUIS, AUBERGISTES : VOUS NOUS VENDEZ DE L'EAU, ET C'EST VOUS QUI BUVEZ DU VIN PUR ! (COUPLET ÉLIAGIQUE EN GRAFFITI SUR LE MUR D'UNE TAVERNE DE POMPÉI.) [CORPUS DES INSCRIPTIONS LATINES, 4.3948.]

Consignes inscrites sur la paroi d'une salle à manger de Pompéi sous forme de trois couplets [CORPUS DES INSCRIPTIONS LATINES, 4.7698] :

Lavez vos pieds à l'eau et faites-les sécher par l'esclave ; étalez un drap sur le lit mais ménagez ma toile de lin.

Détournez vos œillades enjôleuses et vos regards lascifs des femmes des autres convives et adoptez des dehors convenables.

Si vous le pouvez, renvoyez à plus tard vos querelles et vos assommantes chicanes, et si vous ne le pouvez pas, reprenez le chemin de chez vous !

VIVRES DE RÉSERVE

Lorsque les Gaulois, au IVe siècle avant J.-C., *s'emparèrent de Rome et mirent le siège devant le Capitole, ils savaient que la seule façon de venir à bout de sa garnison était de l'affamer. Les Romains usèrent d'un stratagème très habile pour priver les Gaulois victorieux de la seule raison qu'ils avaient de poursuivre leur siège : ils se mirent à leur lancer toutes sortes de pains à partir de divers endroits de la place. Les Gaulois, ébahis, en conclurent que les Romains disposaient de stocks de grain en abondance et cela les amena à rechercher un accord afin de lever le siège.* [VALÈRE MAXIME, DITS ET FAITS MÉMORABLES, 7.4.3.]

Alors qu'il assiégeait la ville de Casilinum, Hannibal fit racler le terrain séparant son camp des murailles afin que les habitants n'y trouvent pas même un brin d'herbe pour se nourrir. Les assiégés répliquèrent en le labourant et en y semant du blé, comme s'ils disposaient d'assez de nourriture pour pouvoir attendre la moisson. [TITE-LIVE, HISTOIRE ROMAINE, 23.19.] Pourtant, durant ce même siège, une souris – ou un rat, car c'est le même mot en latin – fut payée un prix exorbitant. L'acheteur survécut, mais le vendeur mourut de faim. [FRONTIN, STRATAGÈMES, 4.5.20.]

Lorsque les habitants de la ville espagnole de Numance, qu'assiégeait Scipion, furent à bout de vivres, ils en vinrent au cannibalisme. Après la chute de la cité, on en surprit plusieurs à cacher des morceaux de chair humaine sous leurs vêtements. En pareil cas, la nécessité n'est pas une excuse ; on est libre de mourir plutôt que d'acheter sa vie à un tel prix. [VALÈRE MAXIME, FAITS ET DITS MÉMORABLES, 7.6 EXTR. 2.]

✵ *Pompée trouva, au cours des travaux d'investissement de Dyrrachium* (ville de Grèce occidentale où il assiégeait Jules César en 48 avant J.-C.), *des pains confectionnés avec de l'herbe. Il dit qu'il avait pour adversaires des bêtes sauvages, et il ordonna de cacher ces pains d'herbe à ses troupes de peur que ces preuves du farouche esprit de résistance des hommes de César portent un rude coup à leur moral.* [SUÉTONE, VIE DE JULES CÉSAR, 68.]

LA SAUCE DE POISSON

✵ Le *garum*, qui pouvait atteindre des prix très supérieurs à ceux des vins les plus fins, était une sauce issue de la fermentation des entrailles de poissons. Bien que considéré aujourd'hui comme un ingrédient typiquement romain, on le trouve mentionné pour la première fois, au Ve siècle avant J.-C., par les dramaturges athéniens Eschyle et Sophocle. Il tire son nom du grec *garos*, nom d'un poisson non identifié qui, à l'origine, était à la base de sa composition. Par la suite, on y fit entrer une grande variété de poissons, plus particulièrement des maquereaux et d'autres créatures marines.

✵ On trouve les ruines de diverses fabriques de *garum* en Méditerranée occidentale. En raison de l'odeur puissante dégagée par la fermentation, toutes sont situées hors des villes, de même qu'à Rome, certains ateliers malodorants, dont les tanneries, étaient relégués au-delà du Tibre. [JUVÉNAL, SATIRES, 14.201 SQQ.]

✵ Le *garum* était une cible de choix pour les contempteurs de la *dolce vita*. Sénèque fulmine : *Que dire du* garum*, ce très coûteux sang de poisson pourri ? Ne pensez-vous pas que cette pourriture salée brûle quiconque l'ingurgite ? Imaginez-vous un instant qu'une telle infection, qu'on avale au sortir du feu de la cuisson, pourrait s'éteindre dans nos entrailles sans y causer des ravages ? Qu'ils sont donc répugnants et puants les rots qu'elle nous fait faire !* [LETTRES, 95.] Quoi qu'il en soit, le *garum* était le condiment fondamental des recettes du traité d'Apicius, et l'on en usait, pour de nombreux plats, dix fois plus que du sel.

✵ On l'employait aussi abondamment en médecine, soit par voie orale pour soigner de nombreuses maladies, soit en emplâtre contre

FLAMANT PRÊT À ÊTRE MIS AU FOUR.

les brûlures (mais Pline conseille de ne surtout pas dire au patient qu'on lui applique du *garum* [HISTOIRE NATURELLE, 31.97]), ainsi que pour soigner les morsures, et plus particulièrement, toujours selon Pline, les morsures de crocodiles, les maux d'oreilles, les hémorroïdes et diverses autres affections. Pline note plus loin qu'un nouveau remède aux maux d'estomac consiste à absorber un nombre impair d'escargots africains marinés dans du vin ou du *garum*. [30.44.]

❋ *C'était du parfum que contenait ce petit pot d'onyx, mais depuis que Papylus y a fourré son nez, c'est du* garum*!* [MARTIAL, ÉPIGRAMMES, 7.94.]

À LA CUISINE

Moi, je n'assaisonne pas mes repas à la façon des autres cuisiniers, qui vous apportent sur un plateau toute une prairie à brouter et, à force d'entasser des herbes accommodées sur d'autres herbes, vous transforment les dîneurs en vaches. Ils vous balancent là-dessus de la coriandre, du fenouil, de l'ail, des monceaux de persil et – en veux-tu en voilà ! – de l'oseille, du chou, de la betterave, des épinards, une bonne livre d'ase fétide et enfin une horrible moutarde qui fait fondre en eau les yeux de celui qui la broie avant même de commencer. Quand ces gens-là vous assaisonnent des repas, ils ne le font pas avec des condiments mais avec des chouettes qui dévorent tout vif les entrailles des convives. Aussi, les gens d'ici ne font pas de vieux os, l'estomac bourré de toutes ces herbes qu'il est horrible non seulement de consommer mais même de nommer. Les humains mangent des herbes que le bétail ne mangerait pas. [PLAUTE, PSEUDOLUS, 810-824.]

✳

Pour soigner la rétention d'urine, prenez un chou et faites-le blanchir. À mi-cuisson, jetez presque toute l'eau et ajoutez une bonne quantité d'huile d'olive, du sel et une pincée de cumin. Remettez à bouillir un court moment. Buvez le bouillon froid et mangez le chou pour faciliter la digestion. À répéter chaque jour. [CATON, DE L'AGRICULTURE, 156.]

✳

Sa main décrit un cercle et les ingrédients perdent peu à peu leurs qualités particulières, tandis qu'une même couleur les remplace toutes (« color est e pluribus unus »). *Celle-ci n'est pas tout à fait verte, car les morceaux de teinte laiteuse résistent à ce traitement ; sans pour autant être d'un blanc éclatant, car toutes ces herbes l'ont altéré.* [MORETUM, 101-104.] Certains érudits pensent que c'est de ce passage que provient l'une des plus anciennes devises des États-Unis : *e pluribus unum*. Le *Moretum* est un poème, attribué à tort à Virgile, qui décrit la façon dont un vieux paysan mêle les divers ingrédients d'un plat de fromage, d'ail et de légumes.

✳

PRÉLEVEZ LES ENTRAILLES D'UN FLAMANT, LAVEZ-LES, PRÉPAREZ-LES, METTEZ-LES DANS UN POT, AJOUTEZ-Y DE L'EAU, DU SEL, DE L'ANETH ET UN FILET DE VINAIGRE. FAITES BLANCHIR ET AJOUTEZ UNE BOTTE DE POIREAUX ET DE LA CORIANDRE. AVANT CUISSON COMPLÈTE, VERSEZ-Y UN PEU DE LIE DE VIN POUR COLORER, ET MOULINEZ DU POIVRE, DU CUMIN, DE LA CORIANDRE, DE LA RACINE D'ASE FÉTIDE, DE LA MENTHE, DE LA RUE, AJOUTEZ UN PEU DE VINAIGRE, DES DATTES ET LE JUS DE CUISSON DE L'OISEAU. VERSEZ LE TOUT DANS LE MÊME POT, LIEZ LA SAUCE AVEC DE LA FÉCULE, DÉPOSEZ-Y LE FLAMANT ET SERVEZ. POUR LE PERROQUET, PROCÉDEZ DE MÊME.

[**APICIUS**, L'ART CULINAIRE, 6.6.]

CETTE MOSAÏQUE DE POMPÉI ILLUSTRE, DANS UN STYLE PLUTÔT SURRÉALISTE, LA FRAGILITÉ DE LA CONDITION HUMAINE. LA ROUE DE LA FORTUNE, UN PAPILLON SYMBOLE DE L'ÂME ET UN CRÂNE DOTÉ D'OREILLES ET DE DENTS D'UNE SPLENDEUR PLUS QU'IMPROBABLE, ONT POUR CONTREPOINT UN ENGIN DE LEVAGE UTILISÉ EN ARCHITECTURE D'OÙ PENDENT UNE ROBE ROYALE D'APPARAT ET DES GUENILLES DE MENDIANT.

Recette des escargots engraissés au lait : faites dégorger les escargots et ôtez la membrane protectrice pour leur permettre de sortir de leurs coquilles. Mêtez-les dans un récipient avec du lait et du sel, laissez reposer jusqu'au lendemain. Les jours suivants, ajoutez seulement du lait. Épurez le mélange toutes les heures et, lorsque les escargots auront grossi au point de ne pas pouvoir regagner leur coquille, faites-les cuire à l'huile d'olive. [APICIUS, 7.16.]

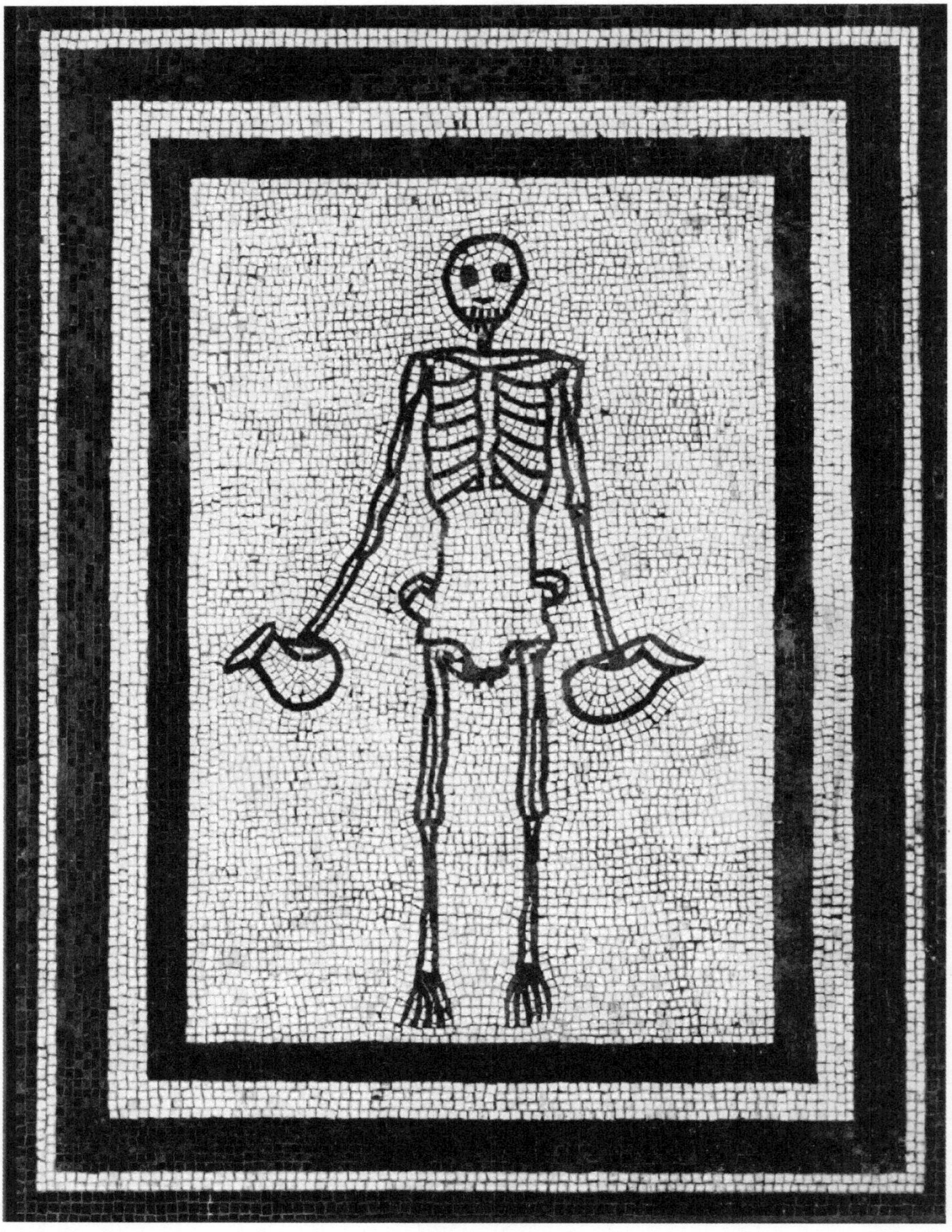

MEMENTO MORI, « N'OUBLIE PAS QUE TU VAS MOURIR. »

Recette de seiche farcie : faites d'abord cuire la seiche avec du poivre, de la livèche, du céleri, des graines de carvi, du miel, du bouillon, du vin et tous les condiments habituels. Fendez-la en deux et arrosez-la avec le jus. Faites bouillir la cervelle après en avoir retiré les veines, et broyez-la avec ce qu'il faut d'œuf cru. Ajoutez des grains de poivre entiers. Farcissez la seiche avec la pâte ainsi obtenue et faites-la bouillir jusqu'à ce que la farce soit cuite. [APICIUS, 9.4.]

LES HUÎTRES

Les Romains étaient très friands d'huîtres. Les gourmets savaient en distinguer la provenance *primo morsu*, littéralement « à la première morsure ». [HORACE, SATIRES, 2.4.31 SQQ. et JUVÉNAL, SATIRES, 4.140 SQQ.]

Sergius Orata fut le premier à installer un banc d'huîtres à Baïes, dans la baie de Naples, peu avant le début de la guerre sociale qui opposa Rome à ses alliés italiens (91-87 avant J.-C.). *Il ne le faisait pas par gourmandise mais dans l'espoir de gagner de l'argent, et son idée lui rapporta gros. Sergius Orata tira aussi un beau bénéfice de l'invention des bains douches et de la revente de maisons de campagne après leur remise en état.* [PLINE, HISTOIRE NATURELLE, 9.168.]

Les huîtres doivent être fraîches pour pouvoir être consommées. Anthime, qui écrivait à la fin du Ve siècle de notre ère, observe que si l'on dispose d'huîtres qui sentent fort, on n'a nul besoin d'un autre poison. [LA DIÉTÉTIQUE, 49.]

Les difficultés que présentait le transport des huîtres ne les rendaient que plus désirables. On les importait à Rome de fort loin, jusque de Bretagne (Angleterre). Apicius aurait découvert un conditionnement qui lui permit d'en envoyer à Trajan, alors que l'empereur guerroyait dans le désert parthique. [ATHÉNÉE DE NAUCRATIS, LE BANQUET DES SAVANTS, 7D.]

« On a peine à discuter avec un estomac car il est dépourvu d'oreilles », avait coutume de dire Caton l'Ancien, et nous devons donc, pour supporter

plus aisément la quantité de nourriture que nous absorbons, faire très attention à sa qualité. [PLUTARQUE, DES RÈGLES ET PRÉCEPTES DE SANTÉ, 18.]

Au cours d'un banquet, on faisait parfois circuler un squelette en guise de *memento mori* (« n'oublie pas que tu vas mourir ») afin de rappeler aux convives que la vie est brève et qu'il faut donc en jouir. [PÉTRONE, SATYRICON, 34.]

Les petites vieilles supportent fort bien de ne rien manger deux ou trois jours durant, mais prive un athlète de nourriture un seul jour, il invoquera contre toi Jupiter l'Olympien, ce Jupiter pour les Jeux duquel il s'entraîne, et il hurlera qu'il ne peut pas supporter ce jeûne. [CICÉRON, TUSCULANES, 2.40.]

Les athlètes suivaient un régime alimentaire particulier, si riche en protéines que les gens ordinaires s'en trouveraient vite mal. [GALIEN, DES ALIMENTS, 2.]

LES GENS QUI ONT MANGÉ SANS L'AVOIR VOULU DE LA CHAIR HUMAINE, SERVIE PAR DES GARGOTIERS SANS SCRUPULE ET DES GENS DE CET ACABIT, ONT REMARQUÉ QU'ELLE RESSEMBLE À LA VIANDE DE PORC. [GALIEN, DES ALIMENTS, 3.]

Le français « piscine » comme l'espagnol et l'italien *piscina* viennent du mot latin *piscina* désignant le bassin où l'on élevait des poissons (*pisces*) à l'intention des gourmets.

C'est à Rome même qu'on pêchait les meilleurs loups, près de l'île du Tibre qui se situe légèrement en amont de la bouche du grand égout (*Cloaca Maxima*). Galien écrit en plusieurs endroits que le poisson pêché près d'un égout n'a pas bon goût. [DES ALIMENTS, 3.]

UXOR ERAT SAEPE HORRIDIOR GLANDEM RUCTANTE MARITO

« (AUX TEMPS ANCIENS) UNE FEMME NOUS EÛT SOUVENT INSPIRÉ PLUS D'HORREUR QUE LES ROTS DE SON ÉPOUX NOURRI DE GLANDS. »

[JUVÉNAL, SATIRES, 6.10.]

CHAPITRE XVII

DÉCADENCE

NON EST, TUCCA, SATIS, QUOD ES GULOSUS : ET DICI CUPIS ET CUPIS VIDERI

« TUCCA, TU NE TE CONTENTES PAS D'ÊTRE UN GOINFRE : TU TIENS À CE QUE ÇA SE SACHE ET QU'ON T'ADMIRE DE L'ÊTRE. »

[**MARTIAL**, ÉPIGRAMMES, 12.41.]

CRASSUS AVAIT pour animal de compagnie une anguille qu'il ornait de boucles d'oreilles et d'un collier. Quand elle mourut, il la pleura comme sa fille. À un certain Domitius, qui critiquait ce comportement, il répondit qu'il valait mieux que le sien, puisqu'il avait enterré trois épouses sans verser une larme. Bien qu'on trouve l'anecdote chez plusieurs auteurs anciens, l'identité des deux personnages en cause n'est pas établie avec certitude. Il s'agissait probablement de Lucius Licinius Crassus et de Gnaeus Domitius Ahenobarbus, qui furent censeurs ensemble en l'an 92 avant J.-C. et, à ce titre, chargés de surveiller les mœurs.

Selon des sources dignes de foi, pendant le consulat de Marcus Lepidus et Quintus Catulus (en l'an 78 avant J.-C.)*, il n'existait pas à Rome de plus belle maison que celle de Lepidus, mais moins de trente-cinq ans plus tard, elle ne figurait même pas sur la liste des cent premières.* [**PLINE**, HISTOIRE NATURELLE, 36.109.]

Au milieu du Ier siècle avant J.-C., *Publius Servilius Rullus fut le premier à servir un sanglier entier comme plat principal d'un banquet, alors que de nos jours deux ou trois sangliers fournissent à peine un hors-d'œuvre.* [PLINE, HISTOIRE NATURELLE, 8.210.]

BAGAGES

On raconte que les Parthes, après leur victoire de Carrhes, s'offusquèrent d'avoir trouvé de la pornographie dans les bagages d'un officier romain. [PLUTARQUE, VIE DE CRASSUS, 32.]

De sévères moralistes romains se scandalisaient de voir des soldats transporter dans leur paquetage des « objets pour femmes » comme des miroirs. [SÉNÈQUE, QUESTIONS NATURELLES, 1.17.10.]

Scipion le Jeune découvrit avec dégoût, outre un dispositif pour rafraîchir le vin, des pierres précieuses dans les bagages de l'un de ses officiers. [PLUTARQUE, DE LA VERTU DES ROMAINS, « SCIPION », 17, 201.]

Dans ses campagnes militaires, César aimait emporter des mosaïques et des dallages avec lui. [SUÉTONE, VIE DE JULES CÉSAR, 46.]

Horace parodie le snobisme de l'hôte qui, ayant des gourmets à dîner, passe commande d'un sanglier en spécifiant qu'il devra avoir été capturé alors que soufflait un léger vent du sud. [SATIRES, 2.8.6 SQ.]

Dans la « Maison dorée » (*Domus aurea*) de Néron, les salles à manger principales étaient circulaires et tournaient sur elles-mêmes jour et nuit selon les changements d'aspect de la voûte céleste. [SUÉTONE, VIE DE NÉRON, 31.] En 2009, des archéologues ont annoncé qu'ils venaient de découvrir par hasard ce qu'ils croient être le mécanisme assurant cette rotation.

Naturaliste de renom, Papinius Fabianus (dont l'œuvre a presque entièrement disparu) *assure que le marbre se régénère de lui-même dans les carrières. Les tailleurs de pierre y travaillant déclarent que les blessures infligées aux flancs des montagnes se cicatrisent. S'il en est vraiment ainsi, nous pouvons être optimistes, car les ressources nécessaires à un style de vie somptueux ne seront jamais taries.* [PLINE, HISTOIRE NATURELLE,

CUPIDONS BUVANT DU VIN.

36.125.] En dépit de l'annonce de ce renouvellement, Pline signale qu'un ancien décret du Sénat interdisait l'activité minière en Italie. [3.138.]

Quintus Hortensius (avocat rival de Cicéron dans les affaires criminelles) *avait coutume d'arroser ses platanes au vin. Pendant un procès où il avait Cicéron pour adversaire, il lui demanda, comme une faveur, d'échanger leurs temps de parole, au motif qu'il devait aller procéder en personne à l'arrosage d'un platane dans sa propriété de campagne près de Tusculum.* [MACROBE, SATURNALES, 3.13.] L'anecdote amène à penser que la présence de l'avocat n'était pas requise durant la présentation de ses arguments par la partie adverse.

Les cuisiniers de Cléopâtre tenaient prêts simultanément plusieurs banquets à différents stades de leur préparation, car ils ne savaient jamais à quel moment Antoine, qui exigeait d'être servi sur-le-champ, commanderait son dîner. [PLUTARQUE, VIE D'ANTOINE, 28.] Il a ici pour source un ami de son grand-père que l'un des chefs cuisiniers de la reine avait autorisé à visiter les cuisines du palais d'Alexandrie.

Quand Cléopâtre, se proposant de lui faire grande impression, paria avec Antoine qu'elle dépenserait dix millions de sesterces en un seul repas, elle gagna son pari en buvant une perle dissoute dans du vinaigre. Les scientifiques modernes doutent qu'une perle ait jamais pu s'y dissoudre aussi rapidement. Une perle jumelle de celle-là fut, par la suite, coupée en deux pour orner les boucles d'oreilles de la statue de Vénus du Panthéon.

On trouvera difficilement l'équivalent du vaniteux mauvais goût dont fit preuve la troisième épouse de Caligula, Lollia Paulina. Elle tenait à être couverte d'émeraudes et de perles pour assister à la moindre des réunions, et avait toujours sur elle les reçus lui permettant de prouver à un éventuel sceptique que ses bijoux avaient coûté quarante millions de sesterces. [PLINE, livrant un témoignage personnel, HISTOIRE NATURELLE, 9.117.]

Lorsque leurs maris critiquent leur passion pour les perles, les femmes leur rétorquent en évoquant leur « mensarum insania *», la folle passion de collectionneurs de tables de bois précieux de citronniers d'Afrique. La table existe encore pour laquelle, un jour, Cicéron paya cinq cent mille sesterces, somme proprement effarante au regard de ses moyens modestes et de la plus grande valeur de la monnaie à son époque.* [PLINE, HISTOIRE NATURELLE, 13.91.]

VOYAGES EN PREMIÈRE CLASSE

Quand ses esclaves l'eurent tiré de son bain et hissé dans sa litière, un riche paresseux leur demanda : « Et maintenant, est-ce que je suis assis ? » [SÉNÈQUE, DE LA BRIÈVETÉ DE LA VIE, 12.8.]

Auguste aimait voyager si lentement en litière qu'il lui fallait deux jours pour atteindre Préneste (de nos jours Palestrina) ou Tibur (Tivoli) qui ne sont pas à plus de vingt milles (trente kilomètres) de Rome. [SUÉTONE, VIE D'AUGUSTE, 82.]

Souffrant de la goutte, l'empereur Septime Sévère fit en litière la plus grande partie du voyage le conduisant de Rome au nord de l'Angleterre.

Le médecin et écrivain Celse compare les secousses de la litière à celles qu'inflige une mer forte aux passagers d'un navire. [DE LA MÉDECINE, 2.15.]

◈ *Quand je rentre d'un déplacement en litière, je suis aussi épuisé que si j'avais marché au lieu d'être assis. Car c'est une épreuve qu'être longuement transbahuté, sans doute parce que cela n'a rien de naturel : si la nature nous a donné des pieds, c'est pour nous en servir... Notre style de vie décadent nous a condamnés à nous affaiblir ; nous avons cessé d'être capables de taire ce que nous avons longtemps refusé de faire.* [SÉNÈQUE, LETTRES, 55.]

◈ Lucien compare celui qui se prélasse dans sa litière au corps qu'on transporte dans des obsèques. Il poursuit en clouant au pilori les gens qui, s'ils ont à marcher, envoient des esclaves en avant pour les avertir d'une inégalité de terrain et pour leur rappeler que, si étrange que cela paraisse, ils sont bel et bien en train de marcher. [LA SAGESSE DE NIGRIN, 34.]

◈ *En voyage, Néron ne se fit jamais accompagner de moins de 1000 chariots que traînaient des mules ferrées d'argent.* [SUÉTONE, VIE DE NÉRON, 30.] L'assertion est des plus fantaisistes, car à l'époque on ne ferrait pas les mules.

❋

Un esclave ayant laissé tomber une coupe de cristal, Vedius Pollio ordonna de le jeter vivant à ses lamproies dressées à se nourrir de chair humaine. L'esclave en appela à Auguste qui, ce jour-là, dînait chez Pollio. Après avoir tenté en vain de persuader son hôte de se montrer clément, Auguste fit briser toutes les coupes de cristal et en fit remplir l'étang des lamproies. [DION CASSIUS, HISTOIRE ROMAINE, 54.23.]

◈

L'ancien consul Petronius – tenu généralement pour le Pétrone qui écrivit le *Satyricon* – possédait un gobelet de fluorine qu'il avait payé trois cent mille sesterces. Avant de se suicider, il le brisa pour être certain que Néron n'en hériterait pas. [PLINE, HISTOIRE NATURELLE, 37.20.]

◈

Un ancien consul a récemment acheté un gobelet en fluorine pour soixante-dix mille sesterces, bien qu'il ne contînt pas plus de trois pintes. Il l'aimait tant qu'il finit par en ronger le bord, mais ainsi abîmé, le gobelet n'en eut que plus de valeur. [PLINE, HISTOIRE NATURELLE, 37.18.]

◈

L'Inde, la Chine et la Péninsule arabique tirent, au bas mot chaque année, cent millions de sesterces de l'empire. Tel est le prix que nous payons pour les produits de luxe destinés à nos femmes. [PLINE, HISTOIRE NATURELLE, 12.84.]

LA FEMME
QUI SE PARFUME
NE JOUIT PAS
DE SON PARFUM.

[**PLINE**, HISTOIRE NATURELLE, 13.20.]

De tous ces produits de luxe, les parfums sont les plus aberrants. En effet, les perles et les pierres précieuses peuvent, du moins, figurer dans un héritage, et les vêtements durent quelque temps, alors que les parfums se dissipent en un instant et, à peine appliqués, sont déjà hors d'usage. Tout ce qu'on peut en dire est que, lorsqu'on a l'esprit ailleurs, son parfum nous fait remarquer le passage d'une femme. Une livre de parfum coûte plus de quatre cent deniers, et nous les payons pour faire plaisir à autrui, car la femme qui se parfume ne jouit pas de son parfum. [PLINE, HISTOIRE NATURELLE, 13.20.]

Aux funérailles de l'aurige des Rouges Félix, l'un de ses fans se jeta dans les flammes du bûcher – ce qui en soi n'a rien d'extraordinaire – mais les supporters des autres équipes tentèrent d'empêcher ce suicide d'illustrer la gloire de Félix ; ils soutinrent que l'homme avait perdu connaissance sous l'effet de l'encens utilisé dans la cérémonie. [PLINE, HISTOIRE NATURELLE, 7.186.]

Aux funérailles de Poppée, sa deuxième épouse morte des coups de pied qu'il lui avait assénés dans le ventre alors qu'elle était enceinte, Néron fit brûler une quantité d'encens représentant toute une année d'importations d'Arabie. [PLINE, HISTOIRE NATURELLE, 12.83.]

Le corps de Poppée ne fut pas consumé par les flammes mais, embaumé, il fut déposé dans le mausolée d'Auguste. Tacite remarque, non sans ironie, qu'il fut « farci d'aromates comme les corps des monarques étrangers ». [ANNALES, 16.6.] Poppée eût sans doute apprécié les efforts consentis pour la conserver en parfait état, car elle aimait prendre des bains de lait d'ânesse afin de garder une peau de jeune fille. [PLINE, HISTOIRE NATURELLE, 2.238.]

Toute une gamme de cosmétiques tirait ses noms de Poppée. Juvénal les appelle de façon peu appétissante les « graisses de Poppée », *pinguia Poppaena*. [SATIRES, 6.462.] La graisse de lion entrait peut-être dans leur composition car, à en croire Pline, elle est bonne pour le teint. [HISTOIRE NATURELLE, 28.89.]

On ne surprendra personne en disant que de nos jours, on peint jusqu'aux bûchers funèbres. [PLINE, HISTOIRE NATURELLE, 35.49.]

Lorsqu'un très jeune homme parfumé vint le remercier de lui avoir confié un commandement militaire, Vespasien, dégoûté, hocha la tête et annula sa nomination en lui disant d'une voix très sévère : « J'aurais préféré que tu empestes l'ail ! » [SUÉTONE, VIE DE VESPASIEN, 8.]

Les Germains ne se servent pas de l'ambre, et ils sont stupéfaits quand on les paye pour en obtenir. [TACITE, GERMANIE, 45.]

Même le goût décadent des Romains pour le luxe n'a pas trouvé d'usage à l'ambre... il n'en est pas moins si apprécié qu'une minuscule statuette d'ambre coûte plus cher que des esclaves vivants et bien portants. [PLINE, HISTOIRE NATURELLE, 37.30, 49.]

La passion romaine pour l'ambre ne semble pas avoir souffert de la conviction répandue qu'il s'agissait d'urine de lynx. [PLINE, HISTOIRE NATURELLE, 37.34.]

LES GENS RICHES PRENNENT MOINS DE PLAISIR À ÊTRE RICHES QU'À S'ENTENDRE FÉLICITER DE L'ÊTRE. [LUCIEN DE SAMOSATE, LA SAGESSE DE NIGRIN, 23.]

NIHIL ALIUD EST EBRIETAS QUAM VOLUNTARIA INSANIA

« L'IVRESSE N'EST RIEN D'AUTRE QU'UNE FOLIE VOLONTAIRE. »

[SÉNÈQUE, LETTRES, 83.18.]

CHAPITRE XVIII

LES BÂTIMENTS

FELIX ILLUD SAECULUM ANTE ARCHITECTOS FUIT !

« QU'ILS ÉTAIENT DONC HEUREUX, LES SIÈCLES SANS ARCHITECTES ! »

[SÉNÈQUE, LETTRES, 90.9.]

LA PLUPART des habitants de Rome vivaient dans des bâtiments à plusieurs étages dits *insulae* (« îles ») – en italien, *isolato* désigne encore de nos jours un bloc d'immeubles. De notoriété publique, les appartements des *insulae* étaient sombres, exigus et exposés aux incendies. Au IVe siècle de notre ère, un recensement des quartiers de la ville dénombra 46 602 *insulae* et seulement 1 797 maisons particulières.

La pyramide de Cestius fut bâtie aux environs de l'an 12 avant J.-C. en l'honneur de Caius Cestius, membre de l'un des grands collèges sacerdotaux. C'est la forme extrême de l'égyptomanie romaine, que stimulèrent tout spécialement Cléopâtre et le culte d'Isis.

On dénombre à Rome treize obélisques antiques. Huit furent rapportés d'Égypte par Auguste et les empereurs qui le suivirent et cinq sculptés à Rome même. L'obélisque qui couronne les escaliers de la Piazza di Spagna porte des hiéroglyphes recopiant, avec des erreurs, ceux de l'obélisque qui se dresse aujourd'hui Piazza del Popolo.

Bien que le *cognomen Dives* (« prospère ») ait été porté par sa famille dès la fin du IIIe siècle avant J.-C., le triumvir Marcus Licinius Crassus devait une grande partie de sa légendaire fortune à des spéculations d'une honnêteté douteuse. Quand éclatait un incendie, il se précipitait sur les lieux avec sa brigade de pompiers personnelle, mais il ne donnait l'ordre de combattre le feu que lorsque le propriétaire de l'édifice en flammes, perdant la tête, avait accepté de le lui revendre à bas prix. [PLUTARQUE, VIE DE CRASSUS, 2.]

En l'an 6 de notre ère, Auguste créa à Rome les *cohortes vigilum* (« cohortes de vigiles »), première unité organisée de pompiers et de policiers. Ses membres étaient aussi chargés de patrouiller dans les rues pendant que les habitants assistaient aux jeux, afin de prévenir les cambriolages.

Les sources littéraires et les recherches archéologiques s'accordent à démontrer combien étaient misérables les conditions de la vie urbaine. On sait aujourd'hui, grâce à l'analyse des glaces polaires, que la pollution par le cuivre et le plomb que provoque leur fonte atteignait un niveau élevé à l'époque romaine.

Le fait que l'anglais *street* et l'allemand *strasse* viennent du latin *stratum* (« couche ») rappelle que les voies romaines étaient faites de couches superposées.

TOUT HABITANT D'UN BÂTIMENT D'OÙ SERAIENT LANCÉS DES OBJETS OU VERSÉS DES LIQUIDES SUR UN LIEU DE PASSAGE OU DE SÉJOUR DU PUBLIC SERA FRAPPÉ D'UNE AMENDE DOUBLE DE LA VALEUR DU DOMMAGE CAUSÉ. [JUSTINIEN, DIGESTE, 9.3.1.]

TOUT UN CHAPITRE DU *DIGESTE* EST CONSACRÉ AUX DÉLITS CONSISTANT À JETER DES OBJETS OU VERSER UN LIQUIDE À PARTIR D'UN BÂTIMENT.

Le propriétaire est tenu de maintenir en bon état la voie publique sur laquelle donne son édifice et de curer les caniveaux afin de ne pas faire

LE PLUS PETIT OBÉLISQUE DE ROME FUT SCULPTÉ SOUS LE RÈGNE D'APRIES (580 À 570 AVANT J.-C.), QUATRIÈME PHARAON DE LA VINGT-SIXIÈME DYNASTIE. IL FUT RAPPORTÉ À ROME PAR DIOCLÉTIEN. AU XVIIE SIÈCLE, LE BERNIN LE JUCHA SUR LE PETIT ÉLÉPHANT D'ERCOLE FERRARA QUI ORNAIT LA PIAZZA DI SANTA MARIA SOPRA MINERVA (« PLACE DE LA MINERVE ») PRÈS DU PANTHÉON.

obstacle au libre passage des chariots. Si le propriétaire ne prend pas ces mesures, le locataire doit le faire à sa place et en déduire le coût de son loyer. Tous doivent s'assurer que les artisans ne laissent rien traîner hors de leur atelier. Une exception est consentie aux blanchisseurs, pour suspendre leur linge, et aux menuisiers pour disposer des roues à l'extérieur de leurs locaux, à condition de ne pas empêcher ce faisant le passage des chariots. Propriétaires et locataires ne doivent pas tolérer qu'on se batte sur la voie publique, qu'on y vide des pots de chambre ou qu'on y jette des cadavres ou des peaux d'animaux. [JUSTINIEN, DIGESTE, 43.10.]

Tu sembleras négliger étourdiment l'approche d'une catastrophe, si tu te rends à un dîner sans avoir fait ton testament au préalable, car tu vas rencontrer autant de périls qu'il y a de fenêtres sur ton chemin. En marchant, prie pour que ces fenêtres se bornent à vider sur toi de grands pots de chambre. [JUVÉNAL, SATIRES, 3.272-277.]

Contrairement à ce qu'on croit souvent, les voies romaines n'étaient pas parfaitement rectilignes ; elles ne l'étaient que dans la mesure où les obstacles naturels le permettaient. Ainsi, en Bretagne, Lincoln (Lindum) est, à vol d'oiseau, à cinquante-cinq milles d'York (Eboracum), mais la voie romaine, faisant un détour par l'intérieur des terres pour éviter des zones marécageuses, atteignait soixante-douze milles.

Exprimé en nombre de bornes miliaires, le chemin parcouru par le voyageur allège de beaucoup la fatigue du voyage. [QUINTILIEN, DE L'INSTITUTION ORATOIRE, 4.5.22.] Plus de quatre mille bornes miliaires romaines subsistent encore, dont au moins deux dans une région de l'empire aussi périphérique que le nord de l'Écosse.

Plutarque crédite le réformateur social du IIe siècle avant J.-C. Caius Gracchus d'avoir mis en place les premières bornes miliaires. [VIE DE CAIUS GRACCHUS, 7.] En fait, les inscriptions figurant sur les plus anciennes remontent à plus d'un siècle plus tôt, car elles mentionnent, comme magistrats responsables du réseau routier, Publius Claudius, consul en 249 avant J.-C., celui-là même qui fit jeter à la mer les poulets sacrés (voir p. 140) et Caius Furius Pacilus, consul en 251 avant J.-C.

Plutarque fait également un mérite à Caius Gracchus d'avoir été le premier à faire jalonner les bords de routes de nombreux blocs de pierre pour permettre aux cavaliers d'enfourcher leurs montures sans avoir besoin d'aide. Le service rendu était important, les étriers étant inconnus des Romains. Il s'agit probablement d'une invention chinoise introduite en Occident par les Avars, au VIe siècle de notre ère.

✱

Les petites gens avaient coutume d'user de volets ajourés pour voir ce qui se passait dehors, mais, de nos jours, le nombre des cambriolages avec effraction les a obligés à obturer leurs fenêtres. [PLINE, HISTOIRE NATURELLE, 19.59.]

✱

Dans l'ancien temps, les gens se lavaient chaque jour bras et jambes, mais ils ne prenaient de bain qu'aux jours de marché (tous les huit jours). [SÉNÈQUE, LETTRES À LUCILIUS, 86.] À la fin de la République, il existait à Rome cent soixante-dix bains publics, et leur nombre augmenta considérablement au début de l'empire. [PLINE, HISTOIRE NATURELLE, 36.121.] À la fin du IVe siècle de notre ère, Rome possédait au moins un millier de ces thermes. Bien que, curieusement, il en existe peu de preuves, ils semble bien qu'hommes et femmes s'y rendaient à des heures différentes.

✱

L'un des consuls s'est récemment rendu à Teanum Sidicinum, en Campanie. Sa femme a dit qu'elle voulait prendre un bain dans les thermes des hommes, et il a chargé le principal magistrat de la ville, Marcus Marius, d'en faire sortir les baigneurs. La femme du consul s'est plainte à son mari que l'on ait tardé à mettre les bains à sa disposition et qu'ils aient été d'une propreté douteuse. Du coup, un poteau fut dressé sur le Forum et Marcus Marius, l'homme le plus distingué de la communauté y fut mené, dépouillé de ses vêtements et battu de verges. [AULU-GELLE, NUITS ATTIQUES, 10.3.] Cette citation provient d'un discours tenu par Caius Gracchus au IIe siècle avant J.-C.)

✱

DES GRAINES D'IVRAIE DANS DU PAIN PROVOQUENT UN ACCÈS DE VERTIGE. IL PARAÎT QUE, DANS LES PROVINCES DE GRÈCE ET D'ASIE, LES GÉRANTS DE THERMES EN JETTENT SUR LES CHARBONS LORSQU'ILS VEULENT SE DÉBARRASSER D'UN TROP GRAND NOMBRE DE BAIGNEURS.
[PLINE, HISTOIRE NATURELLE, 18.156.]

À la fin du Ier siècle de notre ère, Frontin, « curateur des aqueducs » et donc chargé de l'approvisionnement en eau de Rome, se plaint en ces termes : *Nous avons découvert que des champs, des magasins, des logements et des bordels laissaient couler l'eau courante en permanence.* [DES AQUEDUCS DE LA VILLE DE ROME, 2.76.] On estime que les aqueducs assuraient à Rome environ trois cents gallons d'eau par personne et par jour (un gallon équivaut à 4,54 litres) soit cinq ou six fois plus que dans nombre de villes modernes. Aujourd'hui encore, l'approvisionnement en eau de Rome est étonnamment généreux.

Certains quartiers du centre de Rome étaient plus résidentiels que d'autres, mais l'espace urbain ne se distribuait généralement pas selon des critères tenant à la richesse et à la classe sociale. L'hôtel particulier d'un aristocrate pouvait fort bien être entouré de boutiques, et nombre de nobles demeures louaient leur rez-de-chaussée à des commerçants.

Le Monte Testaccio, colline artificielle proche du Tibre au sud de l'Aventin, a aujourd'hui plus de trente mètres de hauteur et huit cent mètres de circonférence, mais il était probablement plus considérable à l'époque romaine. Il est presque entièrement composé de débris d'amphores et d'autres récipients de terre cuite, mis au rebut après avoir servi à l'importation d'huile d'olive du sud de l'Espagne. Le tout représente au moins cinquante millions d'amphores d'une capacité totale de six milliards de litres ! Ce dépotoir semble avoir été utilisé durant plus de trois siècles. Les plus vieilles amphores remontent à l'an 144 de notre ère, mais les couches inférieures en contiennent sans doute de plus anciennes.

La vie simple des Romains des origines était commémorée par une « hutte de Romulus » (*Casa Romuli*) sur chacune des deux collines du Palatin et du Capitole. L'une de ces huttes au toit de chaume fut détruite par un incendie, en l'an 38 avant J.-C., alors qu'un rite religieux y était célébré. Reconstruite, elle brûla à nouveau en 12 avant J.-C., lorsqu'une corneille y laissa tomber un lambeau de viande en feu arraché à un autel de sacrifice. On vit dans l'incident l'annonce de la mort d'Agrippa, le collaborateur et ami intime d'Auguste qui avait remporté la victoire d'Actium sur Antoine et Cléopâtre. [DION CASSIUS, HISTOIRE ROMAINE, 48.43, 54.29.]

UNE BOUCHE À INCENDIE PROCHE DU GRAND CIRQUE, À L'EMPLACEMENT OÙ AURAIT PRIS NAISSANCE LE GRAND INCENDIE DE ROME. ON REMARQUERA LE SIGLE *SPQR* POUR *SENATUS POPULUSQUE ROMANUS* (« LE SÉNAT ET LE PEUPLE DE ROME »).

❋

Ce sont peut-être seulement les quatre bas-reliefs inférieurs sur les dix-huit de la colonne Trajane qui ont pu être étudiés en détail parce qu'ils se trouvent au niveau du sol. Pourtant, si l'on remonte la spirale imagée, son intérêt reste intact tant du point de vue de l'art que de la propagande politique. De même, Pline observe que certains des plus fins bas-reliefs du Panthéon se trouvent sur le fronton, trop haut pour être très connus. [HISTOIRE NATURELLE, 36.38.]

❋

C'est à Tacite que nous devons la description la plus fouillée du grand incendie de Rome, auquel il a assisté dans sa jeunesse :

Le feu prit, soit par accident, soit sur ordre de Néron, dans les boutiques proches du Grand Cirque, pendant la nuit du 19 juillet de l'an 64. Attisé par un vent violent, il se déchaîna durant six jours dans les rues étroites voisines sans qu'on puisse le contrôler. Personne ne tenta de le combattre, et certains lancèrent même des torches pour l'aggraver en prétendant en avoir reçu l'ordre, mais peut-être animés par le seul désir du pillage. Néron ne revint d'Antium (à trente-cinq milles de Rome) *que lorsque son palais sur le Palatin fut la proie des flammes. Il procura aux sans-logis vivre et couvert, mais le bruit courut qu'il avait chanté la destruction de Troie tandis que brûlait Rome. Des quatorze quartiers, trois furent entièrement détruits, de sept autres ne subsistèrent que des ruines calcinées, et il n'y en eut que quatre à ne subir aucun dommage.* [ANNALES, 15.39.]

❋

D'aucuns remarquèrent que le feu avait pris le 19 juillet, date à laquelle, jadis, les Gaulois avaient incendié la ville. D'autres, se livrant à un calcul plus compliqué, trouvèrent que les deux incendies étaient séparés de 418 ans, 418 mois et 418 jours. [TACITE, ANNALES, 15.41.]

❋

Nous gravissions le Mont Cispius (au nord de l'Esquilin) *lorsque nous vîmes brûler un bâtiment d'appartements de plusieurs étages dont tout le voisinage était déjà gagné par les flammes. L'un de nous dit alors : « Certes, les loyers de ce qu'on possède en ville sont élevés, mais les risques le sont encore plus. Si l'on trouvait quelque moyen de prévenir les incendies qui sont le lot de Rome, je vendrais mes biens à la campagne et j'achèterais de l'immobilier urbain. »* [AULU-GELLE, NUITS ATTIQUES, 15.1.]

Le chef des vigiles doit veiller toute la nuit et faire sa ronde avec ses bottes et son matériel, haches et crochets. Il doit ordonner aux responsables d'édifices d'interdire de faire du feu sans précautions, et s'assurer que chaque maison dispose d'une réserve d'eau à un étage supérieur. [JUSTINIEN, DIGESTE, 1.15.3.3.]

✻

On conservait le vinaigre dans de grandes jarres pour lutter contre les incendies. [JUSTINIEN, DIGESTE, 33.7.18, 33.9.5.] Il fallait probablement, ce faisant, prendre quelques précautions : quand en traversant les Alpes, Hannibal vit un bloc massif lui barrer la route, on rapporte qu'il le fit exploser en allumant un feu au dessous puis en l'éteignant avec du vinaigre. [TITE-LIVE, HISTOIRE ROMAINE, 21.37.] On est en droit de douter de ce qu'il se soit montré assez prévoyant pour emporter autant de vinaigre dans son expédition ! Les Romains s'emparèrent un jour d'une ville grecque après qu'à l'intérieur de la place, des traîtres eurent miné la résistance d'une tour de briques en mouillant celles-ci de vinaigre à plusieurs reprises. [DION CASSIUS, HISTOIRE ROMAINE, 36.18.]

✻

Pline observe que le Tibre déborde plus à Rome qu'en tout autre endroit de son cours de cent cinquante milles. [HISTOIRE NATURELLE, 3.55.] Durant le seul règne d'Auguste, nous savons qu'il est sorti de son lit et a inondé les bas quartiers de la ville au moins six fois (en 27, 23, 22 et 13 avant J.-C. et en 5 et 12 de notre ère). Le fleuve poursuivit ses méfaits jusqu'à la fin du XIXe siècle, où il fut canalisé, et cela en dépit du fait que, dans l'Antiquité, on savait déjà certainement élever des digues efficaces, un projet en ce sens ayant été envisagé par Jules César.

✻

Des études sismologiques et des témoignages écrits donnent à penser qu'outre d'innombrables petites secousses, Rome a souffert environ une fois par siècle de tremblements de terre étendus ou importants durant les deux derniers millénaires.

✻

Ce ne sont pas les hordes barbares qui ont fait disparaître nombre de grands monuments de la Rome antique – au demeurant elles n'avaient ni la motivation ni la technologie nécessaires – et pas davantage des phénomènes naturels, incendies, inondations ou séismes. Les auteurs de ces destructions sont les habitants eux-mêmes :

UNE RUE DE POMPÉI. DES BORNES DE PIERRE PERMETTENT AUX PIÉTONS D'ÉVITER LE PLUS GROS DES ORDURES.

❖ Théodoric le Grand, le souverain ostrogoth qui régna sur l'Italie de 493 à 526, était presque totalement illettré (voir p. 33). Une lettre écrite en son nom par Cassiodore, son éminent *magister officiorum* et conseiller, enjoint au préfet de Rome d'utiliser à embellir la ville les blocs de marbre tombés des édifices publics.

❖ L'un de ceux qui infligèrent les pires dommages aux monuments fut l'empereur byzantin Constance II. Au cours d'une visite de douze jours à Rome en 663 – la première rendue par un empereur depuis deux siècles –, il fit prélever les parties métalliques de grands monuments, allant jusqu'à leur ôter les étais qui leur évitaient de s'effondrer.

TROIS COLONNES DU TEMPLE DE VESPASIEN ET TITUS, SUR LE FORUM, SONT TOUJOURS DEBOUT. *(R)ESTITUER(UNT)* « ILS ONT RESTAURÉ » DES INSCRIPTIONS TOUT AUSSI INQUIÉTANTES FIGURENT SUR LE THÉÂTRE DE SABRATHA EN LIBYE ; QUAND DES ARCHÉOLOGUES ITALIENS LE REMIRENT EN PLACE DANS LES ANNÉES TRENTE, LE SEUL MOT QUE L'ON PUT RÉTABLIR AU MILIEU DU BÉTON FUT *LACUNAM*, MOT UTILISÉ DANS LA CRITIQUE MODERNE POUR DÉSIGNER LA PARTIE MANQUANTE D'UN TEXTE.

❖ Quasiment aucun bloc de marbre, pour construire la basilique Saint-Pierre, ne provenait de carrières : la plupart provenait du pillage d'édifices existants. À lui seul, un entrepreneur avait retiré, en 1452, l'équivalent de 2 522 charettées de marbre du Colisée.

❖ Le palais Farnèse, le plus magnifique des *palazzi* romains, doit beaucoup au Colisée et au Théâtre de Marcellus. On rapporte que le pape Paul III, né Alessandro Farnese, autorisa son neveu à tirer du Colisée autant de pierres qu'il pourrait le faire en douze heures, et que ledit neveu engagea à cet effet quatre mille paysans qui travaillèrent frénétiquement un jour durant.

❖ Le pape Urbain VIII, né Maffeo Barberini, fut l'un des grands mécènes de la fin de la Renaissance. Au XVIIe siècle, personne n'a plus que lui contribué à donner à Rome son aspect actuel. Il fragilisa le toit du Panthéon en en faisant retirer les poutrelles de bronze afin de fondre quatre-vingts canons à l'intention du Château Saint-Ange (« il est plus important de défendre le Pape que de protéger le Panthéon de la pluie ») et pour fournir au Bernin la matière première du *baldacchino* de Saint-Pierre. C'est l'origine de la pasquinade, ô combien méritée ! *quod non fecerunt barbari, fecerunt Barberini* (« les Barberini ont fait ce que n'ont pas fait les Barbares »).

❖ Le vandalisme architectural a aussi sévi à des époques plus récentes. De 1932 à 1933, le gouvernement fasciste fit une trouée rectiligne à travers la zone du Forum pour permettre de spectaculaires défilés militaires sur la Via del Impero qui pouvait ainsi relier le Colisée à la Place de Venise. Cette place est surplombée par le massif monument à Victor Emmanuel II, premier roi d'Italie (1861-1878), qui ne suscite guère l'admiration – il est surnommé par les Romains « la machine à écrire » – et qui prive le Capitole de sa perspective.

✵

RUINIS IMMINENTIBUS MUSCULI PRAEMIGRANT

« LORSQU'UN ÉDIFICE VA S'EFFONDRER, LES RATS LE FUIENT. »

[PLINE, HISTOIRE NATURELLE, 8.103.]

CHAPITRE XIX

POMPÉI ET HERCULANUM

CAMPANIAE ORA… FELIX ILLA AC BEATA AMOENITAS, UT PALAM SIT GAUDENTIS OPUS ESSE NATURAE

« LES CÔTES DE LA CAMPANIE SONT SI PLAISANTES QU'EN LES CRÉANT LA NATURE ÉTAIT SÛREMENT DE BONNE HUMEUR. »

[**PLINE**, HISTOIRE NATURELLE, 3.40.]

ON PEUT LIRE, sur les murs de Pompéi, plus de trois mille textes en rapport avec des élections municipales ; plusieurs d'entre eux soutiennent un certain Marcus Cerrinius Vatia. [CHOIX D'INSCRIPTIONS LATINES, 6418A, B, C.] Quelques autres ne plaident pas en sa faveur :

Les voleurs à la tire vous demandent de voter pour Vatia aux municipales !

Macerio et tous les flemmards vous demandent d'élire Vatia !

Tous les biberonneurs vous demandent d'élire Vatia ! [CORPUS DES INSCRIPTIONS LATINES, 4.575, 576, 581.]

Les affiches électorales étaient peintes sur les murs des rues passantes afin d'attirer l'attention de l'électeur. Il semble bien que les artistes travaillaient de nuit ; sans doute pour plaisanter, l'auteur d'une des affiches y ajoute en petites lettres : « Porteur de lanterne, accroche-toi à ton échelle ! » [CORPUS DES INSCRIPTIONS LATINES, 4.7621.]

Une partie non négligeable des graffitis découverts à Pompéi est en vers. La première moitié du premier vers de l'*Énéide, Arma virumque cano* (« je chante les armes et le héros »), apparaît dix-sept fois. Elle donne lieu à variation devant le local d'un blanchisseur qui porte le nom aux riches sonorités vocaliques de Fabius Ululutremulus (littéralement « le trembleur à la chouette »). L'inscription porte *fullones ululamque cano, non arma virumque* (« ce que je chante, ce ne sont ni les armes ni le héros, mais les blanchisseurs et leur chouette »). [CORPUS DES INSCRIPTIONS LATINES, 4.9131.] Une expression proverbiale était « craindre quelque chose plus qu'un blanchisseur la chouette ». En effet, la chouette était présage de mort, et les gens en deuil, portant des vêtements noirs, n'avaient que faire des services du blanchisseur.

Admiror paries te non cecidisse ruinis qui tot scriptorum taedia sustineas. On a découvert en quatre endroits de Pompéi des variations autour du distique : « Ô muraille, je m'étonne que tu ne te sois pas effondrée après avoir subi les horribles gribouillis de tant de poètes ». [CORPUS DES INSCRIPTIONS LATINES, 4.2487 SQQ.]

Ferdinand Ier de Bourbon, roi des Deux Siciles, n'appréciait guère à leur juste valeur les objets de fouille de Pompéi et d'Herculanum. Il échangea dix-huit des inestimables papyrus d'Herculanum, découverts en 1785, contre autant de kangourous destinés au jardin zoologique de sa maîtresse dont la spécialité était l'Australie, continent que l'on venait de découvrir.

À peu près à la même époque, mais anecdote moins solidement documentée, un groupe de paysans égyptiens aurait offert à l'érudit danois Niels Iversen Schow cinquante rouleaux de textes grecs ; il n'en acheta qu'un et les paysans brûlèrent les autres, car ils aimaient l'odeur que dégageait la combustion. Ce faisant, ils n'inauguraient pas l'usage de sniffer de la colle, car les feuilles étaient, à l'époque, maintenues ensemble soit par la gomme qu'exsude le papyrus, soit par une pâte à base de farine, de vinaigre et d'eau. [PLINE, HISTOIRE NATURELLE, 13.82.]

✱

Transposant un proverbe italien, le grand archéologue allemand J. J. Winckelmann déplorait, dans une formule mémorable mais peu flatteuse, que le directeur des fouilles d'Herculanum en sût « aussi long sur les antiquités que la lune sur les homards ».

✱

Le même Winckelmann se plaignait de ce qu'on n'employât aux fouilles de Pompéi pas plus de cinquante ouvriers dont des esclaves algériens et tunisiens. Quelques années plus tard, Goethe exprima le vœu qu'on confiât les fouilles d'Herculanum à des mineurs allemands, au lieu d'abandonner le site aux pillards et aux vandales. [VOYAGE EN ITALIE, 1786-1788.]

✱

Winckelmann observait, en outre, que Pompéi est situé en un lieu si écarté qu'hormis les Anglais, peu de touristes font le détour.

✱

Au moment précis où Stendhal quittait le musée royal de Portici à Herculanum, il croisa trois officiers de marine anglais qui y pénétraient. Bien qu'il ait parcouru au galop la route jusqu'à Naples, ils le rejoignirent dans les faubourgs de la ville, et ils lui assurèrent avoir vu des peintures proprement fantastiques, comme si elles étaient la huitième merveille du monde ! Stendhal calcula qu'ils n'avaient pas dû passer dans le musée, qui comptait vingt-deux salles, plus de trois ou quatre minutes. [ROME, NAPLES ET FLORENCE, 1817.] On nomme de nos jours « syndrome de Stendhal » l'état psychique – léger vertige et cœur battant la chamade – dans lequel nous plonge la rencontre du grand art.

✱

Mark Twain, alors qu'il vient de se tordre le pied à Pompéi dans une des ornières « enfoncées de cinq sinon dix pouces par les roues des chariots de générations de contribuables escroqués », note : « La tristesse qui m'envahit à la vue du premier pauvre squelette pris dans les cendres et la lave, était tempérée par la pensée que cet individu était peut-être le directeur de la voirie. » [LE VOYAGE DES INNOCENTS, 1875.]

✱

L'éruption du Vésuve qui dévasta Pompéi et Herculanum avait une puissance estimée à environ cinq cents fois celle de la bombe atomique lancée sur Hiroshima. Le nombre des victimes est inconnu, mais on

MOULAGE EN PLÂTRE D'UNE MÈRE ET DE SON ENFANT SURPRIS PAR LA PLUIE DE CENDRES DE L'ÉRUPTION DU VÉSUVE.

suppose généralement que les mille cinq cents restes humains retrouvés n'en représentent qu'une petite partie.

◈

L'éruption importante la plus récente du Vésuve remonte à 1944, lorsque plusieurs villages et toute une escadrille de bombardiers américains B 25 furent détruits ou endommagés. La période d'inactivité volcanique qui suivit est la plus longue enregistrée en près de cinq siècles. De nos jours, la région est beaucoup plus peuplée qu'au Ier siècle, et nombre d'experts estiment que les plans d'évacuation sont tout à fait inadaptés à la menace.

CUNCTA IACENT FLAMMIS ET TRISTI MERSA FAVILLA: NEC SUPERI VELLENT HOC LICUISSE SIBI

« TOUS LES ENVIRONS (DU VOLCAN) FURENT ENGLOUTIS PAR LES FLAMMES ET LA SINISTRE CENDRE, MÊME LES DIEUX NE VOUDRAIENT PAS D'UN TEL POUVOIR. »

[MARTIAL, ÉPIGRAMMES, 4.44.7-8.]

CHAPITRE XX

LIEUX D'AISANCE

HIC QUI VOBIS NON POSSE VIDETUR MUSCAM EXCITARE TAM FACILE HOMINES OCCIDEBAT QUAM CANIS ADSIDET

« CE TYPE QUI AVAIT L'AIR INCAPABLE DE TRACASSER UNE MOUCHE TUAIT LES GENS AUSSI AISÉMENT QU'UN CHIEN S'ACCROUPIT. »
(PROPOS DU DIVIN AUGUSTE S'OPPOSANT DANS LES CIEUX, À L'APOTHÉOSE – BURLESQUE – DE CLAUDE.)
[SÉNÈQUE, APOCOLOQUINTOSE, 10.]

LES ROMAINS TIRAIENT une juste fierté de leur réseau d'aqueducs. Frontin s'en glorifie : *Y a-t-il une comparaison possible entre ces imposants et utiles aqueducs et les Pyramides, qui ne servent à rien, ou les fameuses mais futiles réalisations des Grecs ?* [FRONTIN, DES AQUEDUCS DE LA VILLE DE ROME 1.16.] Une grande partie des eaux acheminées par les aqueducs servait à maintenir la propreté des toilettes publiques en y faisant circuler une eau qui allait directement aux égouts puis au Tibre.

UN MANNEKEN-PIS: HERCULE IVRE.

Selon les *notitia regionum*, liste des bâtiments et principaux monuments établie au IVe siècle de notre ère, Rome comptait alors cent quarante-quatre *latrinae* (toilettes publiques). Il n'y eut pas de ville aussi bien équipée en Europe avant le XIXe siècle.

De même que les aqueducs procuraient aux Romains de l'eau en abondance, le réseau d'égouts assurait un certain degré d'hygiène publique, notamment grâce à la *Cloaca Maxima*. La construction de ce « grand égout » avait été entamée dans les premiers temps de la ville, et il était très admiré dans l'Antiquité. De nos jours, il rend encore quelques petits services.

Jusqu'à une date récente, les chercheurs ne s'intéressaient guère aux lieux d'aisance de l'Antiquité et les archéologues se montraient réticents à les identifier comme tels. Il en allait de même à Rome : Vitruve et Frontin répugnaient à en traiter en détail dans leurs ouvrages de référence sur l'architecture et les aqueducs.

Presque toutes les maisons individuelles dégagées à Herculanum et Pompéi disposaient de toilettes, souvent placées dans la cuisine ou sous les escaliers, et il n'est pas prouvé que ces cagibis aient été dotés de portes.

RÉCEMMENT AU CIRQUE, UN GERMAIN SUR LE POINT D'ÊTRE EXHIBÉ DANS DES COMBATS CONTRE DES ANIMAUX, S'ÉLOIGNA DE SES GARDIENS POUR SE SOULAGER – C'ÉTAIT LE SEUL MOTIF ADMIS. ALORS, IL SE DONNA LA MORT EN S'ENFONÇANT DANS LA GORGE LE BÂTON AUQUEL ÉTAIT ATTACHÉE L'ÉPONGE DESTINÉE À SE TORCHER. [SÉNÈQUE, LETTRES, 70.] DES RESTES D'ÉPONGES ONT ÉTÉ TROUVÉS DANS UN ÉGOUT ROMAIN À YORK, DANS LE NORD DE L'ANGLETERRE.

Apollinaris medicus Titi Imp. hic cacavit bene, « Apollinaire, médecin de l'empereur Titus, a bien chié en ce lieu ». (Graffiti relevé dans la Maison de la Gemme d'Herculanum.) [CORPUS DES INSCRIPTIONS LATINES, 4.10619.]

À mon sens, des pots de chambre d'argent ne doivent pas être inclus dans des héritages, car ils ne font pas partie de l'argenterie. [JUSTINIEN, DIGESTE,

34.2.27.5.] Cette règle de droit tire sans doute sa raison d'être du fait que les pots de chambre étaient souvent en argent. On trouve même parfois mention de pots de chambre en or, et l'on fit grief à Marc Antoine d'en utiliser un. [PLINE, HISTOIRE NATURELLE, 33.50.]

✻

L'empereur Auguste César, fils de dieu, Souverain Pontife, douze fois consul et dix-huit fois tribun de la plèbe, adresse son salut aux magistrats, au conseil et au peuple de Cnide. Ce début grandiose est celui d'une missive envoyée par Auguste, en l'an 6 avant J.-C., à une communauté urbaine grecque plutôt modeste, dans l'intention d'aplanir un différend sur la question suivante : fallait-il qualifier d'accidentelle la mort d'un homme qui, pénétrant par effraction dans une maison, fut tué par le pot de chambre échappé de la main d'un esclave qui tentait d'en répandre le contenu sur lui. [CORPUS DES INSCRIPTIONS GRECQUES, 2.780.]

LATRINES PUBLIQUES À OSTIE.

✻

Une missive sur papyrus relate un incident analogue survenu à la cour royale d'Égypte durant la période pré-romaine (dynastie ptolémaïque) :

Salut au roi Ptolémée. J'ai été lésé par une femme de Pysa nommée Psenobastis. Alors que je m'étais rendu à Pysa pour affaires, elle s'est penchée à la fenêtre d'un étage élevé, et elle m'a arrosé du contenu d'un pot de chambre déversé dans la rue. Lorsque, furieux, je suis allé me plaindre à elle, elle m'a agrippé par mon manteau, me dénudant la poitrine, et elle m'a craché au visage. Je dispose de témoins oculaires de cette agression injustifiée. [PAPYRI DE LILLE, 2.24.]

J'AI MOUILLÉ MON LIT ET, JE L'AVOUE, HÔTELIER, J'AI EU TORT DE LE FAIRE... SI TU ME DEMANDES POURQUOI JE L'AI FAIT, JE TE RÉPONDRAI QU'IL N'Y AVAIT PAS DE POT DE CHAMBRE. [CORPUS DES INSCRIPTIONS LATINES, 4.4957.] (CE COUPLET VERSIFIÉ EST TECHNIQUEMENT TRÈS ABOUTI.)

Dans les vers 1026 à 1029 du quatrième livre de l'un des plus grands poèmes jamais écrits en latin, le *De natura rerum* (« De la nature des choses »), Lucrèce fait une description haute en couleurs du « pipi au lit » : *Pris dans les liens du sommeil, des gens qui, d'ordinaire, sont d'une irréprochable propreté, croient qu'ils sont en train de se dévêtir près d'une cuvette ou d'un pot, et ils laissent échapper tout le liquide qu'exsude leur corps. Du coup, ils inondent leur splendide couche à l'orientale.*

Durant le règne de Tibère, la frénésie des dénonciateurs du crime de trahison était si répandue qu'elle était plus pernicieuse pour l'État romain que, jadis, la guerre civile. Ils notaient les moindres propos d'alcoolisés et les plus innocentes plaisanteries. Rien n'était à l'abri de leur cruauté qui saisissait tous les prétextes. À un dîner, un vieux dignitaire du nom de Paullus avait au doigt un anneau à l'effigie de Tibère. Je ne vais pas faire la sottise de chercher un moyen élégant de vous dire qu'il se préparait à saisir un pot de chambre quand un certain Maro, bien connu comme sycophante, le remarqua. Toutefois, l'un des esclaves de celui qui, dans son ivresse, allait tomber dans le piège, retira l'anneau du doigt de son maître. Maro commençait à prendre à témoin les convives du fait que l'effigie de l'empereur avait été mise en contact avec un objet infâme et à rédiger sa dénonciation quand l'esclave exhiba l'anneau, passé à son propre doigt. [SÉNÈQUE, DES BIENFAITS, 3.26.]

Critiqué par Titus pour avoir frappé d'une taxe les urinoirs publics, Vespasien prit une pièce de monnaie du premier versement et lui demanda si l'odeur le gênait. Quand Titus lui répondit que non, il observa : « C'est pourtant l'argent de l'urine. » [SUÉTONE, VIE DE VESPASIEN, 23.] C'est de cette taxe que provient le mot de « vespasienne », désignant un urinoir public.

❋

Les pots de chambre n'étaient pas tous « unisexes ». La *matella* était réservée aux messieurs et le *scaphium* aux dames. Seuls les hommes pouvaient utiliser les grands vases disposés le long des rues, dont l'urine était recueillie et vendue aux blanchisseurs. Dans les bains de Mithra à Ostie, une canalisation conduit directement de l'urinoir à la blanchisserie.

❋

Thaïs pue encore plus qu'un vieux vase de blanchisseur qui viendrait de se briser au milieu de la rue. [MARTIAL, ÉPIGRAMMES, 6.93.1-2.]

❋

Étant donné que les Romains avaient, à la fois, une conscience de classe aiguë et supportaient en général très mal qu'on se montrât nu en public, l'institution des *latrinae publicae* ouvertes à tous vents a de quoi surprendre. Il existe des preuves que les riches et les puissants se déplaçaient accompagnés d'un esclave porteur de leur pot de chambre, mais on se demande comment les hauts personnages fréquentant les lieux d'aisance collectifs, parvenaient à éviter le contact avec le populaire de façon plus intime qu'en d'autres circonstances. On sait très peu de choses sur la façon dont, dans ces installations, les hommes étaient séparés des femmes.

❋

Beaucoup de *latrinae* avaient vingt-cinq sièges ; certaines pouvaient accueillir jusqu'à quatre-vingts personnes en même temps. Une latrine à soixante places pour les esclaves subsiste dans la *Domus Flavia*, palais de Vespasien et de ses fils, sur le Palatin. Bien que sa destination fût sans équivoque, on croyait jadis qu'il s'agissait de la salle des machines d'un ascenseur hydraulique.

❋

Par une ironie du sort, à Ostie, les pierres tombales ont fini sous forme de sièges de *latrinae* alors qu'on y lit généralement des adjurations ou des menaces adressées à quiconque viendrait à troubler leur caractère sacré :

❋ *Que les dieux du ciel et de l'enfer frappent de leur colère celui qui pisserait ou chierait ici !*

BUSTE DE VESPASIEN.

✥ *Étranger, mes ossements t'implorent de ne pas pisser sur ma tombe. Si tu veux te montrer plus gentil, va déposer une merde ailleurs. Ici est la tombe d'Urtica* (« l'Ortie »). *Fous le camp, chieur ! Tu prends des risques en montrant ton cul ici !* [CORPUS DES INSCRIPTIONS LATINES, 6.13740, 4.8899.]

✥

DANS MON TESTAMENT, JE VEILLERAI À CE QUE PERSONNE NE ME FASSE TORT. POUR CELA, L'UN DE MES AFFRANCHIS MONTERA LA GARDE SUR MA TOMBE POUR EMPÊCHER QU'ON S'EMPRESSE D'ALLER Y CHIER. [**TRIMALCION, CITÉ PAR PÉTRONE**, SATYRICON, 71.] ON RELÈVE À PLUSIEURS REPRISES À POMPÉI L'AVERTISSEMENT *CACATOR, CAVE MALUM* (« TOI QUI CHIES ICI, PRENDS GARDE À TOI ! »).

✵

Le Second triumvirat entoura d'une clôture l'endroit où Jules César avait été assassiné et, par la suite, on le transforma en lieu d'aisance. [**DION CASSIUS**, HISTOIRE ROMAINE, 47.19.]

Les toilettes publiques avaient une fonction sociale assez étrangère à la vie moderne. Martial taquine une connaissance pour s'y asseoir toute la journée dans l'espoir d'une invitation à dîner. [ÉPIGRAMMES, 11.77.]

Les Sept Sages de la Grèce primitive étaient célèbres pour leurs concises et profondes maximes telles que *Connais-toi toi-même ! ; Rien en excès ! ; Ne dis personne heureux avant sa mort !* Toutefois, la pièce dite « des Sept Sages » dans l'un des thermes d'Ostie n'est pas d'une nature aussi édifiante. Il semble bien qu'elle ait servi de bar à vin, et ce qui reste des peintures sur les murs représente les Sept Sages avec, à propos de chacun d'eux, la perle de la sagesse d'un chalet de nécessité. Les trois inscriptions entièrement lisibles sont celles-ci :

- *Solon massait son estomac pour mieux chier.*
- *Thalès conseillait aux constipés de bien pousser.*
- *Le rusé Chilon enseignait l'art de péter avec discrétion.*

Dans une partie sérieusement endommagée de la peinture, on voit au-dessous des Sept Sages des hommes assis en rang d'oignon, vraisemblablement dans des latrines publiques. L'un d'eux dit : *« Chie bien, ami, et laisse les médecins te sucer jusqu'à la mœlle ! »* Entendez : *« Une bonne digestion te maintiendra en bonne forme et te préservera des honoraires exorbitants des médecins avides. »*

Même dans les villes de Grèce, la plupart des *latrinae* à ciel ouvert peuvent être attribuées à la période romaine. Dans l'ancienne Sparte, nul ne réclamait ce confort, et Plutarque signale deux fois qu'en voyant une rangée d'usagers d'une toilette publique en action, un Spartiate s'écria : *J'espère bien ne jamais m'asseoir en un endroit où je serais incapable de me lever pour céder mon siège à plus âgé que moi !* [VIE DE LYCURGUE, 20, APOPHTEGMES LACÉDÉMONIENS, 12.]

Le jeune Sénèque et son neveu, le poète Lucain, pratiquèrent tous deux un humour de garçon de bains aux dépens des empereurs :

- Dans son apothéose burlesque de l'empereur Claude, qui était bègue, Sénèque écrit : *Après avoir fait émettre un bruit plutôt sonore à la partie de son individu par laquelle il s'exprimait le plus aisément, voici quelles furent les dernières paroles qu'il adressa aux mortels : « Misère, je me suis chié dessus ! »* (vae me, puto, concacavi me !). *J'ignore s'il le fit vraiment, mais je suis certain qu'il conchia tout le reste* (omnia certe concacavit). [APOCOLOQUINTOSE (OU TRANSFORMATION DE L'EMPEREUR CLAUDE EN CITROUILLE), 4.]

Néron fit un affront à Lucain en quittant le lieu où il était en train de réciter ses poèmes. Lucain lui rendit la politesse d'une façon dont on se souviendra longtemps. Dans des toilettes publiques, il soulagea un jour ses entrailles à grand fracas en récitant un hémistiche de Néron : « C'est à croire que le tonnerre retentit sous la terre ! » Ses voisins s'enfuirent en toute hâte. [**SUÉTONE**, VIE DE LUCAIN, 2.]

TRIMALCION CLAQUA DES DOIGTS ET UN EUNUQUE LUI TENDIT UN POT DE CHAMBRE. SA VESSIE UNE FOIS SOULAGÉE, IL DEMANDA DE L'EAU POUR SE LAVER LES MAINS, PUIS IL LES ESSUYA DANS LA CHEVELURE DE L'ESCLAVE. [**PÉTRONE**, SATYRICON, 27.]

Vespasien avait l'air plutôt coincé. Un jour, il défia quelqu'un de dire quelque chose d'amusant à son propos. Le plaisantin répliqua assez spirituellement : « Je le ferai dès que tu auras fini de te soulager. » [**SUÉTONE**, VIE DE VESPASIEN, 20.]

L'hérétique Arius, qui souffrait de l'estomac, dut un jour entrer dans des toilettes publiques d'Alexandrie. Comme il n'en ressortait pas, ceux qui l'accompagnaient allèrent voir ce qu'il en était, et ils le trouvèrent mort. Personne ne s'assit par la suite sur le siège dont il avait usé, et le lieu où il avait péri passa pour avoir puni son impiété. [**SOZOMÈNE**, HISTOIRE ECCLÉSIASTIQUE, 2.29-30.]

SI LATET ARS PRODEST

« ON SE TROUVE BIEN D'UN ART QU'ON CACHE. »

[**OVIDE**, L'ART D'AIMER, 2.313.]

CHAPITRE XXI

PURITAINS S'ABSTENIR !

PROCUL HINC, PROCUL ESTE, SEVERI !

« LOIN DE MOI, TIREZ AU LARGE, PÈRES LA VERTU ! »

[OVIDE, LES AMOURS, 2.1.3.]

L'ÉPIGRAMME que voici fut composée par Octave alors qu'il assiégeait, en l'an 41 avant J.-C., l'épouse et le frère de Marc Antoine retranchés dans Pérouse. Elle nous a été transmise par Martial [ÉPIGRAMMES, 2.20] en tant qu'exemple de la *simplicitas romana* (« le langage direct ») dont Octave allait faire montre comme empereur :

Parce que son époux baise Glaphyra, reine de Cappadoce, Fulvia me punit en m'intimant de la baiser. Moi, baiser Fulvia ! Supposons que Manius, le dénonciateur, m'implore de le baiser ? Le ferais-je ? Bien sûr que non, si je suis sain d'esprit. « Ou tu me baises ou c'est la guerre ! » me dit Fulvia. Sait-elle que mon dard m'est plus cher que ma vie ? Eh bien, soit, sonnez trompettes !

Le mot latin pour « fronde », *glans* (« gland »), renvoie aussi au sens anatomique du mot en français. De nombreuses frondes utilisées lors du siège de Pérouse portent des inscriptions qui jouent sur ce double sens :

LE DIEU PRIAPE METTANT SON PÉNIS
EN BALANCE AVEC UNE BOURSE EMPLIE D'OR.

❖ *Je vise le con de Fulvia.*

❖ *Je vise le cul d'Octave.*

❖ *Salut, Octave, suce-moi !*

❖ *Toi, Lucius Antonius le chauve, et toi aussi, Fulvia, écartez les fesses !*

[CORPUS DES INSCRIPTIONS LATINES, 2.6721.5, 7, 9A, 14.]

❖

Dans une discussion animée sur les obscénités involontaires, Cicéron relève [LETTRES À SES AMIS, 9.22] :

❖ La combinaison, en soi innocente, *cum nos* (« quand nous ») se prononce comme *cunnus* (« con »), et il en va de même pour le nom du professeur de lyre de Socrate, Connos.

❖ Le mot *bini* (« deux chacun ») a la même sonorité que le grec *binei* (« il baise »).

❖ La question posée par un ancien consul au Sénat sous la forme : *hanc culpam maiorem an illam dicam ?* (« dirai-je que cette faute-ci est plus grave que celle-là ? ») évoque fâcheusement la *landica*, mot vulgaire pour « clitoris ».

❖ *Testes*, qui signifie « les témoins » mais aussi « les couilles », est un mot parfaitement respectable au tribunal, mais guère ailleurs.

❖

Ovide rêvait d'être transformé en anneau et offert à sa maîtresse pour être sans cesse avec elle. Il s'imagine à son doigt quand elle prend son bain et ajoute : *sed, puto, te nuda, mea membra libidine surgent* (« mais comme alors tu seras nue, je suppose que mes membres vont se dresser par effet du désir »). [AMOURS, 2.15.25.] L'expression *mea membra* (« mes membres ») n'est pas là seulement par convenance. Elle relève de la licence poétique qui, en latin, emploie le pluriel pour le singulier.

❋

Graffiti dans un bordel de Pompéi :

❖ *Ici, j'ai baisé un tas de filles.*

❖ *Phoebus le Parfumeur a bien tiré son coup.*

❖ *Hermeros a baisé ici, le 15 juin, avec Phileterus et Caphirus.*

❖ *Ici je vins, ici je baisai, puis je retournai chez moi* (parodie présumée du « *Je suis venu, j'ai vu, j'ai vaincu* » de Jules César).

❋ *Myrtis, tu es une bonne suceuse.* (On a trouvé sur les murs de Pompéi, nombre de graffitis du même genre.) [CORPUS DES INSCRIPTIONS LATINES, 4.2175, 4.2184, 4.2192, 4.2246, 4.2273.]

❋

Quelques perles poétiques de Catulle :

❋ *Je vais te baiser et tu vas me sucer, Aurelius mon mignon, et au diable Furius, qui me prétend indécent parce que je mets juste un peu d'épices dans mes poèmes ! Un poète se doit d'être respectable, mais ses vers n'ont pas à l'être.* [16.1-6.]

❋ JE T'EN PRIE, MA CHÈRE ET TENDRE IPSITILLA, MON TRÉSOR, MA JOLIE, MES DÉLICES, PRIE-MOI À DÉJEUNER AVEC TOI. CELA M'ARRANGERAIT BIEN SI PERSONNE NE ME BARRAIT TA PORTE ET SI TU N'AVAIS PAS À SORTIR. RESTE À LA MAISON ET PRÉPARE-TOI À CE QUE JE TE BAISE NEUF FOIS DE SUITE. SI MA PROPOSITION T'INTÉRESSE, INVITE-MOI TOUT DE SUITE, CAR JE SUIS LÀ, COUCHÉ SUR LE DOS ET BIEN GAVÉ, À BOURRER DE COUPS MA TUNIQUE ET LA COUVERTURE. [32.]

❋ *Caelius, ma Lesbie, cette Lesbie que Catulle aimait plus que lui-même et le monde entier, voici qu'elle fait le trottoir et qu'elle branle les descendants de l'illustre Remus.* [58.] Le verbe *glubit*, à la peu plaisante sonorité, signifie au sens propre « écorcer un arbre ». Les linguistes ont toute licence de lui chercher, dans le présent contexte, un sens différent de celui que nous lui donnons ici !

❋

Des statues *ithyphalliques* (ayant le pénis en érection) du dieu Priape étaient placées dans les potagers pour en écarter les intrus. Un recueil de quatre-vingts épigrammes intitulé *Les Priapées* (*Priapea*) et dû vraisemblablement à un seul auteur du Ier siècle de notre ère, est constitué pour l'essentiel de variations éhontées sur un seul et unique thème : les châtiments sexuels que le dieu infligera aux voleurs. Voici le poème 22, ni pire ni meilleur que les autres : *« Si une femme, un homme ou un jeune garçon commet un crime à mon encontre, la femme mettra son con à ma disposition. Pour l'homme ce sera sa bouche, et pour le jeune garçon ses fesses. »*

HIC HABITAT FELICITAS, « ICI HABITE LE BONHEUR ». [CORPUS DES INSCRIPTIONS LATINES, 4.1454.] L'AVIS ET L'IMAGE QUI L'ILLUSTRE SE TROUVAIENT, À L'ORIGINE, AU CENTRE DE L'ARCHE SURMONTANT UN FOUR DE BOULANGER À POMPÉI, POUR CHASSER LES MAUVAIS ESPRITS (VOIR P. 83). AU DÉBUT DU XIXE SIÈCLE, ILS FURENT TRANSFÉRÉS AU « CABINET DES OBSCÉNITÉS » DU MUSÉE ARCHÉOLOGIQUE DE NAPLES, EN COMPAGNIE DE DOUZAINES D'AUTRES OBJETS DE SCANDALE QUI, DE NOS JOURS, N'OFFENSERAIENT GUÈRE LES SENSIBILITÉS LES PLUS DÉLICATES. CETTE MÊME INSCRIPTION, SANS L'IMAGE DU PHALLUS, SUIVIE DE LA MENTION *NIL INTRET MALI* (« QUE LE MAL N'ENTRE PAS ICI ») A ÉTÉ DÉCOUVERTE SUR UNE MOSAÏQUE AU SEUIL D'UNE MAISON SUR L'ACTUELLE MOZART-PLATZ DE SALZBOURG. BEAUCOUP DE PETITS ANNEAUX AVEC UN SYMBOLE PHALLIQUE ÉTAIENT PORTÉS PAR LES ENFANTS POUR LES PROTÉGER DU MAUVAIS ŒIL.

Voici trois épigrammes de Martial, dont la valeur littéraire est sans doute moindre que l'intérêt pour la connaissance de la vie quotidienne en son temps :

Naevolus, lorsque ton cul et la bite de ton esclave sont endoloris, je sais, sans être devin, ce que tu as fait. [3.71.]

Tu dis que les poètes et les avocats puent du bec, mais il y a pire : c'est la bouche du suceur de pines. [2.30.]

Lesbie jure qu'elle ne s'est jamais laissé baiser gratis. C'est vrai, puisque quand elle voulait qu'on la baise, c'était elle qui payait. [2.62.]

En dressant la liste des habitudes sexuelles de l'abominable Hostius Quadra, Sénèque remarque que sa chambre à coucher était pourvue de splendides miroirs placés en des lieux stratégiques. [SÉNÈQUE, QUESTIONS NATURELLES, 1.17.] Le poète Horace possédait, lui aussi, un jeu de miroirs dans sa chambre. [SUÉTONE, VIE D'HORACE, 3.]

ÉCOUTEZ DONC CE QUE SUBISSAIT CLAUDE. DÈS QUE MESSALINE, SON ÉPOUSE, LE SAVAIT ENDORMI, CETTE IMPÉRIALE PUTAIN SE PERMETTAIT D'ENFILER SA TENUE NOCTURNE, UN MANTEAU À CAPUCHON, CAR ELLE PRÉFÉRAIT UN SIMPLE MATELAS À SA CHAMBRE À COUCHER DU PALATIN. ELLE QUITTAIT LE PALAIS EN COMPAGNIE D'UNE SEULE SERVANTE, UNE PERRUQUE BLONDE DISSIMULANT SES CHEVEUX BRUNS, ET ELLE ALLAIT OCCUPER SA CELLULE PERSONNELLE DANS UN CONFORTABLE BORDEL. LÀ, NUE ET LES SEINS COURONNÉS D'ARGENT, ELLE SE LIVRAIT À LA PROSTITUTION SOUS LE NOM DE LYCISCA (EN GREC « LA PETITE LOUVE ») ET ELLE EXHIBAIT LE VENTRE QUI T'A PORTÉ, Ô NOBLE BRITANNICUS (L'HÉRITIER QUE CLAUDE AVAIT CHOISI ET QUE NÉRON EMPOISONNA). [JUVÉNAL, SATIRES, 6.115-124.]

Messaline, épouse de Claude, désira concourir avec la plus célèbre des prostituées, et elle l'emporta sur elle en ayant des rapports avec vingt-cinq hommes en l'espace d'un jour et d'une nuit. [PLINE, HISTOIRE NATURELLE, 10.172.]

Pétrone ajouta un codicille à son testament pour dresser la liste des partenaires sexuels de Néron et décrire en détail ses perversions. Après avoir scellé le document de son anneau, il brisa celui-ci pour que personne ne puisse s'en servir pour authentifier la mise en cause de quelqu'un d'autre. [TACITE, ANNALES, 16.19.] Il serait intéressant de savoir de quelle façon Pétrone eut connaissance de ses informations.

ERUBUIT POSUITQUE MEUM LUCRETIA LIBRUM,
SED CORAM BRUTO; BRUTE, RECEDE: LEGET

« LA PURE LUCRÈCE ROUGIT ET REPOSA MON LIVRE, MAIS BRUTUS (SON ÉPOUX) ÉTAIT LÀ; QU'IL PARTE ET ELLE LE LIRA. »

[MARTIAL, ÉPIGRAMMES, 2.16.9-10.]

CHAPITRE XXII

TEMPUS FUGIT

QUID EST ERGO TEMPUS? SI NEMO EX ME QUAERAT, SCIO ; SI QUAERENTI EXPLICARE VELIM, NESCIO

« QU'EST-CE DONC QUE LE TEMPS ? TANT QU'ON NE ME LE DEMANDE PAS, JE LE SAIS, MAIS À QUI LE DEMANDE JE NE SAIS QUE RÉPONDRE. »

[SAINT AUGUSTIN, CONFESSIONS, 2.14.17.]

LES DEUX SEULES *mesures du temps qui figurent dans les Douze Tables sont le lever et le coucher du soleil. Quelques années plus tard, on y ajouta la méridienne. L'un des assistants du consul annonçait midi et le crépuscule en observant, depuis le Sénat, la position du soleil. La méthode n'était donc valable que par temps ensoleillé.* [PLINE, HISTOIRE NATURELLE, 7.212.]

Le premier cadran solaire public fut installé à Rome au milieu du IIIe siècle avant J.-C. Il faisait partie du butin conquis dans la ville sicilienne de Catane pendant la Première Guerre punique. Tout en sachant que les traits de ce cadran indiquant les heures ne correspondaient pas à la situation locale, les Romains l'usèrent durant quatre-vingt-dix-neuf années. [PLINE, HISTOIRE NATURELLE, 7.214.] Il s'en fallait, en effet, de plus de quatre degrés de différence (Catane a une latitude de 37°31 nord et Rome 41°53 nord).

◆

QUE LES DIEUX DAMNENT CELUI QUI, LE PREMIER, INVENTA L'HEURE ET QUI, LE PREMIER, INSTALLA ICI UN CADRAN SOLAIRE POUR ÉMIETTER MES JOURNÉES ! LORSQUE J'ÉTAIS PETIT GARÇON, MON ESTOMAC ÉTAIT MON CADRAN, ET IL ÉTAIT BIEN MEILLEUR ET PLUS DIGNE DE FOI QUE TOUTES CES INVENTIONS MODERNES. IL M'INDIQUAIT QUAND IL ÉTAIT TEMPS DE MANGER, DU MOINS SI J'AVAIS QUELQUE CHOSE À ME METTRE SOUS LA DENT. DE NOS JOURS, MÊME S'ILS ONT DE QUOI MANGER, LES GENS NE LE FONT PAS SI LA POSITION DU SOLEIL N'EST PAS D'ACCORD. LA VILLE REGORGE DE CADRANS SOLAIRES ET, DANS L'ATTENTE DE L'HEURE DU REPAS, LA PLUPART DES GENS SE TRAÎNENT, PLIÉS EN DEUX DE FAIM. [AULUS-GELLE citant une comédie perdue de Plaute, NUITS ATTIQUES, 3.3.5.]

Les inscriptions que voici datent du Moyen Âge et des temps modernes, mais elles furent rédigées dans un latin classique pour orner des cadrans solaires dans diverses régions d'Europe :

- *Ab hoc momento pendet aeternitas :* L'éternité est suspendue à cet instant.
- *Ad occasum tendimus omnes :* Nous allons tous vers le crépuscule.
- *Da mihi solem, dabo tibi horam :* Donne-moi du soleil, je te donnerai l'heure.
- *Dum quaeris hora fugit :* Pendant que tu la cherches, l'heure s'enfuit.
- *Horam dum petis, ultimam para :* En la cherchant, prépare-toi à ta dernière heure.
- *Horas non numero nisi serenas :* Je compte seulement les heures sans nuages.
- *Lux mea lex :* La lumière est ma loi.
- *Nulla sine sole umbra :* Pas d'ombre sans soleil.
- *Sol me, vos umbra regit :* Le soleil me gouverne, et pour vous c'est mon ombre.
- *Sol rex regum :* Le soleil est le roi des rois.

À l'origine, les Romains employaient un calendrier lunaire – d'où la parenté entre leur *mensis* (« mois ») et les noms de la lune en anglais (*moon*) et en allemand (*mond*). Mais un tel système eût très vite bousculé l'ordre des saisons, au grand dam d'un peuple de paysans qui éprouvait le besoin de célébrer ses fêtes religieuses en harmonie avec le temps des semences ou celui de la moisson. Il se peut qu'il ait intercalé un nouveau mois en février, pour des raisons agricoles, quand allaient débuter les travaux des champs, et militaires, les magistrats prenant leurs fonctions en mars.

✵

Le printemps, saison du renouveau, est un moment plus favorable aux entreprises nouvelles que le fort de l'hiver. Encore aujourd'hui, le cycle astrologique commence au printemps ; l'horoscope que publient les journaux part du signe du Bélier (du 21 mars au 19 avril) quand le soleil entre dans ce signe à l'équinoxe de printemps.

✵

En sa qualité de *Pontifex maximus*, chef du collège sacerdotal chargé d'arrêter le calendrier de l'année religieuse, Jules César décréta qu'il convenait d'ajouter dix jours à chaque année et, tous les quatre ans, un jour au mois de février. Ce calendrier julien prit effet le 1er janvier de l'an 45 avant J.-C. au terme d'une année exceptionnelle de 445 jours destinée à ajuster le nouveau calendrier au rythme des saisons.

✵

Le système julien affecte les saisons de façon beaucoup plus lente que le précédent. Il resta en vigueur jusqu'à la réforme du pape Grégoire XIII, en 1582. On notera que, comme Jules César, Grégoire était Souverain Pontife (*Pontifex maximus*).

✵

Le calendrier grégorien ne fut adopté que peu à peu, dans les divers pays européens, la Grèce attendant 1923. Le calendrier julien est encore en usage dans l'église orthodoxe russe et assez largement utilisé par les Grecs orthodoxes.

✵

Les Romains comptaient les années soit *ab urbe condita* (AUC) – à partir de la date supposée de la fondation de Rome en l'an 753 avant J.-C. – soit, de façon plus courante, d'après les noms des consuls en exercice. Par exemple, la naissance du poète Ovide, que nous situons en l'an 43 avant J.-C., était datée par les Romains soit AUC 711 soit « sous le consulat de Hirtius et Pansa », *consulibus Aulo Hirtio et Gaio Vibio Pansa*.

La méthode de référence aux consuls en charge semble bien peu adaptée à notre époque et à notre culture. Elle demanderait, en effet, de pouvoir répondre aux questions : Qui était président des États-Unis en 1851 ? Qui était roi d'Angleterre en l'an 1651 ? La réponse serait plus aisée que dans la Rome antique car, rois et présidents ne changent pas chaque année.

Le mode de datation qui est le nôtre, avec pour abréviation A. D. *anno domini,* année du Seigneur, a été établi en l'an 525 à partir de l'année de naissance supposée de Jésus, par un moine du nom choisi par humilité de *Dionysius Exiguus* (Denis le minuscule). Il fut, à notre connaissance, le premier dans le monde romain à utiliser le chiffre zéro, que les savants arabes avaient emprunté à l'Inde. On suppose généralement que le symbole 0 vient de la première lettre du grec *ouden*, « rien » (littéralement « pas même un »).

Il arrive que les épitaphes ne mentionnent pas seulement la durée de vie en années, mois et jours, mais même en nombre d'heures. Cette mention est parfois vague et se limite à un PM, abréviation pour *Plus Minus* (« plus ou moins ») accompagnant l'âge du défunt. Exemples :

Ci-gît Leburna, qui dirigea une compagnie d'acteurs et vécut plus ou moins cent ans. Il m'est arrivé de mourir quelquefois (sur scène) *mais jamais de cette façon-là. Je te souhaite une bonne santé, toi qui es là-haut, dans le monde.*

Otacilia Narcisa a érigé ce mémorial pour son cher époux Julius Timotheus, qui vécut plus ou moins vingt-huit ans d'une vie innocente, mais qui fut capturé par des brigands ainsi que nos sept enfants adoptifs. [CORPUS DES INSCRIPTIONS LATINES, 3.3980, 6.20307.]

FACILIUS INTER PHILOSOPHOS QUAM INTER HOROLOGIA CONVENIET

« LES PHILOSOPHES TOMBERONT PLUS AISÉMENT D'ACCORD QUE LES HORLOGES. »

[SÉNÈQUE, APOCOLOQUINTOSE, 2.]

CHAPITRE XXIII

ROIS, CONSULS ET EMPEREURS

HISTORIAE PER SE TENENT LECTORES; HABENT ENIM NOVARUM RERUM VARIAS EXPECTATIONES

« L'HISTOIRE RETIENT L'ATTENTION DES LECTEURS PAR SA SEULE NATURE, CAR ELLE GÉNÈRE L'ATTENTE DE SURPRISES EN TOUS GENRES. »

[VITRUVE, ARCHITECTURE, 5, PRÉFACE.]

SELON L'HISTORIEN byzantin Procope, le vaisseau qui porta Énée de Troie en Italie, plus d'un millénaire et demi plus tôt, était conservé intact; et l'on pouvait le voir dans un chantier naval sur le Tibre, au centre de Rome. [LES GUERRES DE JUSTINIEN, 4.22.] Il voyait là une preuve éclatante du souci de conservation de leur patrimoine propre aux Romains. Toutefois, l'assertion de Procope n'est pas seulement unique en son genre. Elle est aussi en nette contradiction avec la description que fait Virgile de la transformation des navires d'Énée en néréïdes. [ÉNÉIDE, 9.77 SQQ.]

Des archéologues italiens ont annoncé, en novembre 2007, avoir découvert une importante grotte au-dessous de la résidence d'Auguste, sur

ÉNÉE QUITTANT TROIE.

le Palatin. Estimant qu'il s'agissait de la grotte que, dans la période classique, les Romains révéraient pour avoir été la tanière de la louve qui éleva Romulus et Remus, ils ont qualifié leur découverte de « l'une des plus grandes de tous les temps ».

❖

Dans les premiers temps de la royauté, on convint que l'issue de la guerre entre Rome et la cité voisine d'Albe devait être décidée par un combat opposant entre eux trois champions de chacun des deux camps, les Horaces pour Rome et les Curiaces pour Albe. Deux des Horaces furent tués, le troisième étant indemne, et les trois Curiaces blessés plus ou moins gravement. Le Romain survivant prit la fuite, poursuivi par ses trois adversaires, chacun courant aussi vite que le lui permettaient ses blessures. Ayant ainsi réussi, en feignant la lâcheté, à séparer ses adversaires, le dernier des Horaces put en venir à bout en trois duels distincts. [TITE-LIVE, HISTOIRE ROMAINE, 1.24.] L'historien ajoute que l'ancienneté de l'événement fait que les sources ne sont pas d'accord pour dire que les Horaces étaient bien romains et les Curiaces albains.

D'aucuns soutiennent que la destruction de Carthage et la mise sous tutelle de la Grèce avaient établi à jamais le pouvoir de Rome, mais un personnage romain aussi important que Scipion Nasica estimait qu'au contraire cela l'avait mis en péril, car les Romains n'avaient désormais ni ennemi à craindre ni mesure à garder. [PLUTARQUE, COMMENT TIRER PARTI DE SES ENNEMIS, 3.]

Dans les premières années du Ier siècle avant J.-C., Sylla gouverna Rome avec une dure perversité. On le disait excellent chanteur [MACROBE, SATURNALES, 3.14.10], et il passait pour n'avoir qu'un testicule, infirmité qui ne le dispensa pas du service armé. [JUSTINIEN, DIGESTE, 49.]

Fais en sorte que ta campagne électorale soit une longue, fastueuse et splendide parade, de nature à séduire le public, et qu'elle offre un grand et imposant spectacle. Et si faire se peut, arrange-toi pour qu'un scandale éclabousse tes adversaires en leur prêtant, selon leurs caractères, des forfaits ou des filouteries. [PETIT LIVRE DU CANDIDAT À UNE CHARGE PUBLIQUE, 13.] Ce livre est attribué à Quintus Cicero, conseillant son illustre frère quand il brigua le consulat.

L'enceinte où l'on rassemblait les citoyens avant qu'ils votent était appelée l'*ovile*, littéralement « la bergerie ».

LA FIN DE LA RÉPUBLIQUE FUT UNE PÉRIODE PARTICULIÈREMENT VIOLENTE. À SON PROPOS, L'HISTORIEN DU IVE SIÈCLE DE NOTRE ÈRE AMMIEN MARCELLIN OBSERVAIT : CELUI QUI SOUHAITERAIT DÉNOMBRER LES ATROCITÉS EN TOUS GENRES COMMISES SI FRÉQUEMMENT SERAIT ASSEZ MALAVISÉ POUR AUSSI COMPTER DES GRAINS DE SABLE OU PESER DES MONTAGNES. [14.34.]

JULES CÉSAR

Jules César était un cavalier capable de prendre le galop les mains derrière le dos, exploit remarquable si l'on songe que les Romains ignoraient les étriers.

Au début de sa carrière, lorsqu'il était administrateur provincial dans le sud de l'Espagne, voyant un jour à Gades (Cadix) une statue d'Alexandre le Grand, Jules César se désola de n'avoir encore rien accompli d'important, alors qu'à son âge, Alexandre avait déjà conquis le monde. [SUÉTONE, VIE DE JULES CÉSAR, 7.] Selon une anecdote voisine, Alexandre souffrait à la pensée que son père, Philippe II de Macédoine, avait conquis la plus grande partie de la Grèce, ne lui laissant que la portion congrue.

Jules César, étant en selle, pouvait dicter des lettres simultanément à deux secrétaires, et même davantage. [PLUTARQUE, VIE DE JULES CÉSAR, 17.] À en croire Pline, il pouvait même dicter sept lettres à la fois. [HISTOIRE NATURELLE, 7.91.] À titre de comparaison, le vingtième président des États-Unis, James Garfield, était capable d'un exploit du même genre : en même temps, il traduisait un texte anglais en latin d'une main et en grec de l'autre.

Caton le Jeune s'interrompit, dans un discours qu'il prononçait au Sénat, pour défier Jules César d'oser lire à haute voix la lettre qu'on venait de lui remettre. Il soupçonnait en effet celle-ci de contenir des preuves de l'implication de César dans la conspiration de Catilina. En fait, elle se révéla une piquante lettre d'amour signée de la demi-sœur de Caton. [PLUTARQUE, VIE DE BRUTUS, 5, VIE DE CATON LE JEUNE, 24.]

Quand je vois le soin apporté à mettre en ordre sa coiffure et la façon qu'il a de se gratter la tête du doigt (ce qui passait pour le propre des efféminements), *je ne puis concevoir un seul instant qu'il soit capable d'ourdir un forfait aussi considérable que le renversement de la constitution romaine.* [PLUTARQUE, citant Cicéron, VIE DE JULES CÉSAR, 4.] Licinius Calvus, ami de Catulle, écrivit pour sa part une épigramme pour clouer au pilori la même alliance chez Pompée de mœurs efféminées et d'appétit de pouvoir. [FRAGMENT, 18.]

QUAND POMPONIUS LUI EXHIBA UNE BLESSURE AU VISAGE QU'IL SE TARGUAIT D'AVOIR REÇUE EN COMBATTANT POUR LUI, CÉSAR LUI LANÇA : « QUAND TU PRENDS LA FUITE, TU NE DEVRAIS JAMAIS TE RETOURNER ! » [QUINTILIEN, DE L'INSTITUTION ORATOIRE, 6.3.75.]

En dépit de la rigoureuse discipline des armées romaines, la tradition voulait que les soldats défilant derrière le char du triomphe de leur général entonnent des chansonnettes le tournant en ridicule. On suppose que cet usage était destiné à détourner de lui le mauvais sort. Le meilleur exemple que l'on connaisse de ce genre de lazzis est ce que chantaient les soldats de César lors de son triomphe de l'an 46 avant J.-C. : *« Citoyens, gardez vos femmes, on vous amène le chauve qui cocufie tous les maris ! »* [SUÉTONE, VIE DE JULES CÉSAR, 51.]

Au soir du dernier jour des cérémonies de son triomphe, César fut raccompagné chez lui par le peuple presque entier, et précédé par un troupeau d'éléphants porteurs de torches. [DION CASSIUS, HISTOIRE ROMAINE, 43.22.]

Alors qu'on portait devant lui des accusations contre Marc Antoine et Dolabella (aventurier politique qui allait mal finir)*, Jules César, faisant allusion à Brutus et Cassius, dit ne pas craindre les gros aux cheveux longs, mais plutôt les maigres au teint pâle.* [PLUTARQUE, VIE D'ANTOINE, 2.]

Lorsque des sénateurs vinrent dire à Jules César qu'ils avaient décidé de lui décerner des honneurs particuliers, il ne se leva pas. Ce manque de respect de leur autorité fit scandale et fut l'une des raisons qui amenèrent les conspirateurs à l'assassiner. Son geste, dicté par les dieux ou seulement dû à un moment de distraction, fut attribué à des maux d'entrailles par ceux qui voulaient le justifier. L'excuse n'était guère convaincante car, peu après, César se leva pour rentrer chez lui. [DION CASSIUS, HISTOIRE ROMAINE, 44.8.]

À la veille de son assassinat, dans une conversation portant sur la meilleure des morts, César dit préférer une mort soudaine et inattendue. [SUÉTONE, VIE DE JULES CÉSAR, 87.]

ANTOINE ET CLÉOPÂTRE

Lorsque Octave, comblé par sa victoire d'Actium, fut de retour à Rome, il se trouva parmi ceux qui se précipitaient pour le féliciter, un individu exhibant un corbeau dressé à dire Ave, Caesar victor imperator (« Salut ô victorieux César Imperator ! »). *Octave* (César) *admira l'oiseau parleur et l'acheta vingt mille sesterces. Un compagnon du dresseur, n'ayant rien gagné à cette affaire, dit à Octave que l'homme possédait un autre corbeau, et demanda qu'on allât le chercher. Ainsi fut fait, et l'oiseau prononça les mots qu'on lui avait enseignés :* Ave, victor imperator Antoni (« Salut ô victorieux Antoine Imperator ! » [MACROBE, SATURNALES, 2.4.29.]

❋

La dynastie ptolémaïque régnant sur l'Égypte se refusait à l'effort d'apprendre la langue du pays ; certains d'entre eux ne savaient pas même parler le grec macédonien. Cléopâtre, en revanche, n'avait pas besoin d'interprète pour s'adresser aux Égyptiens, Éthiopiens, Troglodytes, Juifs, Arabes, Syriens, Mèdes et Parthes. Plutarque rapporte que, loin d'être une beauté, elle avait une voix délicieuse, d'une sonorité comparable à celle d'un instrument à cordes, et propre à parler toutes les langues. [VIE D'ANTOINE, 27.]

❋

La générosité du père de Marc Antoine était moins une qualité qu'un défaut. Il n'avait que peu de fortune personnelle, l'essentiel de celle de la famille appartenant à son épouse. Un jour où un ami lui demandait une aide, il ordonna à un esclave de lui apporter de l'eau dans un bol d'argent en disant qu'il voulait se raser, puis il renvoya l'esclave et fit don du bol à son ami. Sa femme s'aperçut de sa disparition et, furieuse, elle dit qu'elle découvrirait le voleur en soumettant tous les esclaves à la torture. Antoine se vit, de ce fait, contraint d'avouer sa faute. [PLUTARQUE, VIE D'ANTOINE, 1.]

❖

UN JOUR, SUR LE FORUM, ANTOINE VIT PASSER LA LITIÈRE DE CLÉOPÂTRE ALORS QUE LE PLUS ILLUSTRE ORATEUR DE ROME ÉTAIT EN TRAIN DE PARLER. IL BONDIT DE SON SIÈGE ET, LAISSANT EN PLAN LE PROCÈS, IL SE MIT À LA REMORQUE DE LA LITIÈRE. [PLUTARQUE, VIE D'ANTOINE, 58.]

PIÈCE DE MONNAIE RÉUNISSANT ANTOINE ET CLÉOPÂTRE.

Accompagné de Cléopâtre dans une partie de pêche, Antoine, mécontent de ne rien prendre, fit attacher des poissons à son hameçon par des nageurs qui se glissèrent discrètement derrière son navire. Il fit donc deux ou trois de ces fallacieuses prises, mais Cléopâtre s'aperçut du manège. Elle fit mine d'admirer la pêche d'Antoine et elle dit à ses amis de revenir le lendemain. Alors qu'on s'entassait sur les navires pour voir Antoine lancer sa ligne, Cléopâtre ordonna à l'un de ses serviteurs de prendre de vitesse le nageur d'Antoine et d'attacher à son hameçon un poisson mariné venant de la mer Noire. [PLUTARQUE, VIE D'ANTOINE, 29.]

✵

Quand Octave condamna sa liaison avec Cléopâtre, Antoine répliqua par une lettre où il dressait la liste des femmes avec lesquelles Octave avait commis l'adultère. [SUÉTONE, VIE D'AUGUSTE, 69.]

✵

Le genre de vie que menait Antoine à Alexandrie était une insulte aux convenances romaines. Au pied d'une statue de lui en date de 34 avant J.-C., une inscription grecque le décrit « grand et sans égal, un vrai dieu dans les exploits d'Aphrodite ». [CORPUS DES INSCRIPTIONS GRECQUES ORIENTALES, 195.]

✵

Un papyrus que l'on date du 23 février 33 avant J.-C. [BERLIN ÄGYPTISCHES MUSEUM UND PAPYRUSSAMMLUNG, P25 239] exempte de taxes, pour l'exportation de farine et l'importation de vin en Égypte, un certain Publius Canidius qui allait commander, deux ans et demi plus tard, les forces terrestres d'Antoine à Actium. Ce document présente un intérêt particulier, car il est signé du mot grec *ginestho* (« qu'il en soit ainsi ») probablement tracé de la main même de Cléopâtre. On ne peut que s'étonner que cette relique de la brillante cour d'Alexandrie ait achevé sa carrière dans l'emballage d'une momie d'une petite ville du Haut Nil. Marc Antoine rendit la politesse en accordant à Cléopâtre le monopole sur l'exportation, à partir du port de Tyr, des coquilles de murex, qui servaient à fabriquer la couleur pourpre.

LAMPE DU IER SIÈCLE CARICATURANT CLÉOPÂTRE.

La défaite d'Antoine à Actium mit un terme à ses espoirs de prise du pouvoir à Rome, mais par son mariage avec Octavie, sœur d'Octave (Auguste), il fut grand-père de Claude, arrière-grand-père de Caligula et trisaïeul de Néron. De même, l'ardent républicain Marcus Livius Drusus Claudianus, qui se suicida avec Brutus lorsque les meurtriers de Jules César furent vaincus à Philippes, était le père de Livie, épouse d'Auguste, et donc un aïeul en ligne directe de Tibère, Caligula, Claude et Néron.

AUGUSTE

RÈGNE: DE 31 AVANT J.-C. À 14 DE NOTRE ÈRE

Nombreux sont les touristes qui, de nos jours, jettent une pièce de monnaie dans la fontaine de Trevi pour, selon la tradition, s'assurer qu'ils reviendront à Rome. De même, dans l'Antiquité, des gens de toutes conditions lançaient des pièces dans le mystérieux lac Curtien, dans le Forum, un jour précis de l'année, pour qu'Auguste jouisse d'une bonne santé. [SUÉTONE, VIE D'AUGUSTE, 57.]

AUGUSTE AIMAIT QUE SES AMIS USENT À SON ÉGARD D'UN TON FRANC ET DIRECT. UN CERTAIN ARTÉMIDORE SE PRÉSENTA UN JOUR À LUI COUCHÉ DANS UNE LITIÈRE, À LA FAÇON D'UNE FEMME, ET EN BONDIT, UN GLAIVE AU POING, EN DISANT: « NE CRAINS-TU PAS QUE QUELQU'UN VIENNE T'ASSASSINER DE CETTE FAÇON? » LOIN DE SE METTRE EN COLÈRE, AUGUSTE LE REMERCIA D'AVOIR ATTIRÉ SON ATTENTION SUR CE PÉRIL. [DION CASSIUS, HISTOIRE ROMAINE, 56.43.]

Durant les mois qui suivirent le massacre de la forêt de Teutobourg, en l'an 9 de notre ère, on raconte qu'Auguste, en deuil, marchait de long en large, heurtant les portes de la tête et répétant: « Varus, rends-moi mes légions! » [SUÉTONE, VIE D'AUGUSTE, 23.] Il avait en effet créé les trois légions perdues dans cette défaite, et elles représentaient une part non négligeable des forces armées romaines. À la mort d'Auguste, elles comptaient vingt-cinq légions.

Surtout en raison des vains efforts d'Auguste pour s'assurer une succession convenable, l'arbre généalogique de la dynastie julio-claudienne a des branches qui se tordent en tous sens :

❖ Tibère était très attaché à son épouse Vipsania Agrippina, fille de l'ami d'Auguste Vipsanius Agrippa, second mari de Julia, fille d'Auguste. À la mort d'Agrippa, Auguste obligea Tibère à divorcer et à épouser Julia. Si bien que Tibère fut l'époux de celle qui avait été sa belle-mère et celle de sa première femme, tandis que Livie devenait sa belle-mère et celle de Julia.

❖ Caligula était l'arrière-petit-fils d'Auguste et, en une autre ligne directe, descendait aussi de Livie et de Marc Antoine.

❖

Les problèmes domestiques d'Auguste ne se limitaient pas à sa succession : les deux Julia, sa fille et sa petite-fille, et le seul survivant de ses petits enfants, Agrippa Postumus, vivaient dans le style dissolu et décadent qu'il aspirait à faire disparaître. Il en parlait d'ordinaire comme de ses trois « plaies », *vomicae*, ou ses trois « chancres », *carcinomata*. Lorsqu'il apprit qu'un affranchi du nom de Phoebe s'était pendu parce qu'il était compromis dans les adultères de Julia, il s'exclama qu'il eût préféré être le père de Phoebe que celui de Julia. [SUÉTONE, VIE D'AUGUSTE, 65.]

❖

Macrobe, qui écrivait au IVe siècle de notre ère, relate dans ses *Saturnales* [2.5] un certain nombre d'anecdotes à propos des difficultés que rencontra Auguste dans ses relations avec Julia, son unique enfant :

❖ *Auguste confiait à ses amis qu'il possédait deux enfants gâtés : Julia et Rome.*

❖ *Assistant ensemble à un spectacle de gladiateurs, Livie et Julia attirèrent l'attention par une différence frappante entre leurs deux suites. Celle de Livie était composée d'hommes graves et dignes, tandis qu'autour de Julia se pressait une troupe de jeunes évaporés. Auguste écrivit à Julia pour souligner ce contraste, et elle lui adressa cette réponse spirituelle : « Les jeunes hommes qui m'accompagnent seront vieux quand je serai moi-même vieille. »*

❖ *Julia, qui eut très jeune ses premiers cheveux gris, se les faisait arracher en secret. Un jour, Auguste lui rendit visite à l'improviste, et il aperçut des cheveux gris sur le vêtement de l'ornatrix* (coiffeuse). *Il ne dit rien*

AU PIED DE LA STATUE PRIMA PORTA D'AUGUSTE, REPRÉSENTÉ DANS UN IMPOSANT STYLE MILITAIRE, UN CUPIDON CHEVAUCHE UN DAUPHIN. CUPIDON, FILS DE VÉNUS, ÉTAIT LE DEMI-FRÈRE D'ÉNÉE DONT LES CLAUDIO-JULIENS ASSURAIENT DESCENDRE.

sur-le-champ mais, plus tard, il demanda à sa fille ce qu'elle préférait : avoir des cheveux gris ou être chauve ? Quand elle lui dit qu'elle préférait les cheveux gris, il rétorqua : « Alors, pourquoi tes coiffeuses sont-elles si pressées de te rendre chauve ? »

✧ *Lorsqu'un sage ami lui conseilla de prendre exemple sur le style de vie frugal d'Auguste, Julia lui répondit : « Il oublie qu'il est César, mais moi je ne risque pas d'oublier que je suis la fille de César. »*

✧ *À des gens qui, connaissant les mœurs dissolues de Julia, s'étonnaient que ses enfants ressemblassent à leur père légal Agrippa, elle fit cette réponse : « Je ne prends jamais de passagers à mon bord aussi longtemps que ma cale est vide. »*

✧

On disait d'Auguste qu'il avait un tel éclat dans le regard que nul ne pouvait le soutenir. Un jour, comme il demandait à un chevalier romain pourquoi il détournait de lui son visage, celui-ci répondit : « Parce que je ne peux pas supporter tes yeux flamboyants. » [SERVIUS, COMMENTAIRE DE L'*ÉNÉIDE* DE VIRGILE, 8.680.]

✷

Un solliciteur, hésitant à lui remettre un placet, tendait la main et la retirait. Auguste lui demanda : « Est-ce que tu crois faire l'aumône à un éléphant ? » [MACROBE, SATURNALES, 2.4.3.]

✷

Les statues d'Auguste et ses effigies sur les monnaies donnent l'impression qu'il avait plus d'allure que la plupart des empereurs romains. Pourtant, Suétone rapporte qu'il se souciait si peu de son apparence qu'il usait de deux ou trois coiffeurs à la fois afin de gagner du temps, et qu'il lisait ou écrivait pendant qu'on le rasait ou lui coupait les cheveux. [VIE D'AUGUSTE, 79.]

✧

AUGUSTE ÉTAIT À TEL POINT SCANDALISÉ PAR LES MÉFAITS EN ESPAGNE D'UN VOLEUR DU NOM DE COROCOTTA, QU'IL OFFRIT UNE RÉCOMPENSE D'UN MILLION DE SESTERCES À QUICONQUE LE LUI AMÈNERAIT VIVANT. QUAND COROCOTTA SE LIVRA DE SON PROPRE GRÉ, NON SEULEMENT IL S'ABSTINT DE LE PUNIR, MAIS IL LUI DONNA LA RÉCOMPENSE PROMISE. [DION CASSIUS, HISTOIRE ROMAINE, 56.43.]

Le corocotta, ou crocotta, était une bête mythique mi-hyène mi-lionne, capable d'imiter la voix humaine. [PLINE, HISTOIRE NATURELLE, 8.107.]

✵

Quand un homme qui était son sosie arriva à Rome, Auguste le convoqua et lui demanda : « Ta mère est-elle jamais venue ici ? » L'homme dit que non, mais il ajouta : « Mon père, en revanche, y est venu souvent. » [MACROBE, SATURNALES, 2.4.20.]

✵

Parmi les propos familiers d'Auguste que rapporte Suétone, on trouve *spoude bradeos* (en grec « hâte-toi lentement ») et *celerius quam asparagi coquuntur* (« en moins de temps qu'il n'en faut pour cuire des asperges »). [VIE D'AUGUSTE, 25, 87.]

✵

Beaucoup de personnalités de premier plan de l'époque des guerres civiles, au Ier siècle avant J.-C., périrent de mort violente, mais Auguste mourut dans son lit, trente-cinq jours avant son soixante-seizième anniversaire. Il vécut assez longtemps pour voir naître le fils de son arrière-petit-fils. [PLINE, HISTOIRE NATURELLE, 7.58.]

TIBÈRE

RÈGNE : DE 14 À 37

Dès l'enfance, Tibère révéla un naturel cruel. Son maître de rhétorique, Théodore de Gadara, semble avoir été le premier à se montrer assez perspicace pour s'en apercevoir. Dans une comparaison très judicieuse, chaque fois – et c'était fréquent – qu'il morigénait Tibère, il l'appelait en grec pelos haimati pephuramenos, *« boue imprégnée de sang. »* [SUÉTONE, VIE DE TIBÈRE, 57.]

✵

Pauvre peuple romain, qui sera broyé par ces lourdes mâchoires ! [SUÉTONE citant Auguste parlant de Tibère comme son éventuel successeur, VIE DE TIBÈRE, 21.]

✵

En l'an 15, soit un an après la mort d'Auguste, *un cortège funèbre traversait le Forum quand un homme se pencha sur le corps et lui murmura quelque chose. Interrogé sur ce qu'il avait chuchoté, il dit qu'il avait chargé ce messager de dire à Auguste que les pauvres citoyens n'avaient*

QUATRE ESCLAVES FEMMES COIFFANT LEUR MAÎTRESSE.

toujours pas reçu la petite somme léguée par testament à chacun d'entre eux. Tibère *le fit mettre à mort sur-le-champ, disant qu'il pourrait ainsi porter lui-même son message, mais il paya la somme promise peu après.* [**DION CASSIUS**, HISTOIRE ROMAINE, 57.14.]

❖

Tibère *avait une vive admiration pour la statue que Lysippe avait faite d'Apoxyomène* (un jeune athlète raclant son corps au strigile après l'effort) *et qu'Agrippa avait placée à l'entrée de ses thermes. Bien que gardant la réserve dans les premières années de son règne, il ne put résister à la tentation de faire transporter la statue dans sa chambre à coucher, et il la remplaça par une autre. Toutefois, au théâtre, le public exigea si bruyamment son retour qu'il la fit remettre à sa place.* [**PLINE**, HISTOIRE NATURELLE, 34.62.]

Sextus Marius, qui devait sa fortune et sa haute situation à l'amitié de Tibère, eut un jour un différend avec un voisin. Il l'invita chez lui pour deux jours : le premier, il fit raser sa villa et, le second, il la fit rebâtir en plus luxueux. Au voisin ébahi, il expliqua qu'il avait voulu lui démontrer ainsi qu'il était assez puissant pour faire deux choses : défendre ses intérêts d'une part, et rendre un bon procédé de l'autre. [DION CASSIUS, HISTOIRE ROMAINE, 58.22.]

TIBÈRE AVAIT LA MAIN GAUCHE PLUS VIGOUREUSE ET PLUS SOUPLE QUE LA DROITE ET LES ARTICULATIONS SI FORTES QU'IL POUVAIT TROUER D'UN DOIGT UNE POMME BIEN FERME ET, D'UNE SIMPLE CHIQUENAUDE, BLESSER À LA TÊTE UN GARÇONNET SINON UN JEUNE HOMME. [SUÉTONE, VIE DE TIBÈRE, 68.]

Tibère quitta Rome pour n'y jamais retourner en l'an 27 de notre ère. Il passa le plus clair de ses vieux jours dans le luxe et la dissipation sur l'île de Capri, dans la baie de Naples. *Quelques jours après son arrivée, un pêcheur surgit soudain devant lui, alors qu'il était seul, pour lui offrir un mulet de grande taille. Tibère ordonna qu'on lui labourât le visage avec ce poisson, car il avait pris peur en constatant que l'homme était venu à lui par-derrière, en franchissant une zone déserte et impraticable. Sous l'effet de la douleur, le pêcheur s'écria qu'il était heureux de n'avoir pas offert à l'empereur l'énorme homard qu'il avait également pris. Aussitôt, Tibère lui fit déchirer le visage avec ce homard.* [SUÉTONE, VIE DE TIBÈRE 60.]

Le roi des Parthes, Artaban, écrivit à Tibère une lettre pour faire le procès de ses meurtres, de sa paresse et de ses mœurs relâchées. Il lui conseillait de se suicider pour donner satisfaction aux citoyens qui le haïssaient profondément à juste titre. [SUÉTONE, VIE DE TIBÈRE, 66.]

Tibère fit grâce à Lucius Caesanus qui, non seulement s'était étroitement lié à Séjan, disgracié et mis à mort, mais s'était aussi gaussé de la calvitie de l'empereur en présentant, aux Floralies, un spectacle où ne jouaient que des chauves et en les faisant éclairer, à leur sortie du théâtre, par cinq mille jeunes porteurs de torches aux crânes rasés. [DION CASSIUS, HISTOIRE ROMAINE, 58.19.]

✻

Au seul motif que Lucius Pison était capable de lui tenir tête en levant le coude deux jours et deux nuits d'affilée, Tibère le nomma gardien de la cité. [PLINE, HISTOIRE NATURELLE, 14.145.] Sa réputation de biberonneur était si bien établie qu'on se plut à déformer son nom de *Tiberius Claudius Nero* en *Biberius Caldius Mero,* « buveur de vin chaud non coupé ». [SUÉTONE, VIE DE TIBÈRE, 42.] C'était montrer plus d'esprit que la populace qui allait hurler, à sa mort, *Tiberium in Tiberim !* « jetez Tibère dans le Tibre ! » en jouant sur son nom qui signifiait « l'homme du Tibre ». [VIE DE TIBÈRE, 75.]

✻

Le corps de Tibère ne fut pas jeté au Tibre, mais ce fut le sort d'autres empereurs : Vitellius en 69 de notre ère, Héliogabale en 222 et, peut-être, Commode en 192. Les deux frères Gracques avaient subi le même outrage posthume, Tiberius en 133 avant J.-C., et Caius en 121. Maxence fut poussé dans le Tibre et s'y noya, en l'an 312 de notre ère, lors de la bataille du Pont Milvius, quand ses troupes se débandèrent devant l'armée de Constantin.

✻

Au début de son règne, quand les gens protestaient contre sa cruauté, Tibère faisait mine de croire qu'ils étaient seulement animés par la colère et la rancune que soulevaient ses réformes d'ordre moral. Il répétait Oderint, dum probent (« Qu'ils me haïssent, pourvu qu'ils acceptent mes décisions ! », parodiant une réplique célèbre de la tragédie *Atrée* d'Accius, voir plus loin). *Par la suite, il prouva que leur jugement sur sa cruauté était plus que vrai.* [SUÉTONE, VIE DE TIBÈRE, 59.]

CALIGULA

RÈGNE : DE 37 À 41

Caligula permettait rarement qu'on mît à mort quelqu'un sans lui infliger de nombreuses petites blessures. Il donnait toujours la même consigne, vite connue de tous : « Frappez-le de manière à ce qu'il se sente bien mourir. » Un jour où une confusion sur les noms avait fait exécuter un homme à la place d'un autre, il dit qu'il n'en avait pas moins mérité son châtiment. Il ne cessait pas de citer la célèbre réplique de théâtre Oderint, dum metuant, « Qu'ils me haïssent, pourvu qu'ils me craignent ». [SUÉTONE, VIE DE CALIGULA, 30.]

APRÈS
LA MORT
DE CALIGULA,
ON DÉCOUVRIT
UN GRAND
COFFRE PLEIN
DE DIVERS
POISONS.

[**SUÉTONE**, VIE DE CALIGULA. 49.]

Demandant à un exilé de retour à Rome comment il avait passé ses années d'exil, Caligula s'attira cette réponse flatteuse : « Je priais pour que Tibère meure et que tu lui succèdes. » À la pensée que ceux qu'il avait lui-même exilés dans les îles priaient pour qu'il mourût, il envoya les tuer tous. [SUÉTONE, VIE DE CALIGULA, 28.]

Caligula déplorait souvent de vivre en un temps dépourvu de très grandes catastrophes. Le règne d'Auguste avait laissé à la postérité le souvenir du désastre des légions de Varus (la bataille de Teutobourg, voir p.21) *; celui de Tibère avait vu l'effondrement de l'amphithéâtre de Fidènes* (il aurait fait cinquante mille morts en l'an 27). *Or son propre règne était menacé de sombrer dans l'oubli tant il était prospère. Il priait sans relâche le ciel de lui faire don d'un désastre militaire, d'une famine, d'une épidémie, de grands incendies ou d'un tremblement de terre.* [SUÉTONE, VIE DE CALIGULA, 31.]

À la fin de son règne, Caligula avait une passion pour les pièces de monnaie ; il aimait fouler pieds nus d'épaisses couches de pièces d'or déversées sur de vastes surfaces et, parfois, il s'y vautrait de tout son long. [SUÉTONE, VIE DE CALIGULA, 42.]

Dans un accès de flagornerie mal à propos, un plébéien du nom de Publius Afranius Potitus jura de sacrifier sa vie si Caligula se remettait d'une maladie. Pour sa part, un chevalier du nom d'Atanius Secundus s'engagea sous la même condition à combattre dans l'arène. Tous deux étaient mus par l'espoir de s'attirer une récompense, mais ils ne firent que perdre la vie. Rétabli, Caligula les contraignit en effet à tenir parole. [DION CASSIUS, HISTOIRE ROMAINE, 59.8.]

C'est dans un étroit passage que ses meurtriers interceptèrent Caligula. Lorsqu'il eut expiré sous leurs coups, aucun d'eux ne se retira. Tous criblèrent le cadavre de blessures, et certains allèrent jusqu'à en goûter la chair. Aussitôt, son épouse et sa fille furent, elles aussi, mises à mort. C'est ainsi qu'après avoir multiplié les atrocités pendant trois années neuf mois et vingt-huit jours, Caligula se vit démontrer qu'il n'était pas un dieu. [DION CASSIUS, HISTOIRE ROMAINE, 59.29.]

BEAUCOUP DES DÉS D'ÉPOQUE ROMAINE QUI SUBSISTENT DE NOS JOURS SONT PIPÉS.

Après la mort de Caligula, on découvrit un grand coffre plein de divers poisons. Claude les fit jeter à la mer, mais on raconte qu'elle en fut polluée et que la marée fit s'échouer de nombreux poissons morts sur les plages voisines. [SUÉTONE, VIE DE CALIGULA, 49.]

CLAUDE

RÈGNE : DE 41 À 54

Avant d'accéder à l'empire, Claude essuyait souvent des avanies. *Ainsi, s'il arrivait en retard à un dîner, il devait se frayer un chemin à grand-peine parmi les lits des convives pour atteindre le sien. S'il s'assoupissait après le repas, ce qui lui arrivait très régulièrement, on lui lançait des noyaux d'olives et de dattes. Parfois, de mauvais plaisants le tourmentaient en le réveillant d'un coup de fouet ou de baguette. On lui fourrait ses sandales dans les mains, tandis qu'il était en train de ronfler, pour qu'il s'en frotte les yeux quand on le réveillerait en sursaut.* [SUÉTONE, VIE DE CLAUDE, 8.]

APPRENANT QUE CALIGULA AVAIT ÉTÉ ASSASSINÉ, CLAUDE PRIT PEUR. IL SE GLISSA SUR UNE TERRASSE PROCHE, ET IL ALLA SE CACHER DERRIÈRE LES RIDEAUX QUI RECOUVRAIENT UNE PORTE. UN SOLDAT QUI PASSAIT LÀ PAR HASARD REMARQUA DES PIEDS QUI DÉPASSAIENT ET VOULUT SAVOIR À QUI ILS APPARTENAIENT. LORSQU'IL RECONNUT CLAUDE, DONT LES GENOUX TREMBLAIENT DE TERREUR, IL L'ENTRAÎNA DE VIVE FORCE ET LE SALUA DU TITRE DE CÉSAR. [SUÉTONE, VIE DE CLAUDE, 10.]

Les jeux d'argent n'étaient permis par la loi que pendant les Saturnales, fêtes qui se déroulaient en décembre, mais cette prescription n'était guère respectée. Claude aimait le jeu de dés au point de lui consacrer un livre. Il jouait souvent dans ses déplacements, et il avait fait aménager ses voitures de façon à ce que le jeu ne fût pas renversé. [SUÉTONE, VIE DE CLAUDE, 33.] Dans *l'Apocoloquintose* [14], apothéose bouffonne où Sénèque décrit la transformation de Claude en une divine citrouille, il est condamné dans l'autre monde à lancer éternellement les dés avec un cornet sans fond. Le futur empereur Vitellius gagna son amitié parce qu'il partageait son goût pour le jeu de dés.

Dans la même déification parodique, Auguste, prononçant son discours inaugural devant le conseil des Olympiens, s'élève contre la divinisation de Claude en faisant valoir que si les dieux lui permettent d'être des leurs, personne ne croira plus à *leur* divinité.

NÉRON

RÈGNE: DE 54 À 68

Néron n'omettait de faire aucun des exercices par lesquels les chanteurs protègent ou améliorent leur voix : se coucher sur le dos avec des feuilles de plomb sur la poitrine, prendre des lavements et des émétiques, ou encore s'abstenir de manger des pommes et d'autres fruits passant pour nuire à la voix. [SUÉTONE, VIE DE NÉRON, 20.]

Néron aimait rôder la nuit dans les ruelles et les débits de boisson de Rome, en quête de mauvais coups. Il se plaisait à rosser les passants qui rentraient chez eux après un dîner en ville et, s'ils se défendaient, il jetait leurs corps dans les égouts. Un jour, il fut laissé à demi-mort par un sénateur dont il avait importuné la femme... [SUÉTONE, VIE DE NÉRON, 26.]

Néron donna dix millions de sesterces à son secrétaire Doryphorus qui était chargé de recueillir les placets. Sa mère, Agrippine, les fit empiler devant lui dans l'espoir qu'il changerait d'avis en voyant de ses yeux l'énormité de son cadeau mais Néron fit doubler la somme en disant : « Je n'aurais jamais cru que je lui donnais aussi peu. » [DION CASSIUS, HISTOIRE ROMAINE, 61.6.]

Lorsqu'on lui apporta la tête de Rubellius Plautus, qui lui avait disputé l'empire, Néron la contempla et dit : « Je ne m'étais pas aperçu qu'il avait un si grand nez », comme si, le sachant, il l'eût épargné. [DION CASSIUS, HISTOIRE ROMAINE, 62.14.]

NÉRON FIT EMPOISONNER BRITANNICUS, ET LE POISON EMPLOYÉ AYANT LAISSÉ SUR SA PEAU UNE TEINTE BLEUÂTRE, IL FIT BLANCHIR LE CORPS À LA CHAUX. LORSQU'ON TRANSPORTA LE CADAVRE À TRAVERS LE FORUM, UNE AVERSE SOUDAINE DÉLAYA LA CHAUX. [DION CASSIUS, HISTOIRE ROMAINE, 61.7.]

Entre autres mesures qu'il envisagea de prendre lorsqu'il apprit le soulèvement contre lui des légions de Galba, Néron songea à empoisonner le Sénat tout entier dans un banquet, et à livrer Rome aux flammes après avoir libéré tous les fauves captifs pour que les habitants aient du mal à sauver leurs vies. [SUÉTONE, VIE DE NÉRON, 43.]

Après sa mort, des démons furent sur le point de transformer Néron en vipère pour châtier son matricide mais, soudain, une vive lumière brilla et une voix ordonna de le changer en un animal moins malfaisant, de ceux qui font entendre leur chant près des lacs et des marais. [PLUTARQUE, DE LA TARDIVE VENGEANCE DES DIEUX, 32.]

L'ANNÉE DES QUATRE EMPEREURS

68-69

J'entreprends d'écrire l'histoire d'un temps désastreux, déchiré par d'effroyables batailles et discordes, où même la paix fut affreuse, et où l'on vit quatre empereurs périr par le glaive. [TACITE, HISTOIRES, 1.2.] **À propos de la période qui va de Néron aux règnes éphémères de Galba, Othon et Vitellius, jusqu'à celui, plus stable, de Vespasien.**

En l'an 150 avant J.-C., un ancêtre en ligne directe de Galba extermina systématiquement hommes, femmes et enfants de Lusitanie (actuel Portugal) dans une tentative de génocide.

❖

Le père de Galba, qui était bossu, plaidant une cause soumise au tribunal d'Auguste, répétait à chaque instant : « Redresse-moi, si tu vois la moindre erreur dans ce que je dis. » Auguste lui répliqua : « Un conseil, je peux te le donner, mais te redresser, j'en suis bien incapable. » [MACROBE, SATURNALES, 2.4.8.]

❖

Lorsque, jeune garçon, Galba fut mené présenter ses respects à Auguste, celui-ci lui pinça la joue et lui dit en grec : « Mon enfant, toi aussi tu goûteras un peu au pouvoir que j'exerce. » Tibère n'épargna la vie de Galba que lorsqu'il eut la certitude qu'il serait trop âgé en prenant le pouvoir. [SUÉTONE, VIE DE GALBA, 4.]

❖

Auguste avait un anneau portant un sceau à son image. Les empereurs firent de même après lui, à l'exception de Galba, dont le sceau représentait un chien sur la proue d'un navire. [DION CASSIUS, HISTOIRE ROMAINE, 51.3.] Il avait hérité de cet anneau, mais avait bien un chien si attaché à lui qu'il mourut en essayant d'empêcher ses assassins de lui trancher la tête, défendant son maître comme l'eût fait un soldat pour un camarade tué à ses côtés. [ÉLIEN, DE LA NATURE DES ANIMAUX, 7.10.]

❖

Le père de Vitellius avait été trois fois consul, censeur et administrateur impérial à l'époque où Claude se trouvait en Bretagne. Il était connu pour sa flagornerie, dont voici quelques exemples :

❖ *Il demanda à Messaline* (troisième épouse de Claude) *de lui permettre de la déchausser, et il logea la chaussure droite dans sa toge pour l'embrasser et la caresser.*

❖ *Dans son laraire, il avait placé des images en or de Pallas et Narcisse* (les puissants affranchis de Claude), *qu'il vénérait.*

❖ *C'est lui qui adressa à Claude, alors que celui-ci préparait les Jeux séculaires* (célébrés comme leur nom l'indique une fois tous les cent ans) *le curieux vœu : « Puisses-tu le faire souvent ! »* [SUÉTONE, VIE DE VITELLIUS, 2.]

❖

Vitellius était d'une taille peu commune, avait une grosse bedaine et un teint rougeaud d'ivrogne. Il avait une faiblesse dans une cuisse pour avoir été heurté par un quadrige que conduisait Caligula. [SUÉTONE, VIE DE VITELLIUS, 17.]

QUAND VITELLIUS VISITA LE CHAMP DE BATAILLE DE BÉDRIAC, OÙ SON ARMÉE AVAIT VAINCU OTHON, IL POUSSA L'INDÉCENCE JUSQU'À PRÉTENDRE RÉCONFORTER LES MEMBRES DE SA SUITE QU'INDISPOSAIT LA PUANTEUR DES CADAVRES, EN LEUR DISANT QUE SI L'ODEUR D'UN ENNEMI MORT ÉTAIT TRÈS BONNE, CELLE D'UN COMPATRIOTE ÉTAIT ENCORE PLUS AGRÉABLE. [SUÉTONE, VIE DE VITELLIUS, 10.]

Dans les pauses de la seconde bataille de Bédriac, les soldats de Vitellius partageaient boisson et vivres avec leurs adversaires de l'armée de Vespasien. [DION CASSIUS, HISTOIRE ROMAINE, 64.13.]

Vitellius emploie à sa toilette plus de parfum que je n'emploie d'eau. Je suppose que si quelqu'un le frappe du glaive, il en sortirait plus de parfum que de sang. [VESPASIEN, cité par Philostrate, VIE D'APOLLONIUS, 29.]

Ta vie fut paresseuse et ta mort horrible, Vitellius, et tu n'as pas mérité d'être un César. Tu es un exemple de la façon dont se jouent de nous les Destins. Ton règne ne fut qu'une ombre passagère, car les hommes qui en sont indignes se voient souvent décerner le pouvoir, mais seuls le conservent ceux qui en sont dignes. [AUSONE, SUR LES DOUZE CÉSAR, dont SUÉTONE a écrit l'histoire.] Au IVe siècle de notre ère, quand Ausone écrivit cet épigramme, on pouvait l'appliquer à la plupart des empereurs.

LES FLAVIENS

VESPASIEN : RÈGNE DE 69 À 79, TITUS : RÈGNE DE 79 À 81
ET DOMITIEN : RÈGNE DE 81 À 96

Les collecteurs d'impôts avaient tendance, à Rome, à se montrer brutaux et avides. Les contribuables érigèrent des statues du père de Vespasien pour rendre hommage à sa façon impartiale d'exercer cet emploi. [SUÉTONE, VIE DE VESPASIEN, 1.]

Vespasien avait coutume, arguait-on, de nommer aux grandes fonctions de l'État les gens les plus avides à seule fin de pouvoir leur faire rendre gorge une fois enrichis. On répétait qu'il s'en servait comme des éponges, qu'on mouille quand elles sont sèches et qu'on presse une fois mouillées. [SUÉTONE, VIE DE VESPASIEN, 16.]

Il ne cherchait pas à éblouir. Le jour de son triomphe (pour avoir détruit Jérusalem en l'an 70 de notre ère), *la lenteur du cortège l'accablant de fatigue et d'ennui, il laissa échapper : « Je ne l'ai pas volé ! Quelle sotte idée, à mon âge, que d'avoir voulu un triomphe, comme si je le devais à mes ancêtres ou en éprouvais moi-même le désir ! »* [SUÉTONE, VIE DE VESPASIEN, 12.]

Un chien errant ramassa un jour une main humaine à un carrefour, la rapporta dans la pièce où Vespasien était en train de déjeuner et la déposa sur sa table. [SUÉTONE, VIE DE VESPASIEN, 5.] L'empereur, qui avait été chargé de la propreté de la voie publique pendant le règne de Caligula, ne prit certainement pas l'incident à la légère.

Soupçonnant son voiturier d'avoir fait halte non pour s'occuper des sabots de ses mules mais à seule fin de donner à un plaideur l'occasion de l'aborder et de lui présenter sa requête, Vespasien lui demanda combien il touchait pour la ferrure, et il partagea avec lui. [SUÉTONE, VIE DE VESPASIEN, 23.]

Vespasien étant connu pour sa ladrerie, il y a quelque paradoxe à ce qu'il ait bâti le monument le plus splendide et durable de Rome, le Colisée. Lorsqu'il accéda à l'empire, un vieux vacher critiqua son avarice car, quand il lui demanda de l'affranchir, Vespasien répondit qu'il aurait à payer pour cela. L'esclave s'écria : « Décidément, le renard change de fourrure, mais il ne change pas de nature ! » [SUÉTONE, VIE DE VESPASIEN, 16.]

AUX OBSÈQUES DE VESPASIEN, L'ACTEUR QUI PORTAIT SON MASQUE FUNÉRAIRE ET QUI, SELON L'USAGE, MIMAIT GESTES ET PROPOS DU DÉFUNT, DEMANDA AUX FONCTIONNAIRES IMPÉRIAUX COMBIEN COÛTAIENT CÉRÉMONIE ET PROCESSION. ILS LUI RÉPONDIRENT « CENT MILLE SESTERCES », ET IL S'EXCLAMA « DONNEZ-M'EN SEULEMENT MILLE, ET JETEZ-MOI DONC DANS LE TIBRE ! »

[SUÉTONE, VIE DE VESPASIEN, 19.]

On rapporte que Vespasien, sur son lit de mort, se moqua de l'usage de déifier les empereurs en ces termes : « Ô misère, j'ai l'impression que je suis en train de devenir dieu ! » (*vae, puto, deus fio !*) [SUÉTONE, VIE DE VESPASIEN, 23.] Plus loin, Suétone rapporte comme étant ses dernières paroles : « Un empereur se doit de mourir debout » (*imperatorem stantem oportet mori*) et ajoute qu'en tentant de se lever, il s'effondra.

Dans les deux premiers siècles de l'empire, que ce soit le fait du hasard ou une manifestation de l'instabilité du régime, il se trouva que Vespasien fut le seul empereur à avoir transmis le pouvoir à son fils, ou plus exactement à ses deux fils, Titus et Domitien.

Au début de son règne, Domitien s'isolait des heures durant sans rien faire d'autre qu'attraper des mouches et les transpercer d'un très fin stylet. Un jour, quelqu'un demandant si Domitien avait un visiteur, obtint cette réponse pleine d'esprit : « Personne, pas même une mouche. » [SUÉTONE, VIE DE DOMITIEN, 3.]

PARFOIS, DOMITIEN ORDONNAIT À UN ESCLAVE DE LUI FAIRE FACE LA PAUME DES MAINS OUVERTE ET IL DÉCOCHAIT DE LOIN SES FLÈCHES AVEC UNE TELLE PRÉCISION QUE TOUTES SE FICHAIENT ENTRE SES DOIGTS SANS LE BLESSER. [SUÉTONE, VIE DE DOMITIEN, 19.]

Depuis que Claude avait fait une brève apparition sur le front de Bretagne, aucun empereur romain n'avait fait campagne jusqu'à Domitien, qui parut une fois en Germanie et trois fois sur le Danube. Il semble avoir eu une certaine compétence militaire, mais la grande victoire de son règne fut remportée par Agricola au Mont Graupius, lieu encore non identifié d'Écosse, probablement en fin 83 après J.-C. La fameuse critique de l'impérialisme romain qu'exprime la formule *ubi solitudinem faciunt, pacem appellant* (« Ils nomment paix le désert qu'ils créent ») est due selon Tacite, gendre d'Agricola, au chef calédonien Calgacus haranguant ses troupes avant la bataille. [VIE D'AGRICOLA, 30.]

Domitien aurait rêvé qu'il lui poussait une bosse d'or sur le dos, et vu là un signe certain de ce que l'État, après lui, serait plus heureux et plus

UNE BAIGNOIRE ROMAINE. LA POSITION BASSE DU BAIN D'OISEAUX POURRAIT INDIQUER QUE, D'ORDINAIRE, ON NE LA REMPLISSAIT PAS ENTIÈREMENT.

prospère. Et ce fut en effet le cas, grâce à la pondération et à la modestie des empereurs qui le suivirent. [SUÉTONE, VIE DE DOMITIEN, 23.]

Domitien avait l'esprit chaque jour plus perturbé. Ainsi, il fit revêtir les murs du portique où il faisait ses exercices d'un marbre réfléchissant comme un miroir pour être en mesure de voir ce qui se passait derrière son dos. En outre, il n'accordait audience à un prisonnier que seul à seul et en tenant en main sa chaîne. Il disait volontiers que la vie des empereurs était misérable, car personne ne croyait, avant leur assassinat, aux complots qu'ils avaient découverts. [SUÉTONE, VIE DE DOMITIEN, 14, 21.] Domitien fut assasiné le 18 septembre 96.

EMPEREURS SUIVANTS

Pendant sa campagne contre les Daces, des indigènes sommèrent Trajan de se retirer par un message écrit en latin sur un champignon. [DION CASSIUS, HISTOIRE ROMAINE, 68.8.] Il est des érudits pour soutenir que cette anecdote figure sur les bas-reliefs de la colonne Trajane.

Lorsqu'un tremblement de terre frappa Antioche (en l'an 115 de notre ère), *une créature surhumaine vint au secours de Trajan en le faisant sortir avec de simples égratignures par une fenêtre de la chambre où il dormait. Les secousses se prolongeant plusieurs jours, Trajan les passa à la belle étoile dans le Cirque.* [DION CASSIUS, HISTOIRE ROMAINE, 69.25.]

❋

Trajan fut mis au nombre des dieux et, pour lui marquer un honneur exceptionnel, inhumé intra muros. Placés dans une urne d'or, ses ossements furent déposés dans le Forum qu'il avait fait bâtir, sous la colonne qui porte son nom. [EUTROPE, ABRÉGÉ DE L'HISTOIRE ROMAINE, 8.5.] L'urne n'y est plus aujourd'hui, et la statue de Trajan qui surmontait la colonne a été remplacée par celle de Saint-Pierre au XVIe siècle.

❋

Un jour, aux thermes publics, Hadrien vit un vétéran qui avait servi sous ses ordres se frotter le dos au mur. Le vieux soldat lui dit qu'il faisait cela faute de posséder un esclave pour lui racler le dos. Hadrien lui fit don d'esclaves et d'argent. Par la suite, il eut l'occasion de voir plusieurs hommes qui se frottaient à la paroi mais, cette fois, il leur donna l'ordre de se gratter le dos à tour de rôle. [HISTOIRE AUGUSTE, VIE D'HADRIEN, 17.]

❋

Compte tenu des assassinats d'empereurs qui jalonnent leur histoire, et du besoin qu'éprouvaient certains d'entre eux de s'isoler de leurs sujets, on ne peut que sourire de l'échange badin entre Hadrien et un certain Florus dont nous ne connaissons que le nom [HISTOIRE AUGUSTE, VIE D'HADRIEN, 16] :

Florus

Ego nolo Caesar esse,	*Je ne veux pas être César,*
ambulare per Sygambros,	*Errer parmi les Sicambres,*
latitare per Britannos,	*traîner chez les Bretons,*
Scythicas pati pruinas.	*subir les frimas des Scythes.*

Hadrien

Ego nolo Florus esse,	*Je ne veux pas être Florus,*
ambulare per tabernas,	*errer de taverne en taverne,*
latitare per popinas,	*traîner de bistro en bistro,*
culices pati rutundos.	*et subir les mouches à merde !*

Lucius Verus, qui partagea l'empire avec Marc Aurèle de 161 à 169, passait pour répandre de la poussière d'or dans sa chevelure blonde afin de mettre sa teinte en valeur. [HISTOIRE AUGUSTE, VIE DE VERUS, 10.]

On estime qu'au IIe siècle de notre ère, l'Empire romain alors à son apogée était administré par environ dix mille bureaucrates, soit deux pour cent du personnel correspondant de l'Union Européenne de nos jours. Un nombre considérable de points de détails étaient, malgré cela, réglés à un niveau très élevé :

- *En un seul jour, Claude publia vingt édits. L'un d'eux prescrivait, la vendange ayant été abondante, que les jarres à vin fussent soigneusement enduites de poix ; un autre faisait savoir que la sève d'if était le meilleur antidote contre le venin de vipère... Un homme ayant failli périr d'avoir, par bonne éducation, trop retenu une flatulence, Claude envisagea, dit-on, de prendre un édit pour qu'on excusât de lâcher des vents pendant les dîners.* [SUÉTONE, VIE DE CLAUDE, 16, 32.]
- Trajan entretint une correspondance avec Pline le Jeune, alors gouverneur de la province de Bithynie, dans l'actuel nord de la Turquie, à propos des égouts du petit port d'Amastris. [LETTRES, 10.98, 99.]
- En l'an 200 de notre ère, Septime Sévère arbitra, en son tribunal d'Alexandrie, un litige portant sur l'élevage de porcs. [PAPYRI D'OXYRHYNQUE, 42.3019.]

Commode, qui régna de 180 à 192, fut le premier empereur à être né sous le règne de son père, le 31 août 161, soit six mois après que Marc Aurèle, son père, eut succédé à Antonin le Pieux.

À ONZE ANS, COMMODE DONNA UN SIGNE SANS ÉQUIVOQUE DE SON PENCHANT POUR LA CRUAUTÉ. L'EAU DE SON BAIN ÉTANT TROP FROIDE, IL ORDONNA QUE LE RESPONSABLE **FÛT JETÉ DANS UNE FOURNAISE.** L'ESCLAVE, DÛMENT INSTRUIT POUR FAIRE FACE À CE GENRE DE CAS, BRÛLA UNE PEAU DE MOUTON AFIN QUE LA PUANTEUR FÎT CROIRE À COMMODE QU'IL AVAIT ÉTÉ OBÉI. [HISTOIRE AUGUSTE, VIE DE COMMODE, 1.]

Pour échapper aux persécutions de Commode, Sextus Condianus but le sang d'un lièvre et feignit une chute de cheval. Il vomit alors le sang, comme s'il était mortellement blessé, et il fut ramené chez lui. Tandis qu'il s'éclipsait, on mit en bière et on brûla un mouton. Quand affluèrent plus tard à Rome des têtes coupées de proscrits, chacune prétendument la sienne, pour identification et récompense des dénonciateurs, on n'a jamais su si l'une d'elles l'était vraiment. [DION CASSIUS, HISTOIRE ROMAINE, 73.6.]

✵

Commode finit étranglé dans ses thermes par un lutteur nommé Narcisse. Il serait intéressant de savoir si son garçon de bains vécut assez longtemps pour apprendre ce que voici : si son maître avait été étranglé un jour plus tard, on aurait dénombré, pour l'année 193, six candidats à l'empire, tout comme en l'an 238. Trois ans après son dernier bain, Commode fut proclamé dieu par Septime Sévère, son successeur.

PORPHYROGENÈTES

NÉS DANS LA POURPRE

Le règne éphémère de Clodius Albinus (196-197) fut annoncé par la naissance d'un taurillon aux cornes couleur pourpre. [HISTOIRE AUGUSTE, VIE DE CLODIUS ALBINUS, 5.]

Le règne de Geta (211) le fut par la ponte d'un œuf de poule pourpre et la naissance, le même jour que lui, d'un agneau à la laine pourpre. [HISTOIRE AUGUSTE, VIE DE GETA, 3.]

Le règne de Diaduménien (217-218) fut annoncé par la naissance de douze agneaux de couleur pourpre. [HISTOIRE AUGUSTE, VIE DE DIADUMÉNIEN, 4.]

Le règne d'Alexandre Sévère (222-235) fut annoncé par un pigeon pondant un œuf pourpre et un rêve de sa mère, qui se vit accoucher d'un serpent couleur pourpre. [HISTOIRE AUGUSTE, VIE D'ALEXANDRE SÉVÈRE, 13.]

Le règne d'Aurélien (270-275) fut annoncé par la naissance d'un veau géant, blanc avec une tache pourpre sur chaque flanc, l'une formant mot *Ave!* (« salut ! ») et l'autre dessinant une couronne. [HISTOIRE AUGUSTE, VIE D'AURÉLIEN, 4.]

Geta régna en l'an 211 conjointement avec son frère Caracalla (qui le poignarda dans les bras de leur mère). Il aimait que ses cuisiniers lui préparent des repas dans lesquels les noms des plats commençaient tous par la même lettre. [HISTOIRE AUGUSTE, VIE DE GETA, 5.]

Quand il eut assassiné Geta, Caracalla fit effacer son nom et retirer son image de toutes les archives et des monuments publics. Les cent soixante-quatorze inscriptions qui nous sont restées comportaient à l'origine le nom de Geta, mais il n'est intact que dans trente-sept d'entre elles. Le plus souvent, ces inscriptions figurent sur des canalisations sans doute enterrées avant l'édit pris par Caracalla. Sur le médaillon de bois montrant Caracalla et ses parents, Septime Sévère et Julia Domna,

DAMNATIO MEMORIAE DE GETA.

UN CAMÉE IRANIEN REPRÉSENTANT LA SCÈNE DE LA CAPTURE DE VALÉRIEN SOUS LA FORME IMPROBABLE D'UNE VOLTE DE CAVALIERS.

le visage de Geta a été gratté avec du purin, dont une légère odeur subsisterait encore – assertion que j'avoue n'avoir pas vérifiée. Bien que le nom de Geta ait été traditionnellement donné, au théâtre, aux esclaves de comédie, Caracalla interdit aux auteurs de pièces d'en faire usage. [DION CASSIUS, HISTOIRE ROMAINE, 78.12.]

✵

Héliogabale régna quatre années. Il avait environ vingt ans quand il fut assassiné, en l'an 222 de notre ère. On trouvera ci-dessous un choix très restreint des excentricités et perversités que lui attribue l'*Histoire Auguste* :

✥ *Au début de son année de consulat, au lieu de lancer au peuple des monnaies d'or et d'argent, des friandises ou de petits animaux, il lui distribuait de gras bovins, des chameaux, des ânes ou des cerfs à se partager, assurant que c'était là se conduire en empereur.*

✥ *Il gravit la colline du Vatican dans un char traîné par quatre éléphants, en détruisant les tombeaux qui se trouvaient sur sa route.*

✥ *Son char était aussi tiré par des chiens, cerfs, lions, tigres, et jusqu'à des femmes nues.*

✥ *Il invitait à dîner huit convives tous chauves, borgnes, goutteux, sourds, noirs, petits ou grands à l'excès, ou encore tous obèses* (il était d'usage d'avoir huit convives, installés sur trois lits, à un dîner officiel).

✥ *À ses invités, il faisait donner des coussins remplis d'air au lieu de coussins véritables, et les faisait dégonfler d'un coup, si bien que les convives se retrouvaient brusquement sous la table.*

✥ *Les mets qu'il leur faisait servir étaient des imitations en cire, bois, ivoire, pierre ou terre cuite, tandis qu'on lui servait le plat original.*

✥ SOUVENT, IL ENIVRAIT SES INVITÉS, ET ILS SE RÉVEILLAIENT DANS UNE PIÈCE CLOSE, ENTOURÉS DE LIONS, DE LÉOPARDS OU D'OURS RENDUS INOFFENSIFS.

✥ *Dans les banquets, il faisait distribuer des cuillères portant le nom d'un lot, et l'on pouvait y lire dix chameaux aussi bien que dix mouches, dix livres d'or, dix livres de plomb, dix autruches ou dix œufs de poule.*

✥ *Les jeux qu'il organisait étaient dotés de prix du même genre : dix ours, dix loirs, dix laitues ou dix livres d'or. Les sportifs, invités eux aussi, pouvaient gagner un chien mort, une livre de bœuf ou encore cent monnaies d'or, d'argent ou de cuivre.*

✥

Les empereurs se plaisaient à être représentés dans une posture guerrière, mais le premier qui, à notre connaissance, prit part personnellement à une bataille, fut Maximin le Thrace, qui régna de 235 à 238. Si l'on en croit l'*Histoire Auguste* – certes rarement crédible –, ce géant de huit pieds six pouces (le pied romain équivaut à environ 30 cm) buvait souvent plus de trente litres de vin en une journée, et il engloutissait de quarante à soixante livres de viande, sans jamais manger de légumes. [VIE DES DEUX MAXIMIN, 4.6.] Il devait se démarquer dans une foule de son temps ; l'examen des squelettes de Pompéi a montré que la taille moyenne des hommes était de cinq pieds cinq pouces et demi et celle des femmes de cinq pieds un pouce.

✵

Le demi-siècle qui va de Maximin à l'avènement de Dioclétien, en l'an 284 de notre ère, fut marqué par une exceptionnelle instabilité. Il vit se succéder empereurs et usurpateurs par douzaines, dont un grand nombre périrent sous les coups de leurs propres soldats. Personne, toutefois, ne connut un sort aussi mémorable que Valérien, qui partagea l'empire avec son fils Gallien de 253 à 260. Il fut, en effet, fait prisonnier par le roi des Perses Chapour Ier, qui en usait comme d'un petit banc pour monter à cheval. On raconte que, lorsque Valérien mourut, sa peau fut prélevée et exposée dans un temple – il allait en être de même pour l'empereur byzantin Romain IV Diogène, écorché en l'an 1071. Chapour II, aussi vainqueur des Romains, régna durant toute son existence (310-379), et présente la singularité d'avoir été proclamé roi avant même de naître.

Numérien régna un peu plus d'une année, en 283-284. Pendant une campagne contre les Perses, il ne se déplaça qu'en litière fermée pour épargner ses yeux fragiles. Il fut tué par son beau-père, Flavius Aper, qui laissa plusieurs jours le corps en place afin d'avoir le temps de consolider son pouvoir. Des soldats finirent toutefois par être alertés par l'odeur que dégageait la litière. [HISTOIRE AUGUSTE, VIE DE CARUS, CARIN ET NUMÉRIEN, 12.]

Dioclétien régna de 284 à 305, date à laquelle il sentit son régime suffisamment solide pour abdiquer et pousser son co-empereur Maximien à faire de même. Il passa les sept dernières années de sa vie en simple citoyen, dans son magnifique palais de Split en Croatie, où il se targuait de cultiver de beaux choux. [AURÉLIUS VICTOR, LIVRE DES CÉSARS, 39.]

On a découvert en 2006, près du Palatin, un bâton de commandement richement travaillé ainsi qu'un riche trésor de tenues militaires. Certains érudits pensent qu'il s'agit du sceptre de l'empereur Maxence, caché en toute hâte par ses partisans après leur défaite devant Constantin à la bataille du Pont Milvius en l'an 312 de notre ère.

Le destin de Constantin, qui régna de 307 à 337, est riche d'événements curieux et marquants :

- Sa mère était fille d'un aubergiste.
- Il fut proclamé empereur dans la province éloignée de Bretagne.
- Il rendit entièrement légal le christianisme par l'édit de Milan de 313.
- Il instaura, en 321, le repos dominical.
- Il fit mettre à mort l'un de ses fils.
- Il transféra le centre du pouvoir de Rome à Constantinople.

✥ Bien qu'officiellement chrétien, il ne fut baptisé que sur son lit de mort et fut déifié post mortem, comme au demeurant plusieurs autres empereurs chrétiens après lui.

✥

Le 4 septembre 476, à l'âge de 13 ou 14 ans, le dernier empereur romain d'Occident, Romulus Augustule, fut déposé par le chef germain Odoacre. L'ironie de l'Histoire fit qu'il portait les noms du fondateur de Rome et de son premier et plus grand empereur. Le diminutif *Augustulus* se réfère à sa jeunesse et à son poids politique moindre. On lui appliquait également le diminutif grec *Momyllus* (« petite disgrâce »). L'empire d'Orient se maintint jusqu'à la prise de Constantinople par les Turcs en 1453.

✵

OHE, IAM SATIS EST, OHE, LIBELLE!
IAM PERVENIMUS USQUE AD UMBILICOS.
TU PROCEDERE ADHUC ET IRE QUAERIS,
NEC SUMMA POTES IN SCHIDA TENERI,
SIC TAMQUAM TIBI RES PERACTA NON SIT
QUAE PRIMA QUOQUE PAGINA PERACTA EST.
IAM LECTOR QUERITURQUE DEFICITQUE,
IAM LIBRARIUS HOC ET IPSE DICIT
« OHE, IAM SATIS EST, OHE, LIBELLE! »

« HOLÀ! ÇA SUFFIT, PETIT LIVRE!
NOUS VOICI PARVENUS AU BOUT DU ROULEAU.
TU VOUDRAIS AVANCER ENCORE, ALLER PLUS LOIN,
ET TU NE PEUX ÊTRE RETENU À LA DERNIÈRE PAGE,
ON DIRAIT QUE RIEN N'EST FINI POUR TOI
LORSQUE TOUT EST FINI DÈS LA PREMIÈRE PAGE.
DÉJÀ LE LECTEUR S'IMPATIENTE ET SE LASSE;
DÉJÀ LE COPISTE LUI-MÊME TE CRIE:
"HOLÀ! HALTE DONC, ÇA SUFFIT PETIT LIVRE!" »

[MARTIAL, ÉPIGRAMMES, 4.89.]

GLOSSAIRE

Ce glossaire définit brièvement certains personnages, lieux, événements et institutions les plus souvent cités dans l'ouvrage. Il est évidemment non exhaustif.

ACTES DU DIVIN AUGUSTE (*Res Gestae Divi Augusti*) Testament politique des exploits d'Auguste, exposé bien en vue à travers l'empire à la fin de son règne.

ACTIUM Bataille où, dans le nord-ouest de la Grèce en l'an 31 avant J.-C., Marc Antoine et Cléopâtre furent vaincus par Octave (par la suite Auguste).

AGRIPPA (Marcus Vipsanius Agrippa, env. 63 – 12 avant J.-C.) Ami intime d'Auguste et organisateur de sa victoire d'Actium.

AMMIEN MARCELLIN (Ammianus Marcellinus, env. 325 – après 391) Dernier grand historien de Rome, il écrivit le récit des trois siècles suivant l'avènement de Nerva, dont il ne nous reste que dix-huit livres allant de 353 à 378.

ANTOINE ou MARC ANTOINE (Marcus Antonius, 83 – 30 avant J.-C.) Lieutenant de Jules César, amant de Cléopâtre et rival d'Octave dans la lutte pour le pouvoir.

APPIEN (Appianus, 95 – env. 165) Auteur d'une histoire de Rome en grec.

AUGUSTE (Augustus, 63 avant J.-C. – 14 après) Octave est devenu, sous ce nom, le premier et plus illustre des empereurs romains (31 avant J.-C. – 14 après).

AUGUSTIN (saint) (Aurelius Augustinus, 354 – 430) Auteur des *Confessions*, de *La Cité de Dieu* et d'une centaine d'autres œuvres.

AULU GELLE (Aulius Gellius, env. 125 – après 180) Auteur des *Nuits attiques*, mélange de citations et débats sur des sujets très variés.

BRUTUS (Marcus Junius Brutus, 85 – 42 avant J.-C.) Il fut, avec Cassius, l'un des chefs des meurtriers de Jules César.

CÉSAR ou JULES CÉSAR (Caius Julius Caesar, 102 ou 100 – 44 avant J.-C.) Le plus illustre des Romains, conquérant des Gaules.

CALIGULA (Caius Julius Caesar Augustus Germanicus, 12 – 41) De son nom plus officiel Caius. Troisième empereur de Rome (37 – 41).

CANNES (*Cannae*) Désastre infligé à l'armée romaine par Hannibal en 216 avant J.-C. dans le sud de l'Italie.

CAPITOLE (mont) La plus élevée des sept collines de Rome, avec le Palatin.

CARRHES (*Carrhae*) Lieu de Syrie du Nord où, en 53 avant J.-C., l'armée de Crassus fut écrasée par les Parthes.

CARTHAGE Ville antique sur le site des faubourgs de l'actuelle Tunis, qui fut la grande rivale de Rome et fut détruite en 146 avant J.-C., au terme des guerres puniques.

CASSIUS (Caius Cassius Longinus, avant 85 – 42 avant J.-C.) L'un des deux principaux meurtriers de Jules César avec Brutus.

CATILINA (Lucius Sergius Catilina, 108 – 62 avant J.-C.) Chef d'une conspiration déjouée en 63 par Cicéron.

CATON (Marcus Porcius Cato, 234 – 149 avant J.-C., ou Caton l'Ancien, aussi dit le Censeur) L'archétype du défenseur du bon vieux temps et des mœurs des anciens *(mos maiorum)*. Portant son nom, son arrière-petit-fils (95 – 46 avant J.-C., dit Caton le Jeune) fut aussi un conservateur en matière publique et privée.

CATULLE (Caius Valerius Catullus, env. 84 – env. 54 avant J.-C.) Poète le plus marquant de la dernière génération de l'époque républicaine.

CELSE (Aulus Cornelius Celsus, 25 avant J.-C. – 50 après) Auteur d'une encyclopédie dont nous ne possédons plus que la partie médicale.

CENSEUR Tous les cinq ans, deux censeurs étaient élus afin de tenir le registre des citadins et de veiller aux bonnes mœurs.

CHAMP DE MARS Plaine d'environ six cents acres sur laquelle se dressait le Circus Maximus.

CHEVALIERS (*equites*) Classe sociale romaine la plus élevée après celle des sénateurs.

CICÉRON (Marcus Tullius Cicero, 106 – 43 avant J.-C.) Le plus grand des orateurs romains et éminent politicien de la fin de la période républicaine.

CLAUDE (Tiberius Claudius Nero Drusus Germanicus, 10 avant J.-C. – 54 après) Quatrième empereur de Rome (41-54).

CLÉOPÂTRE (VII) (Cleopatra VII Philopator) Dernière souveraine grecque de l'Égypte, qui fut aimée de Jules César puis de Marc Antoine, son allié vaincu avec elle à Actium par Octave.

COMMODE (Lucius Aurelius Commodus Antoninus, 161-192) Fils de Marc Aurèle, il régna de 180 à 192 et donna des signes de folie.

CONSUL Après l'expulsion du dernier des rois de Rome, deux consuls furent élus chaque année pour exercer le pouvoir suprême, afin qu'un seul homme ne pût pas s'en emparer.

CORPUS DES INSCRIPTIONS LATINES Recueil des plus importantes inscriptions du monde romain, classées par régions de l'empire.

CRASSUS (Marcus Licinius Crassus, env. 115 – 53 avant J.-C.) Homme politique de premier plan à la fin de la République, il fit partie du premier triumvirat avec César et Pompée, et il fut tué par les Parthes à Carrhes.

DACES Habitants de la Roumanie actuelle, vaincus par Trajan au début du IIe siècle de notre ère.

DENYS D'HALICARNASSE (Dionysius Halicarnassus env. 60 – après 7 avant J.-C.) Auteur Grec d'une *Histoire romaine* après la Première Guerre punique et de divers traités de rhétorique.

DICTATEUR En période de crise, Rome nommait pour six mois un dictateur dont les pouvoirs étaient supérieurs à ceux des deux consuls.

DIODORE DE SICILE (Diodorus Siculus, env. 90 – 27 avant J.-C.) Historien Grec, auteur de la *Bibliothèque historique*.

DION CASSIUS (env. 160 – 230) Historien, auteur d'une *Histoire romaine* en grec.

DOMITIEN (Titus Flavius Domitianus, 51 – 96) Onzième empereur, il régna de 81 à 96.

DOUZE TABLES À l'origine du droit romain, ce premier recueil des lois de Rome fut gravé et exposé dans le Forum au milieu du Ve siècle avant J.-C.

ÉNÉE (Aeneas) Prince troyen fils de la déesse Vénus, fondateur mythique de Rome.

ÉTRUSQUES Peuple non indo-européen occupant le nord de Rome et étant, à ses débuts, son voisin le plus puissant.

FLAVIUS JOSÈPHE (Titus Flavius Josephus, 37 – après 100) Auteur de *La Guerre des Juifs* et des *Antiquités hébraïques*.

FRONTIN (Sextus Julius Frontinus, env. 40 – 103) Auteur de traités sur les aqueducs romains et la stratégie militaire.

FRONTON (Marcus Cornelius Fronto, env. 100 – 170) Il tient surtout sa célébrité d'un recueil mal sauvegardé des lettres échangées avec ses élèves impériaux Marc Aurèle et Lucius Verus.

GALBA (Servius Sulpicius Galba, 3 avant J.-C. – 69 après) Sixième empereur, il régna en 68-69, année dite « des quatre empereurs ».

GALIEN (Claudius Galenus env. 129 – après 200) Le plus influent des médecins antiques, tenant de thèses audacieuses et engagées.

GALLUS (Caius Cornelius Gallus, env. 70 – 26 avant J.-C.) Poète de la fin de la République et premier gouverneur de la province d'Égypte.

GAULOIS Peuple de l'actuelle France et des régions avoisinantes.

GRACQUES (Tiberius et Caius Sempronius Gracchus, 163 – 133 et 154 – 121 avant J.-C.) Réformateurs sociaux, ils s'opposaient tous deux au Sénat.

GUERRES CIVILES Période de près d'un siècle qui précéda la prise de pouvoir d'Octave Auguste et déchira Rome de l'intérieur.

GUERRES PUNIQUES (264 – 241 ; 218 – 201 ; 149 – 146 avant J.-C.) Désigne les trois guerres menées par Rome contre les Carthaginois. L'adjectif « punique » se réfère à la Phénicie, sur le territoire du Liban et de la Syrie actuels.

GUERRE SOCIALE (91 – 87 avant J.-C.) Conflit opposant Rome à ses alliés (*socii*) d'Italie, révoltés pour s'être vu refuser la citoyenneté. Elle leur fut accordée au terme de la guerre.

HADRIEN (Publius Aelius Traianus Hadrianus, 76 – 138) Quatorzième empereur, il régna de 117 à 138.

HANNIBAL Illustre chef des armées de Carthage dans la Seconde Guerre punique (218 – 201 avant J.-C.).

HERCULANUM Après Pompéi, c'est la plus importantes des localités détruites par l'éruption du Vésuve de l'an 79 de notre ère.

HISTOIRE AUGUSTE (*Historia Augusta*) Histoire peu fiable des empereurs et usurpateurs des IIe et IIIe siècles, incertaine tant pour ses dates que pour ses auteurs, et dont les informations méritent le plus grand scepticisme.

HORACE (Quintus Horatius Flaccus, 65 – 8 avant J.-C.) L'un des grands poètes du règne d'Auguste.

JUSTINIEN (Flavius Petrus Justinianus Sabbatius, 482/483 – 565) Il régna sur la partie orientale de l'empire de 527 à 565 et fit rédiger le *Corpus iuris civilis*, dit *Code Justinien*, recueil juridique le plus important et le plus influent du droit romain.

JUVÉNAL (Decius Junius Juvenalis, fin du Ier siècle de notre ère) Satiriste aux sarcasmes mordants.

LÉPIDE (Marcus Aemilius Lepidus, ? – 13/12 avant J.-C.) Dernier membre important du Second triumvirat.

LIVIE (Livia) Épouse d'Auguste.

MACROBE (Flavius Macrobius Ambrosius Theodosius, fin du IVe siècle/début du Ve) Philosophe et grammairien, auteur des *Saturnales* (*Saturnalia*), vaste dialogue sur de nombreux sujets dont la critique de l'*Énéide* de Virgile.

MAÎTRE DE CAVALERIE (*magister equitum*) Titre du chef d'état-major du dictateur.

MARC AURÈLE (Marcus Aurelius Antoninus Augustus, 121 – 180) Empereur de 161 à 180 et philosophe stoïcien.

MARIUS (Caius Marius, env. 157 – 86 avant J.-C.) Important chef politique et militaire.

MARTIAL (Marcus Valerius Martialis, env. 40 – env. 101) Auteur de célèbres *Épigrammes* et écrivain prolifique.

MÉCÈNE (Caius Cilnius (?) Maecenas, 70 – 8 avant J.-C.) Ami intime et conseiller politique d'Auguste. Protecteur (mécène) de Virgile et d'Horace.

MITHRIDATE (Mithridate VI Eupator, 134 – 63 avant J.-C.) Roi du Pont, dans la Turquie actuelle, de 120 à 63 avant J.-C., il fut, en son temps, le plus dangereux des ennemis de Rome.

NÉRON (Lucius Domitius Ahenobarbus, 37 – 68) Cinquième empereur, il régna de 54 à 68.

NERVA (Marcus Cocceius Nerva, 30 – 98) Douzième empereur, il régna de 96 à 98.

NUMA POMPILIUS Deuxième roi de Rome.

OCTAVE (voir Auguste)

OTHON (Marcus Salvius Otho, 32 – 69) Septième empereur, il régna en 69 de notre ère, « année des quatre empereurs ».

OVIDE (Publius Ovidius Naso, 43 avant J.-C. – env. 18 après) Poète, auteur des *Métamorphoses*, des *Tristes* et des *Pontiques*.

PALATIN (mont) Plus importante colline de Rome avec le Capitole.

PARTHIE L'Empire parthe occupait une partie importante du territoire allant de la Méditerranée à l'Inde, et menaçait sérieusement les régions orientales de l'Empire romain.

PATRICIENS Membres de l'aristocratie romaine.

PÉTRONE (Petronius Arbiter) Auteur, vraisemblablement à l'époque de Néron, du célèbre roman comique *Satyricon*.

PLÉBÉIENS Prolétariat romain.

PLINE L'ANCIEN (Caius Plinius Secundus, 23 – 79) Auteur de l'*Histoire naturelle*, énorme et fascinante encyclopédie qui aurait, à l'en croire, rassemblé 20 000 entrées.

PLINE LE JEUNE (Caius Plinius Caecilius Secundus, env. 62 – env. 113) Neveu et fils adoptif du précédent. Préférant lire Tite-Live, il refusa de traverser avec son oncle la baie de Naples pour voir de plus près l'éruption du Vésuve. Cela lui permit de lui survivre et d'écrire de nombreuses lettres et un panégyrique de Trajan.

PLUTARQUE (env. 45 – 127) Outre les *Vies parallèles*, biographies de grands personnages grecs et romains, il écrivit les *Moralia* (*Œuvres morales*) qui traitent de nombreux sujets de nature philosophique, religieuse et littéraire.

POLYBE (Polybius, environ 203 – 120 avant J.-C.) Auteur des *Histoires*, récit en grec de l'expansion de Rome de 220 à 146 avant J.-C.

POMPÉE (Gnaeus Pompeius Magnus, 106 – 48 avant J.-C.) Éminente personnalité politique et militaire de la fin de la République, il forma le premier triumvirat avec Crassus et Jules César et fut tué en Égypte où il se réfugiait après avoir été battu par César à Pharsale.

POMPÉI La plus importante des localités détruites par l'éruption du Vésuve de 79.

PONTIFEX MAXIMUS Souverain Pontife, la plus haute dignité sacerdotale romaine.

PRÉTEUR (*praetor*) Après le consul, le préteur était le magistrat le plus important de Rome.

PRINCIPAT Parvenu au pouvoir suprême, Octave / Auguste prit le titre modeste de *princeps* (« premier des citoyens »), pour ne pas paraître revendiquer une domination absolue.

PROSCRIPTIONS Durant les périodes de troubles, la faction au pouvoir dressait la liste de ses adversaires. Ces « proscrits » étaient traqués et mis à mort, leurs meurtriers récompensés d'une partie de leurs biens dont le reste allait à l'État. Les plus célèbres des proscriptions furent celles de Sylla, à la fin des années quatre-vingt avant J.-C. et celles ordonnées par le second triumvirat après l'assassinat de Jules César.

PYRRHUS (319 – 272 avant J.-C.) Roi d'Épire à l'ouest de la Grèce, il envahit l'Italie en 280 pour combattre les Romains.

QUINTILIEN (Marcus Fabius Quintilianus, env. 35 – env. 100) Auteur *De l'Institution Oratoire*, traité de rhétorique faisant autorité.

RÉPUBLIQUE Période historique allant de l'expulsion du dernier roi de Rome à l'établissement du Principat par Auguste.

ROMULUS Premier roi légendaire de Rome, fils du dieu Mars et de la vestale Rhéa Silvia.

SALLUSTE (Caius Sallustius Crispus, 86 – 34 avant J.-C.) Historien et moraliste d'une rigueur contestable.

SAMNITES Peuplade guerrière d'Italie centrale. Elle représenta durant plusieurs siècles un sérieux danger pour Rome jusqu'à son élimination par Sylla au terme de la guerre sociale.

SCIPION (Publius Cornelius Scipio Africanus, dit Scipion l'Ancien, 236 – 183 avant J.-C.) Il vainquit Hannibal en 202 à Zama.

SÉNAT En faire partie exigeait de disposer de biens très importants. Le Sénat gouverna l'État durant toute la période républicaine mais fut souvent suspect aux empereurs.

SÉNÈQUE L'ANCIEN (Lucius Annaeus Seneca, 54 avant J.-C. – 40 après) Auteur des *Controverses* (*Controversiae*) et des *Suasoriae*, récit de son enseignement dans les écoles de rhétorique à l'époque d'Auguste.

SÉNÈQUE LE JEUNE (Lucius Aennaeus Seneca, 4 avant J.-C. – 65 après) Fils du précédent, homme politique, philosophe, auteur dramatique et conseiller de Néron.

SESTERCE (*sestertius*) Le sesterce était une pièce de monnaie valant 2,5 as et le quart d'un denier (*denarius*). Au début de l'empire, la solde du légionnaire était de 900 sesterces par an. Il fallait, pour appartenir au Sénat, justifier de biens valant un million de sesterces.

STRABON (env. 64 avant J.-C. – env. 24 après) Auteur d'une volumineuse *Géographie* en langue grecque.

SUÉTONE (Caius Suetonius Tranquillus, env. 70 – après 130) Auteur de biographies de Jules César et des onze premiers empereurs, de poètes, de rhéteurs et de professeurs.

SYLLA (Lucius Cornelius Sulla Felix, env. 138 – 78 avant J.-C.) Chef militaire et politique qui gouverna Rome au début du Ier siècle avant J.-C.

TACITE (Publius Cornelius Tacitus, env. 56 – env. 117) Le plus grand des historiens romains.

TEUTOBOURG (Forêt de) Région boisée et marécageuse dans laquelle, en l'an 9 de notre ère, les tribus germaniques commandées par Arminius massacrèrent trois légions romaines et des milliers d'auxiliaires et de valets d'armes.

TIBÈRE (Tiberius Claudius Nero, 42 avant J.-C. – 37 après) Deuxième empereur, il régna de 14 à 37.

TITE-LIVE (Titus Livius, env. 59 avant J.-C. – env. 17 après) Auteur de la volumineuse *Histoire Romaine*, récit des premiers siècles de Rome jusqu'au Principat d'Auguste, dont un quart seulement nous reste.

TITUS (Titus Flavius Vespasianus, 39 – 81) Dixième empereur, il régna de 79 à 81.

TRAJAN (Marcus Ulpius Nerva Traianus, 53 – 117) Treizième empereur, il régna de 98 à 117.

TRIBUS Pour participer aux diverses élections, les citoyens romains étaient divisés en tribus, au nombre de trente-cinq à la fin de la République.

TRIOMPHE Parade accordée à Rome aux généraux ayant remporté une grande victoire. Ils étaient suivis de leurs principaux captifs et de leur butin.

TRIUMVIRAT (littéralement « groupe de trois hommes ») Pompée, Crassus et Jules César formèrent, à la fin des années soixante avant J.-C., le premier triumvirat pour se partager le pouvoir. Après l'assassinat de Jules César, le second triumvirat réunit Antoine, Octave et Lépide.

VALÈRE MAXIME (Valerius Maximus, sous Tibère) Auteur du recueil d'anecdotes morales *Faits et dits mémorables*.

VARRON (Marcus Terentius Varro, 116 – 27 avant J.-C.) Auteur prolifique sur de nombreux sujets, dont ne subsistent, en tout ou partie, que *De la langue latine* et *Les Travaux des champs*.

VARUS (Publius Quinctilius Varus, 46 avant J.-C. – 9 après) Général commandant l'armée qui fut écrasée dans la forêt de Teutobourg.

VÉGÈCE (Publius Flavius Vegetius Renatus, sous l'empire, dates ignorées) Auteur du *Traité de l'art militaire* et d'un traité de médecine vétérinaire.

VELLEIUS PATERCULUS (Marcus ou Caius Velleius Paterculus, env. 39 avant J.-C. – env. 19 après) Auteur d'une *Histoire romaine*.

VESPASIEN (Titus Flavius Vespasianus, 9– 79) Neuvième empereur, il régna de 69 à 79.

VESTALES (*virgo vestalis*) Collège de six prêtresses, ou vierges vestales, en charge de veiller sur le feu sacré du temple de la déesse Vesta.

VIRGILE (Publius Vergilius Maro, 70 – 19 avant J.-C.) Le plus grand des poètes romains, notamment auteur de l'*Énéide*, des *Géorgiques* et des *Bucoliques*.

VITELLIUS (Aulus Vitellius Germanicus, 15 – 69) Huitième empereur romain, il régna en 69, « année des quatre empereurs ».

VITRUVE (Marcus Vitruvius Pollio, avant 70 – env. 25 avant J.-C.) Auteur d'un traité fondamental sur l'architecture.

ZAMA Lieu de l'actuelle Tunisie où, en 202 avant J.-C., Scipion l'Africain mit fin par sa victoire contre Hannibal à la Seconde Guerre punique.

MÉDAILLONS EN TÊTE DES CHAPITRES

Toutes les images de monnaies en têtes de chapitres sont reproduites avec la gracieuse autorisation du Classical Numismatic Group, Inc., www.cngcoins.com.

CHAPITRE I : Janus, dieu à deux faces des débuts (comme dans janvier) et des portes (*ianuae*), frappé vers 225 – 212 avant J.-C.

CHAPITRE II : La vestale Tarpeia accepta de faire pénétrer les soldats Sabins dans Rome en échange de « ce qu'ils portent du bras gauche ». Elle pensait à leurs bracelets en or, mais ils l'étouffèrent sous leurs boucliers.

CHAPITRE III : Monnaie frappée pour commémorer le dieu Jules (*Divi Iuli*) en l'an 40 avant J.-C. L'objet courbe est la tête d'un *lituus*, bâton porté par les augures qui prédisaient l'avenir en observant le vol des oiseaux.

CHAPITRE IV : AUGUSTUS CAESAR frappé vers 18 avant J.-C.

CHAPITRE V : MARS VICTOR frappé sur une monnaie d'Héliogabale en l'an 219 de notre ère.

CHAPITRE VI : Marc Antoine, frappé en 36 avant J.-C.

CHAPITRE VII : Un magistrat de haut rang escorté de ses licteurs, porteurs de haches entourées de tiges (*fasces*, « faisceaux »), symboles de son droit d'infliger des châtiments corporels et la peine de mort. Frappé vers 54 avant J.-C. par Brutus, meurtrier de Jules César.

CHAPITRE VIII : Cheval celte aux lignes incurvées. Frappé en Bretagne à l'époque de l'invasion romaine en 43 de notre ère.

CHAPITRE IX : Marc Aurèle, le Romain à s'être le plus approché du « roi philosophe » de Platon. Il fut le père de Commode, qui se prit pour une réincarnation d'Hercule.

CHAPITRE X : Frappé en 46 avant J.-C. par Jules César en ses qualités d'AUGUR et de PONT(ifex) M(aximus).

CHAPITRE XI : À la fin de la République, Quintus Pomponius Musa fit frapper dix monnaies dont neuf représentaient les neuf Muses, la dernière étant à l'image d'Hercule Musagète (qui conduit les Muses).

CHAPITRE XII : Phraatès, roi des Parthes. Frappé entre 2 avant J.-C. et 4 de notre ère.

CHAPITRE XIII : Pièce de un denier frappée par Tibère selon le type familièrement nommé « denier du tribut ». C'est la monnaie à laquelle se réfère Jésus lorsqu'il invite à « rendre à César ce qui est à César » (évangile selon saint Matthieu 22:21, saint Marc 12:17 et saint Luc 20:25).

CHAPITRE XIV : Monnaie frappée par Jules César peu après qu'il eut franchi le Rubicon en janvier de l'an 49 avant J.-C. On racontait qu'un de ses aïeux avait gagné son *cognomen* en tuant un éléphant d'une seule main dans une bataille (l'éléphant se disant *casai* ou *caesa* en dialecte nord-africain et en carthaginois).

CHAPITRE XV : Jupiter, avec son sceptre et sa foudre, dans un char guidé par la Victoire frappé vers 225 – 212 avant J.-C.

CHAPITRE XVI : A(ulus) VITELLIUS GERM(anicus) IMP(erator) AUG(ustus) TR(ibunus) P(lebis). Célèbre pour sa goinfrerie, Vitellius régna huit mois en l'an 69 de notre ère.

CHAPITRE XVII : Néron. À en juger par le visage flasque, la pièce fut frappée quand son règne touchait à sa fin.

CHAPITRE XVIII : Un portrait d'Hadrien exceptionnellement peu flatteur. L'inscription est en grec, cette monnaie étant utilisée dans la partie orientale de l'empire.

CHAPITRE XIX : TI(berius) CLAUD(ius) CAESAR AUG(ustus) P(ontifex) M(aximus) TR(ibunus) P(lebis) VI IMP(erator) XI. Frappé par Claude en 46-47.

CHAPITRE XX : Méduse. Frappé en 47 avant J.-C. Les figures mythologiques grecques ne sont pas rares dans le monnayage romain.

CHAPITRE XXI : Frappé par Caligula peu avant son assassinat en l'an 41. L'inscription honore en sa personne l'arrière-petit-fils du dieu Auguste, Souverain Pontife (*Pontifex Maximus*), tribun de la plèbe et Père de la Patrie (*pater patriae*).

CHAPITRE XXII : Vespasien, qui fut l'un des meilleurs empereurs (mais certes pas l'un des plus beaux).

CHAPITRE XXIII : Maximin. La monnaie ne rend guère justice à ses formes herculéennes (voir p. 249).

CRÉDITS PHOTOS

© Kathleen Cohen : pp. 2, 11, 67, 81, 94, 152, 155, 207, 246.

© Vanni/Art Resource, NY : pp. 5, 24, 231.

© The Trustees of the British Museum / Art Resource : pp. 7, 166, 227.

© RMN – GP (Musée du Louvre) / Art Resource : pp. 8 (crédit les frères Chuzeville), 90, 109 (crédits Hervé Lewandowski).

© 2012, photo Scala, Florence/Art Resource, avec l'aimable autorisation du Ministero per i Beni e le Attivitá culturali : pp. 16, 138, 150.

© Canyonlights/Susan S. Peirce (tous droits réservés) : pp. 23, 168.

© Gilles Mermet/Art Resource, NY : pp. 31, 65, 89, 171.

© Rheinisches Landesmuseum Trier : p. 33.

© Archives Alinari, Florence/Dist. RMN : pp. 42 (crédit Anderson), 141 (crédit Fratelli Alinari), 162 (crédit Anderson), 179 (crédit George Tatge).

© The Trustees of the British Museum : pp. 44, 122, 228.

© Erich Lessing/Art Resources : pp. 50, 66, 71, 77, 120, 126, 135, 153, 165, 173, 174, 202, 214, 234, 251.

© Jo Winston : pp. 55, 187, 191, 204.

© A. M. Rosati/Art Resource, NY : p. 74.

© 2012, photo Scala, Florence/Art Resource/ Fotografica Foglia, avec l'aimable autorisation du Ministero per i Beni e le Attivitá culturali : pp. 83, 112, 211, 222, 239.

© 2012, photo Scala, Florence/Art Resource : pp. 93, 158.

© 2012, photo Scala, Florence, avec l'aimable autorisation du Ministero per i Beni e le Attivitá culturali : p. 157.

© 2009, Oldrich Barak (utilisation sous licence Shutterstock.com) : p. 194.

© Douglas Clapp : p. 195.

© 2012, photo Scala, Florence/Fotografica Foglia, avec l'aimable autorisation du Ministero per i Beni e le Attivitá culturali : p. 200.

© Bildarchiv Preussischer Kulturbesitz, Berlin/Dist. RMN : p. 250 (crédit Johannes Laurentius).

Ce livre a été imprimé sur du Munken Print White, 115g/m².
Les typographies utilisées dans cet ouvrage sont :
le Mercury Text pour le corps du texte,
le Stevens Titling Pro pour les titrages,
la Trajana Sans et le Trajan pour les citations.

Achevé d'imprimer en avril 2013 par Zanardi, Italie.
Dépôt légal : avril 2013.

Direction artistique pour l'édition française :
Laurent & Laurence / www.laurent-laurence.com